BIBLIOTHÈQUE DES CAHIERS DE L'INSTITUT
DE LINGUISTIQUE DE LOUVAIN — 29

les enfants d'immigrés italiens en belgique francophone

Bernadette HENRY

CABAY

LOUVAIN-LA-NEUVE

1985

D / 1985 / 2457/32

ISBN 2-87077-306-4

Printed in Belgium

INTRODUCTION

Cette étude se déroule en deux temps. Elle comprendra tout d'abord deux parties théoriques, dans lesquelles nous ferons le point sur le phénomène migratoire et les problèmes qu'il engendre (linguistiques,socio-culturels, économiques), d'abord au niveau général (première partie) et ensuite au niveau de la seconde génération (deuxième partie).

La troisième partie analysera les résultats d'une enquête consacrée à la seconde génération immigrée italienne en Belgique francophone. Il s'agira de tenter de tracer un profil de la situation linguistique de l'immigration en Wallonie et à Bruxelles, à partir du groupe italien (celui qui connaît la situation la plus avancée). Cette troisième partie sera en quelque sorte une application et un prolongement des deux premières.

L'introduction se fixe comme objectif, dans un premier temps, de présenter la méthode suivie dans ce travail et d'en délimiter le champ de recherches ("Quelle réalité avons-nous à examiner ?"). Ensuite, sur la base de ces deux premières mises au point, nous formulerons les hypothèses de travail.

1. LA MÉTHODE

Ce travail se propose d'étudier le comportement linguistique de la seconde génération d'immigrés italiens en Belgique francophone. Il se base sur une enquête effectuée auprès de 333 jeunes gens et jeunes filles habitant la Wallonie ou Bruxelles et choisis dans les milieux socio-économiques modestes.

La méthode de recherche que nous utiliserons dans notre travail procède par phases successives et complémentaires : l'observation des faits socio-linguistiques d'abord, leur compréhension ensuite.

1.1. L'observation des faits - phase objective

Les faits linguistiques constituent l'axe principal de notre recherche.

Sur celui-ci viennent se greffer d'autres faits d'ordre social, culturel et économique (ces derniers expliquant ou conditionnant les premiers).

Nous ferons donc des constatations dont voici un exemple. Dans un contexte socio-culturel déterminé (la famille), un jeune immigré parlera une variété linguistique A (sicilien "langue maternelle") et dans un contexte socio-culturel différent (à l'école, entre amis originaires de la même région et connaissant le même dialecte), où ce même immigré a le choix entre la variété A et la variété B (langue d'accueil), il choisira B et rejettera A.

Pour saisir les raisons sous-jacentes à un tel comportement, nous ferons appel à la compréhension et à l'explication des faits.

1.2. Compréhension des faits - phase interprétative

Le but de cette phase sera de déceler l'existence éventuelle d'une relation entre chacun des faits observés (linguistiques et extra-linguistiques), c'est-à-dire de dépister le chaînon explicatif reliant un fait A et un fait B et, par la suite, de déterminer le type de relation dont il s'agit.

Reprenons l'exemple cité précédemment et essayons de découvrir les raisons qui poussent à un comportement discriminatoire vis-à-vis de la langue d'origine.

Des phénomènes tels que le conditionnement culturel (à savoir la honte de sa langue d'origine, pour des raisons de différences sociales ou de nationalités), la perte d'identité culturelle, la volonté de promotion sociale ou le prestige particulier d'une variété linguistique sont autant de facteurs susceptibles d'expliquer l'abandon ou l'adoption d'une langue, d'un dialecte ou d'un sociolecte.

1.3. Dès maintenant, nous nous apercevons que des variables extra-linguistiques (entre autres sociales) jouent un rôle prépondérant dans les choix linguistiques de l'individu.

La relation que nous venons d'établir entre facteurs sociaux d'une part et comportement linguistique d'autre part avait déjà été signalée par GRIMSHAW (1) dans une étude réalisée sur les situations de contact linguistique à

(1) GRIMSHAW, *Social Forces*.

propos de créoles et de pidgins. Selon lui, dans tout contact multilingue, tout choix linguistique obéit à des considérations de prestige et à des règles d'interaction sociale. Lorsque GRIMSHAW examine les rapports entre structure sociale et structure linguistique, il constate que dans de nombreux cas, la langue sert tantôt comme mécanisme pour acquérir le prestige tantôt comme outil de contrôle social et que souvent, elle devient une arme dans les conflits sociaux.
Ces constatations, en raison des problèmes qu'elles soulèvent, sous-entendent que la langue n'est pas une entité fermée sur elle-même, mais qu'au contraire elle doit compter avec les réalités extérieures, en l'occurrence les faits sociaux.

FISHMAN partage le point de vue de GRIMESHAW au sujet de la corrélation entre comportement linguistique et comportement social. Dans un article consacré à l'étude du statut de la langue maternelle au sein de la seconde génération d'immigrés aux Etats-Unis, ils signalent que deux facteurs entrent en jeu dans le maintien d'une langue : " (...) two non-demographic factors merit attention..., (a) the varying prestige of the "mother tongue", both among its own speakers and among "Americans in general", and (b) the social mobility experienced by the second generation". Mettant en relation les deux variables, FISHMAN constate que : "Where the prestige of a particular mother tongue was low and when the social mobility of its prospective claimants was high it is likely the language less frequently became the mother tongue of american born ("second generation") offspring and was even less frequently claimed as such". (2)

1.4. Le type d'explication que nous avons utilisé jusqu'à présent dans l'interprétation des comportements linguistiques relève de la socio-linguistique telle que l'a

(2) FISHMAN-HOFMAN, *Mother Tongue*, p.40.

définie FISHMAN lui-même : "(...) science qui, entre autres, s'efforce de déterminer qui parle quelle variété de quelle langue, quand, à propos de quoi et avec quels interlocuteurs". (3)
Chaque science découpe la réalité et l'analyse selon un point de vue qu'elle choisit arbitrairement et préalablement à toute recherche.

Ce travail veut s'inscrire dans une perspective sociolinguistique. Dès lors, son point de vue, ses exigences et ses limites rencontrent ceux exprimés par FISHMAN lorsqu'il énonce les tâches de cette science : "La sociolinguistique tâche de découvrir quelles lois ou normes sociales déterminent le comportement linguistique dans les communautés linguistiques; elle s'efforce de les délimiter et de définir ce comportement vis-à-vis de la langue elle-même". (4)

2. LE CHAMP DE RECHERCHES

La présente étude a pour objet la situation linguistique en immigration et visera plus particulièrement le comportement linguistique de la seconde génération.

Nous venons de parler d' "immigration"; or un même vocable recouvre parfois des réalités très différentes.

En effet, paradoxalement, "immigrer", c'est-à-dire "entrer dans un pays étranger pour s'y établir" (5), ne veut pas dire la même chose pour tous.

Il existe parmi les migrants une ségrégation due aux différences de statut social, qui est lui-même tributaire de l'extraction sociale en pays d'origine, qu'elle soit

(3) FISHMAN, *Sociolinguistique*, p.18
(4) FISHMAN, *Sociolinguistique*, p.19
(5) ROBERT, *Grand Robert*,p.609, s.v. "Immigrer"

aisée ou modeste.
La limite des deux définitions citées tient précisément dans le fait de ne pas prendre ces différences en considération.

Dès lors, les définitions elles-mêmes se révèlent inadéquates et réductrices.
En fait, elles ne donnent aucun détail sur les modalités d'intégration dans le pays d'accueil, ni sur le type d'"emploi" exercé. De plus, elles ne se préoccuppent pas de déterminer les inégalités pré-existantes à l'émigration dans le pays d'origine. Elles parviennent de la sorte à créer l'équivoque en assimilant tous les immigrants (le fonctionnaire de la CEE, le paysan sicilien, le manoeuvre napolitain) et en nivelant leurs inégalités sous le couvert d'une formule neutralisante du type "éléments démographiques non-autochtones"

Selon Angelo NEGRINI, "il fatto migratorio è essenzialmente un trapianto di persone da un ambiente ad un altro, trapianto che comporta negli individui che emigrano un caratteristico disadattamente psicologico, sociale, morale,religioso. Esso pero racchiude anche un prezioso elemento positivo : il superamento di determinati limiti e barriere, che convenientemente sfruttato, puo costituire une pieno sviluppo della persona". (6)

La première partie de cette définition semble s'appliquer à la majorité des migrants.
La seconde quant à elle s'adresse en réalité au groupe restreint des favorisés qui sont suffisamment armés pour réaliser une telle intégration.

Cependant, le terme "ambiente", dans cette définition, nous

(6) NEGRINI, *Germania*, p.21.

permet d'orienter notre attention vers ce milieu, qui, justement, constitue le principal facteur de discrimination entre les immigrants et qui permet ainsi de les classer en catégories pertinentes.

En effet, le milieu socio-culturel et la situation économique peuvent autoriser à dresser une typologie des migrants. Il y a ceux qui peuvent rester et ceux qui doivent partir. Ce sont les difficultés économiques qui, chaque année, poussent des individus à abandonner leur terre natale qui ne parvient plus à les nourrir et à venir s'échouer dans les pays industrialisés.

L'immigration, de par ses composantes socio-culturelles et économiques est donc loin d'être un phénomène homogène et en fait, la situation de l'immigré en pays d'accueil ne connaîtra guère d'amélioration par rapport au statut atteint en pays d'origine. Généralement, elle perpétuera la même hiérarchie du travail. L'ouvrier italien restera confiné dans la couche la plus basse de la classe laborieuse . Le fonctionnaire européen, lui, entrera rapidement dans le milieu socio-culturel privilégié de la société d'accueil, un milieu équivalent au sien.

2.1. Nous distinguerons donc l'immigration comme résultante organique de la réalité socio-économique d'origine de celle qui n'est nullement - ou accessoirement - conditionnée par cette même réalité.
A cet égard, nous nous référerons à l'opposition déjà établie chez DI FONZO : "Il y a en fait deux catégories d'émigrants (cette répartition correspondant à une première - et grossière - subdivision qui s'opère au sein de la population du pays de départ) :
- l'émigrant que j'appellerai de "luxe"
- l'émigrant de "nécessité" (7)

---

(7) DI FONZO, *Emigrée*, p.2.

Cette classification concerne l'émigration à partir des positions sociales du point de départ. A de rares exceptions près, la situation à l'arrivée reste pratiquement inchangée. Aussi reprendrons-nous cette distribution au niveau de l'immigration et distinguerons-nous l'immigré de nécessité et l'immigré de luxe.

2.1.1. L'immigré de luxe, de par son profil socio-culturel, rencontre peu de problèmes d'intégration dans le pays étranger (exception faite de variables personnelles). Généralement, l'insertion s'opère rapidement. L'homogénéité sociale et culturelle caractérise cette catégorie qui se compose surtout de fonctionnaires internationaux et de leurs familles. Comme une telle classe est intellectuellement armée, elle n'éprouve aucune difficulté à entrer dans l'élite socio-culturelle du pays d'arrivée. Par nature cosmopolite, cette dernière offre un climat qui pousse à des échanges culturels fructueux pour le développement personnel. La discrimination, le dépaysement ou l'isolement se réduisent par conséquent à quelques cas marginaux. L'élite en tant que catégorie socio-économique, n'est pas liée aux fluctuations de la conjoncture économique; dès lors, ce sont des motivations telles que l'avancement professionnel, le salaire plus élevé ou le travail intellectuellement intéressant qui poussent ce type de migrants à quitter leur pays.

Sur le plan linguistique, leur maîtrise de la variété standard de leur propre langue leur facilitera l'apprentissage de l'instrument linguistique correspondant : la variété haute du pays d'accueil. Ils seront capables de s'exprimer avec assurance et correction dans toute sphère linguistique.

De toute évidence, la "seconde génération" (sens large) issue de cette classe privilégiée, à la différence de celle provenant de milieu modeste, tirera profit de cette double appartenance culturelle.
La familiarité, dès leur jeune âge, avec les variétés dites "hautes" de la langue d'accueil et de la langue maternelle permettra aux enfants de migrants de luxe de devenir très tôt de parfaits bilingues et d'affronter les institutions officielles sans aucun problème (par exemple, l'école).

En somme, nous pouvons conclure que pour une infime minorité privilégiée, l'émigration/immigration constitue une possibilité supplémentaire d'épanouissement personnel à divers niveaux. En effet, "leur statut, leur position sociale, leur bagage culturel, leurs motivations ainsi que leurs possibilités financières les mettent (ces migrants de luxe) sur un plan nettement distinct de la masse des travailleurs migrants". (8)

2.1.2. Par contre, pour la plupart des travailleurs migrants, l'abandon du pays inaugure l'itinéraire de la marginalisation politique, socio-culturelle et professionnelle et de la "privation linguistique" (pour reprendre le terme de T. DI FONZO : "la situation du travailleur, encore une fois, est toute différente : elle intéresse les études sur la privation linguistique, elle est de ces situations qui conduisent au non-parler le plus absolu (...)") (9)

Dans cette deuxième catégorie, nous rangerons ceux qui, selon ROSATI, " cherchent le salut dans la fuite de chez eux" (10). à savoir :
- ceux qui quittent le pays pour des raisons exclusivement

(8) ROSATI, *Racines*, p.2.
(9) DI FONZO, *Emigrée*, p.6.
(10) ROSATI, *Racines*, p.21.

économiques, à la recherche d'un travail ou d'une occupation stable.
- les personnes qui ont accompagné ou rejoint par la suite un membre de leur famille en quête d'emploi.(11)

Le profil socio-culturel extrêmement bas de cette population ne peut laisser espérer qu'une intégration dans la classe ouvrière autochtone. Le degré d'instruction oscille entre l'analphabétisme et le niveau primaire comme maximum atteint. (12)

Le statut professionnel, quant à lui, couvre les catégories de travail reconnues comme subalternes, peu rémunératrices. La majorité des candidats à l'émigration se cantonnent dans l'agriculture, dans les emplois de maneouvre et d'ouvrier d'industrie. Quelques individus seulement sont artisans ou commerçants. (13)

L'itinéraire professionnel à l'étranger ne connaîtra, encore une fois, pas de grandes améliorations par rapport à la situation de départ. L'immigré se verra relégué aux postes de travail dépréciés, dangereux et pénibles, refusés par la main-d'oeuvre autochtone. (14)

---

(11) Dans l'échantillon choisi pour notre enquête 1976, les immigrés italiens de la première génération, venus immédiatement après la guerre, déclarent que les causes de l'émigration sont respectivement : pour le Nord : le manque de travail; pour le Sud et les Iles : le travail irrégulier et les bas salaires.

(12) Par exemple, la partie de l'enquête (1976) relative à l'instruction révèle que le taux d'analphabétisme atteint, dans le cas des pères, 8% (contre 6,1% d'analphabétisme en Italie selon l'annuaire statistique de l'UNESCO, édition 1977). En outre, 77% des pères ne possèdent que le diplôme primaire.

(13) Toujours pour l'échantillon concerné, parmi les immigrés occupés en Italie, 43% l'étaient dans l'agriculture, 42% en tant que manoeuvres (industries, mines) et 4,4% en tant que petits commerçants ou artisans.

(14) Arrivés en Belgique, ils sont occupés pour 97,4% dans l'industrie (71,3% : mines; 13% : manoeuvres; 4% : bâtiment) et pour 0,6% en tant qu'indépendants.

Le climat dans lequel évoluent ces migrants s'appelle discrimination, désagrégation, isolement et culpabilité : leurs contacts en terre d'immigration se limitent souvent aux couches populaires. Celles-ci, professionnellement et culturellement marginalisées, adoptent une attitude dénigrante à l'égard de l'étranger vécu comme rival possible sur le marché du travail.
" A l'arrivée, il y a immersion complète dans un contexte totalement différent qui comporte une très grande instabilité économique accompagnée d'une déstructuration du modèle de vie". (15)

En fait, l'immigration signifie aussi le bouleversement des cadres de vie : "il faut tenir compte d'une situation essentiellement rurale ou de campagne en phase d'invasion urbaine ou d'"inurbamento". (16)

Faute de moyens intellectuels suffisants pour comprendre leur position, il s'en suivra chez ces gens une situation culturelle de type anomique, caractérisée par la perte d'identité. En outre, l'attitude discriminante de la population indigène engendrera un sentiment d'infériorité culturelle et aboutira à la formation des ghettos.
La situation linguistique relève de l'oppression et de la déprivation linguistique (17) et se caractérise par une forte dialectophonie.
De plus la variété standard étant ignorée, des difficultés supplémentaires surgiront dans le mécanisme d'apprentissage de la langue étrangère et dans les contacts officiels (administration, école). Les enfants de ces travailleurs (la seconde génération) - contrairement aux idées circulant dans les milieux non concernés - ne disposent pas des mêmes chances que leurs compagnons autochtones de même origine sociale.

---

(15) DI FONZO, *Emigrée*, p. 7.
(16) DI FONZO, *Emigrée*, p. 9.
(17) DI FONZO, *Emigrée*, p. 6, cf. note (8)

Nous explicitерons ces propos dans la suite et nous les illustrerons par les résultats de notre enquête.

Cette étude s'attachera exclusivement aux migrants de nécessité. Elle cherchera à examiner et à expliquer leur comportement linguistique. Il s'agira tout d'abord de définir la position de la première génération en matière linguistique et de mesurer son impact sur la seconde génération dans ce domaine. Ensuite, nous déterminerons les caractéristiques linguistiques de la seconde génération.

3. HYPOTHÈSES DE TRAVAIL

Pour formuler notre hypothèse, nous prendrons comme point de départ, la courbe d'évolution linguistique des première, deuxième et troisième génération immigrées aux Etats-Unis telle que nous l'a rapportée FISHMAN.
Cette description est présentée simplement comme une esquisse valable en général. Elle s'avèrera moins fidèle pour des groupes particuliers ou des individus.
Nous comparerons alors le profil obtenu dans notre échantillon avec le modèle américain et mesurerons s'il s'en écarte ou s'en rapproche, et en quoi.

3.1. Généralités préliminaires

3.1.1. Types de comportement possibles : premier énoncé.

En ce qui concerne l'analyse de la situation linguistique de la seconde génération immigrée, nous prendrons comme points-limites de référence les systèmes linguistiques d'origine et d'arrivée et nous ferons intervenir comme "catalyseurs" des facteurs d'ordre social, culturel et économique (tels le milieu culturel d'origine, la scolarisation, la mobilité sociale, le sentiment d'identité...).

Ces différentes variables peuvent conditionner le comportement linguistique, qui prendra les aspects suivants :

- soit la fidélité au système d'origine
- soit l'abandon de ce dernier au profit du système d'accueil
- soit l'utilisation par intermittence de l'un ou l'autre système
- soit une désagrégation complète. Les cas de pathologie (non seulement linguistique) sont plus fréquents dans une population migrante.

Cette distribution du comportement linguistique a déjà été utilisée et mise en relation avec des phénomènes de désagrégation culturelle. CHILD, à la suite d'observations faites sur les réactions d'une communauté d'Italiens vivant en Nouvelle-Angleterre (18), posait le problème de l'identité culturelle et des difficultés rencontrées par ceux qui se situaient en marge de deux communautés ethniques.

" They were confused about their identity: were they Italian or American ? (...) CHILD noted three typical modes of ajusting to their conflicts - some rebelled against their Italian background and made themselves as American as possible. Some rebelled the other way, rejecting America as much as possible and proudly presenting themselves as Italian. The third type of adjusting was an apathic withdrawal from thinking of themselves in ethnic terms of any sort". (19)

GARDNER et LAMBERT, à la suite de CHILD, ont examiné un autre groupe ethnique minoritaire de la Nouvelle-Angleterre: les franco-américains. Ils ont poussé plus loin les observations de CHILD en reliant le comportement linguistique de ces jeunes au facteur d'identité : "Their procedure was to

(18) CHILD, *Italian*
(19) LAMBERT, *Attitudes*, p.127.

relate the allegiances of french-american adolescents to their relative skill with french and english languages. The language competence was used as behavioral index of the type of adjustment French-Americans made to bicultural conflicts they faced. In their homes, schools and community, these young people had ample opportunity to learn both languages well, but wether they capitalized on the opportunity it turned out, depended on their allegiances". Nous retrouvons les trois types de comportement énoncés par CHILD :

- 1) "Those who expressed a defintive preference for the American over the French culture and who negated the value of knowing French were more proficient in English than French and were anxious about their actual competence in English. This subgroup, characterized by a general rejection of their French background resembles in many respects the rebel subgroup of CHILD.
- 2) "A second subgroup expressed a strong desire to be identified as French and they showed greater skill with French than English (...)"
- 3) "A third group, apparently in conflict with allegiances, were ambivalent, preferring certain features of French culture and other aspects of American culture. Presumably because they had not resolved or surmonted the conflict they were held back in their progress in both languages (...)" (20)

3.1.2. Objectifs

Compte tenu de ces comportements-types, venons-en à notre objectif. Il consistera à dégager la tendance générale de la seconde génération immigrée italienne en Belgique frncophone en matière de comportement linguistique.
Nous chercherons également les raisons qui justifient ce comportement. Il nous faudra donc, entre autre, évaluer approximativement le degré d'acquisition d'une autre variété

(20) LAMBERT, *Attitudes*, p.128.

linguistique. Il existe, en effet, une différence entre la capacité linguistique réelle et celle que l'on déclare posséder.

L'analyse des mécanismes et des motivations des comportements énoncés précédemment pourront nous éclairer dans cette recherche.

3.1.3. Comportements linguistiques : analyse des mécanismes et des motivations

3.1.3.1. Les termes du problème

La grille interprétative de ces comportements reposera sur l'hypothèse de base qu'il existe une relation entre le comportement social et l'usage linguistique.
La vie quotidienne nous fait constater que l'appartenance à une classe sociale régit l'emploi d'une variété linguistique déterminée. A un contexte communicatif différent correspond une variété linguistique différente.
Tout passage d'une variété à une autre ou d'un système linguistique à un autre répond à une motivation qui entre dans le réseau des relations sociales. FISHMAN formalise cette constatation lorsqu'il utilise le terme de diglossie. Ce concept qui caractérisait au départ "une société reconnaissant deux langues ou plus pour ses communications internes", a été appliqué par la suite pour désigner l'utilisation à l'intérieur même de la société de "plusieurs codes séparés (qui) dépendaient des services rendus par l'un et différaient des fonctions attribuées à l'autre code. (...) Cette séparation se faisait habituellement suivant deux orientations : une langue H (high, élevée) utilisée pour la religion, l'enseignement et d'autres aspects de la culture et une langue L (low, commune) employée pour les sujets quotidiens, pour la maison, la famille et le milieu du travail manuel". (21)

---

(21) FISHMAN, *Sociolinguistique*, pp.87-88.

BERNSTEIN confirme cette distinction en proposant la théorie du "déficit linguistique". Celle-ci sous-entend une distribution linguistique en fonction d'une certaine division de classes.
La langue (the public language) des classes sociales subalternes est plus limitée syntaxiquement, lexicalement et sémantiquement que la langue (the formal language) des classes sociales les plus aisées.

Voyons maintenant comment ces différents éléments se combinent dans le cas de l'immigration.

3.1.3.2. En immigration

L'immigré, généralement issu du milieu social et culturel le plus bas dans sa société d'origine, est entraîné dans un engrenage de marginalisation sociale et linguistique.
Ses origines sociales ne lui permettent que la maîtrise d'un dialecte, ou tout au plus, d'un sous-standard.

3.1.3.2.1. A l'arrivée, le statut social subalterne de l'immigré rejaillit sur la valeur symbolique de sa "langue". L'immigré lui-même est marginalisé du point de vue social et sa "langue" objectivement étrangère, en vient à être perçue, subjectivement et de façon tout à fait arbitraire, comme une variété linguistique inférieure.

Deux types d'attitude sont dès lors possibles : le rejet volontaire ou involontaire du système linguistique jugé inférieur ou au contraire, une tentative de maintien de son idiome d'origine.
Ce dernier comportement est presque toujours dicté par une réaction contre l'attitude discriminatoire de la société d'accueil vis-à-vis de la variété d'origine de l'immigré.

Le résultat, dans la majorité des cas, est assez précaire et finit par s'apparenter aux mécanismes de l'abandon involontaire. La seule différence est que l'on assiste à une sorte de spécialisation de la grille des registres linguistiques. En effet, l'idiome d'origine est maintenu dans des circonstances bien particulières et, dans les autres cas, le comportement témoigne en fait de l'abandon progressif involontaire présent chez d'autres immigrants. En fait, il n'y a donc pas de maintien de la variété d'origine dans des circonstances où d'autres immigrés abandonnent cette variété d'origine; il y a plutôt création de circonstances spéciales destinées à un maintien un peu artificiel, des circonstances qui ne font pas partie de la vie des autres immigrés (par exemple des associations régionales. Celles-ci,contrairement à ce que l'on pourrait penser, n'ont pas beaucoup de succès et ne constituent pas une entité normale de la vie de la majorité des immigrés).

Venons-en maintenant aux cas d'abandon. Le refus conscient témoigne de la volonté de se couler dans le système linguistique d'accueil et donc de passer sous silence ses propres origines. Ce comportement se rencontre en immigration, mais il représente cependant un phénomène minoritaire, à tel point que les "personnages" qui l'adoptent sont généralement connus dans le quartier et considérés comme ridicules. L'abandon quasi-spontané de la variété linguistique d'origine provient, quant à lui, de mécanismes de défense peu développés, dus au peu de "conscience nationale" qu'ont généralement les classes subalternes (22). Très vite, ces immigrants s'incorporent au contexte linguistique ambiant. Un tel type de réaction a été illustré par FISHMAN dans son analyse de la situation des immigrants aux Etats-Unis :

---

(22) Ce qui en tient lieu ne dépasse guère quelques symboles extérieurs qui cachent des réalités toutes différentes (et transférées) de celles qui caractérisent la "conscience nationale" dite bourgeoise dans l'acception socio-historique de ce terme.

"Leur nationalisme était assez peu conscient et dépourvu d'idéologie (...) D'autres arrivèrent avant que leur langue fût officiellement reconnue aux Etats-Unis et par conséquent avant que son statut dans la vie nationale fût complètement défini ou ratifié. Le résultat en fut que la plupart des premiers immigrants n'attachèrent pas une importance particulière à leur langue maternelle ou à l'héritage culturel de leurs aïeux. Cela se passa sans heurts : ils parlaient comme on respire, sans y penser et sans défendre particulièrement leur outil de communication. L'air de l'Amérique n'est certes pas le même que dans les vieux pays, mais il est aussi respirable quand les considérations idéologiques susceptibles de créer des complications sont absentes. C'est pourquoi les efforts du vieil immigrant pour préserver sa langue et ses traditions ancestrales étaient exempts de tout contenu idéologique ou symbolique. Il préférait, cela va de soi, sa propre langue plus familière (...) Il ne se doutait pas que la pureté de ce parler maternel, ou de ce patrimoine culturel, pouvait être menacée, et que son devoir solennel était de les défendre. Aussi longtemps qu'il en éprouva le besoin ou la nécessité, il s'accrocha à des traditions puis, progressivement, il en abandonna certains aspects. Il en arriva ainsi, peu à peu, à admettre que la société exigeait de lui certains changements comme prix de sa mobilité sociale et de celle de ses enfants". (23)

3.1.3.2.2. D' autres facteurs interviennent dans l'évolution linguistique des migrants. Comme l'ont précisé GARDNER et LAMBERT dans l'article cité précédemment, la perte de l'identité favorise l'abandon d'une langue. Ce phénomène se rencontre davantage chez la seconde génération née ou scolarisée dans le pays d'arrivée. Se sentant en apparence en égalité avec les autochtones, les jeunes de la seconde génération n'éprouvent plus la nécessité de parler leur propre langue, du moins dans des circonstances publiques. La langue maternelle ne sert plus de véhicule de communication que dans les relations privées (en famille, entre amis) et s'éteint avec la disparition de ces circonstances elles-

(23) FISHMAN, *Situation*, pp.1209-1210

mêmes. Dans ce processus d'acculturation linguistique, l'école et le travail jouent, eux aussi, un rôle déterminant.

La relation entre comportement social et comportement linguistique se démontre donc assez facilement dans le cas de l'immigration. Plus que dans toute autre circonstance, l'apprentissage de la langue (du pays d'arrivée) est perçu comme un moyen d'intégration, un instrument de mobilité sociale.

Cette volonté d'identification ethnique, sociale et culturelle se voit parfois neutralisée par le moyen même qu'elle désire utiliser : l'apprentissage de la langue. Ce dernier rencontrera d'autant plus de difficultés que la maîtrise du système linguistique d'origine sera rudimentaire : "nombre d'entre eux débarquèrent en Amérique avant que l'éducation publique fût établie dans leur pays d'origine et ignoraient ainsi la forme littéraire écrite de leur langue maternelle". (24)
Etant donné qu'ils sont munis d'une formation linguistique minime, il leur sera difficile de se mouvoir dans la sphère linguistique sous-standard ou standard de la langue d'accueil.

Ces efforts se soldent par l'appauvrisssement du patrimoine linguistique d'origine et par la création de variétés de contact : pidgins ou créoles.

3.2. Premier terme de la comparaison : les Etats-Unis

Après avoir décrit les comportements linguistiques possibles en immigration et après avoir précisé le niveau social, culturel et linguistique généralement atteint par les immigrés, examinons de façon concrète le cas de l'immigration aux Etats-Unis.

(24) FISHMAN, *Situation*, p.1210

3.2.1. Tendances générales : la politique d'intégration

3.2.1.1. Les faits

Le milieu américain adopte à l'égard des minorités ethniques une attitude à la fois assimilatrice (américanisation) et tolérante.

Le processus d'américanisation consiste en un phénomène d'assimilation à la culture de la société américaine.
Selon FISHMAN, cette société désire intégrer les éléments "hétérogènes" et, dès lors, elle accorde peu d'intérêt aux groupes minoritaires.
Ces derniers, sous la pression exercée par la société d'accueil, sacrifient leur spécificité culturelle et linguistique à leur mobilité sociale.

" Etant donné les aspirations exprimées ou non exprimées (et les forces de pression) qui agissent en faveur d'une plus grande participation des américains de souche d'immigration récente aux affaires générales de ce pays, la facilité et l'intérêt à parler une langue autre que l'anglais s'évanouissent après quelques années de confrontation avec les multiples aspects du système américain : éducation, profession, loisirs, courants culturels". (25)

3.2.1.2. Les causes

"Le fait de savoir que les vagues successives d'immigrants ont été assimilées et que désormais elles sont devenues des parties intégrantes du corps politique est l'une des source de la conscience nationale des Américains. Puisqu'ils ne possèdent pas de passé national (...), le processus d'américanisation lui-même tient un rôle central dans la formation de l'identité et du sentiment national de la plupart d'entre eux". (26)

---

(25) FISHMAN, *Situation*, p. 1208-1209
(26) FISHMAN, *Situation*, p. 1209

Le processus d'assimilation s'explique donc par l'historique même de la formation des Etats-Unis. Cet Etat, créé récemment et brassant une multitude de nationalités, veut se donner une culture et une unité nationales. Aussi évite-t-il de favoriser les revendications séparatistes des groupes minoritaires sentis comme une menace pour l'identité nationale.

"(...) le fait de s'interroger sur la sagesse, le besoin ou l'opportunité d'abandonner la culture des populations immigrantes pourrait paraître choquant à beaucoup d'Américains qui verraient là une remise en question de l'existence culturelle et nationale de leur pays". (27)

3.2.1.3. Les moyens

Les moyens utilisés pour réaliser l'alignement sur le modèle américain ont été fournis en partie par les immigrants eux-mêmes, le corollaire logique de leur basse extraction sociiale étant la passivité linguistique et culturelle. Des mesures de pression ont été prises quelquefois pour appauvrir linguistiquement et culturellement et neutraliser leur présence. "Ce fut le cas du "knownothingism" parti politique secret qui dénonçait l'influence croissante des immigrants de fraîche date (...), du Ku-Klux-Klan (...), des campagnes politiques "anti-hyphenation" (hyphenated-american, étranger naturalisé resté foncièrement attaché aux intérêts de sa première patrie) et "pro-melting pot" (mouvements nationalistes en lutte contre une allégeance patriotique partagée et qui réclamaient le "brassage ethnique et l'intégration complète à l'Amérique)". (28)

La politique d'intégration américaine a également pour caractéristique d'être plutôt "tolérante". Cette "tolérance" sociale, économique ou culturelle a pour effet de saper progressivement la détermination des minorités d'immigrants

(27) FISHMAN, *Situation*, p. 1209
(28) FISHMAN, *Situation*, p. 1209

à l'indépendance et d'amenuiser leur originalité culturelle et linguistique. La répression signifierait qu'on entre dans le jeu de ces minorités, c'est-à-dire qu'on leur donne l'occasion de se défendre en s'affirmant en tant que groupe et de réclamer un statut propre.

"L'usure non concertée des groupes minoritaires est un phénomène beaucoup plus normal, qui se produit nécessairement dans une société modérément ouverte qui demande et accueille tous les nouveaux venus dans ses écoles, ses affaires industrielles et commerciales, ses organisations. En fin de compte, un plus grand nombre de trésors linguistiques et culturels ont été enterrés par la passivité et l'apathie réciproques, que n'auraient pu le faire l'opposition et la répression. Les minorités immigrantes ne se sont jamais vu interdire de créer et de conserver leurs propres écoles, leurs communautés, leurs organisations, leurs journaux (...). L'expansion de la vie américaine était elle-même assez irrésistible pour dompter les tendances séparatistes et traditionnalistes" (29)

3.2.2. Répercussions sur les différentes générations

Nous procéderons ici à une analyse par ordre de génération des conséquences linguistiques de la politique d'intégration américaine.

Le processus d'abandon de la langue d'origine a commencé dès la première génération, mais ce n'est qu'au niveau des deuxième et troisième générations qu'il atteindra sa pleine expansion et deviendra un phénomène général.

3.2.2.1.

Chez les tout premiers immigrants, l'idiome maternel a connu un certain déclin, qui pour certains, est allé jusqu'au rejet catégorique : " Assurément, nombreux furent ceux

---

(29) FISHMAN, *Situation*, p. 1211

qui rejetèrent rapidement de façon définitive leur langue dans leur profond désir d'intégration complète". (30)

Néanmoins, cet abandon définitif contraste avec la tendance générale de la première génération. La langue d'origine reste assez vivace au sein de la communauté immigrée pour les relations familières : "Mais ce ne fut pas le cas de tous les immigrants de la première génération; pour la plupart d'entre eux, l'idiome maternel émaillé d'américanismes continua d'être préféré dans les rapports quotidiens de la famille et de la communauté". (31)

La volonté de promotion sociale et le manque d'intérêt des minorités elles-mêmes pour la défense de leur langue maternelle sont les principales composantes qui agissent dans le déclin progressif de celle-ci.

Un autre facteur semble important pour la viabilité de l'idiome maternel : l'isolement ou la perméabilité aux emprunts et interférences de la langue d'accueil.

En effet , les attitudes dans les contacts entre les migrants et le milieu linguistique ambiant dessinent le profil futur des conditions de maintien de la langue maternelle.

L'installation dans un autre pays entraîne la dislocation du cadre de vie et les bouleversements des habitudes linguistiques. Un nombre assez important de réalités inconnues se présentent à brûle-pourpoint à l'immigré. Celui-ci ne dispose pas d'un bagage suffisant pour appréhender ces réalités à connaître : les mots pour désigner les choses. "Beaucoup d'idées générales et d'éléments de la vie américaine étaient inconnues des immigrants, car ils n'en possédaient pas la contrepartie dans leurs milieux sociaux d'origine". (32)

---

(30) FISHMAN, *Situation*, p. 1212
(31) FISHMAN, *Situation*, p. 1212
(32) FISHMAN, *Situation*, p. 1212

Dès lors s'engage le processus d'acquisition de la langue d'accueil. L'apprentissage se fait succinctement, sur le terrain, par contacts directs entre individus, sur le lieu du travail et préfigure les résultats de l'assimilation. De plus, étant donné le niveau insuffisant d'instruction et l'absence de conscience linguistique, cet apprentissage se soldera par une confusion des structures lexicales et syntaxiques des deux systèmes en présence. Finalement, il y aura une altération de la langue d'origine par les tentatives d'insertion de réalités "anglaises" dans le moule linguistique d'origine et la création d'un "américain" qui ne correspond pas aux usages de la communauté autochtone.

"Les termes et les expressions de l'anglais américain s'incorporèrent assez vite dans leur langue maternelle sans contrecarrer leurs convictions linguistiques ou ethniques. Le processus accéléré d'emprunts ou de calques approximatifs donna lieu à une confusion des langues... La mobilité sociale, l'identification aux institutions et aux idéaux américains, les contacts quotidiens avec des individus, des groupes, les mass-media de langue anglaise, contribuèrent de surcroît à un amalgame linguistique chez les immigrants. Finalement, l'interférence passa du simple niveau lexical au niveau grammatical. En fin de compte, aussi bien la langue maternelle que l'anglais parlés par les nouveaux venus, se trouvèrent enrichis par des formes composites (...)" (33)

Le bilan des expériences linguistiques de la première génération peut se résumer comme suit :

a) tendance à abandonner progressivement la langue d'origine au profit de l'anglais;

b) altération des deux systèmes linguistiques en présence qui s'accompagne de l'incapacité de dominer la langue d'accueil et l'exclusion progressive de la langue d'origine;

(33) FISHMAN, *Situation*, p.1212

c) la langue maternelle reste assez vivante, mais elle est confinée dans des rôles linguistiques bien déterminés : la famille, les relations privées avec des amis provenant de la même région.

3.2.2.2. Seconde génération

Cette secondé génération a vécu indirectement l'intégration difficile de la première et a subi les conséquences de sa marginalisation. Un tel héritage explique l'acharnement avec lequel la seconde génération tente de sortir d'une situation d'exclusion.

" Il faut remarquer que la seconde génération fit preuve d'un désir encore plus vif et d'une volonté plus délibérée de s'incorporer à la vie américaine que ne l'avait fait la première". (34)

Une telle détermination aura des répercussions sur le comportement linguistique. En effet, ces immigrants manifestent à l'égard de leur langue maternelle une réelle aversion : ils l'ont reçue de leurs parents par la force des choses et l'ont acceptée à contre-coeur. Ils se souviennent trop bien de ce que cette langue a pesé lourd dans la balance de la marginalisation de la première génération. Aussi, la connaissance et l'intérêt qu'ils portent à cet idiome seront-ils extrêmement limités, à tel point, comme l'a souligné HAYDEN, que la seconde génération est souvent incapable de transmettre la langue d'origine à la génération suivante :

"There is evidence that often despite or because of strong parental interest, children resist the maintenance of the ethnic mother tongue, while their children, in turn, may hold a more benign attitude toward it. But by that time such a change of heart seems to of little value for language maintenance, since the essential ingredient, the language itself, can no longer be adequatly transmitted by parents". (35)

(34) FISHMAN, *Situation*, p. 1213
(35) HAYDEN, *Dynamics*, p. 202

Par contre, la langue des autochtones - ici l'anglais-américain - jouit d'un immense prestige et son apprentissage, croit-on, donnera accès à la réussite refusée jusqu'alors à la génération précédente.
C'est ce qui explique l'abandon presque complet et spontané de la langue maternelle, au moins dans les relations autres que familiales (dans le sens le plus strict).

"Bien qu'elle fût souvent leur propre langue maternelle, ils en limitèrent l'usage aux hypocoristiques, aux exclamations, aux injures et à tout le vocabulaire dérivé des expériences enfantines (aliments, relations familiales, etc.). Ils en gardèrent aussi une certaine familiarité par la pratique de l'humour (plus d'une plaisanterie n'était compréhensible qu'à condition de connaître la forme abâtardie de la langue) et par le moyen des distractions (beaucoup de chansons et de refrains populaires étaient enregistrés dans la version altérée et vendus par des magasins spécialisés qui s'adressaient surtout à une clientèle de la seconde génération).
On peut encore ajouter quelques rares contacts, dans cette langue, avec les mass-médias ou les cérémonies religieuses, et les relations, qui diminuaient de plus en plus, avec la famille, au sens large, ou les amis appartenant à la génération précédente". (36)

3.2.2.3. Troisème génération

La troisième génération ne semble plus gênée par ses origines immigrantes comme ce fut le cas pour ses prédécesseurs. Ayant pour ascendance deux générations implantées dans le pays, ces gens sont enracinés dans le milieu américain et reconnaissent celui-ci comme leur berceau culturel au même titre que la population autochtone.

La langue maternelle des aïeux, utilisée sporadiquement par la seconde génération, périclite avec la troisième au profit de l'usage absolu de l'anglais-américain.

---

(36) FISHMAN, *Situation*, p. 1213-1214.

En conséquence, la langue d'origine fait figure de folklore et appartient à la culture ancestrale que l'on se plaît à valoriser et à découvrir.

"La langue des grands-parents paraît plutôt pittoresque et pleine d'attraits, la plupart du temps, que barbare et embarrassante. On considère qu'elle fait partie de l'héritage familial, et celui-ci, même connu de façon superficielle, est valorisé (au sens abstrait) en tant que principal élément de formation de la conscience communautaire et comme un déterminant des attaches de groupe (...). Il en résulte que la troisème génération redécouvre son héritage et qu'elle le trouve empreint d'une noblesse et d'une distinction inconnues ou introuvables dans le reste de la société américaine". (37)

Trois générations ont suffi pour aboutir à la défaite de la langue et de la culture des groupes minoritaires, détruisant non seulement leurs richesses propres, mais également toute possibilité de les "prolonger", sinon de façon folklorique.

Etant donné que les habitudes linguistiques sont difficilement modifiables, la seule voie de salut tiendrait dans des positions <u>prises officiellement</u> pour protéger et promouvoir la langue d'origine.

3.3. Hypothèses de travail

L'évolution du patrimoine linguistique des première, seconde et troisième générations immigrées aux U.S.A. a abouti à la substitution des variétés linguistiques d'origine par la langue du pays d'accueil.

Nous avons pu constater que l'opportunisme social, une forte volonté d'intégration et l'uniformisation de l'identité culturelle, encouragés par la politique d'intégration américaine, ont conduit la plupart des immigrés à renier

---

(37) FISHMAN, *Situation*, p. 1214

leurs origines et à abandonner leur langue.

En nous référant à cette situation, nous tenterons de vérifier si les comportements linguistiques observés aux Etats-Unis se rencontrent également auprès de la seconde génération italienne en Belgique (soit à l'état de tendance, soit comme phénomène général) et nous essaierons de voir quels sont les facteurs qui déclenchent ces comportements.

Nous émettrons cependant deux réserves :

Il faut tenir compte du fait que, par rapport à l'immigration aux Etats-Unis, le phénomène migratoire en Belgique est nettement plus récent. Il existe un décalage d'environ une génération entre la situation dans les deux pays. Les grandes vagues migratoires en Belgique datent d'après la seconde guerre mondiale et la troisième génération s'amorce à peine, tandis qu'en Amérique elle a déjà cédé le pas à la quatrième.
Nous pourrons de la sorte évaluer la position de la seconde génération par rapport à la ligne évolutive plus avancée des Etats-Unis et juger des similitudes ou des différences.

La deuxième réserve concerne le type de "politique d'accueil" mis au point aux U.S.A. et en Belgique.

La position américaine se caractérisait par la réduction au modèle culturel américain et par une attitude conciliante à l'égard des étrangers.
Cette dernière attitude a eu pour effet d'annihiler les quelques fragments d'"identité" linguistiques et culturels laissés intacts par l'américanisation. Un tel processus d'assimilation répondait aux besoins de l'Amérique de se conférer une unité nationale à partir d'une population

non autochtone.

En Belgique, l'immigration a pour fonction d'être "une main-d'oeuvre d'appoint" dont on se sépare dès que possible.[38] Dès lors, on ne peut parler de la volonté d'intégration d'une population qui, tout au plus, est tolérée. S'il existe une réglementation sévère en ce qui concerne la circulation de la main-d'oeuvre (la police des étrangers, la nécessité de détenir un permis de travail pour pouvoir rester dans le pays), aucune position officielle n'a jamais été prise clairement pour protéger ces minorités culturelles et ethniques. A la limite, le critère du "trouble à l'ordre public" devient le régulateur du processus d'admission et d'intégration de l'étranger.

L'immigré aux Etats-Unis est donc un citoyen en perspective du point de vue idéologique et un citoyen politique dès le départ, ce qui fait de lui, en somme, une personne vis-à-vis de laquelle il faut user de tolérance pour pouvoir l'intégrer comme sujet à part entière d'une communauté nationale en cours de constitution.

En Belgique, la situation est différente :

- l'immigré n'est pas un citoyen en perspective;
- il n'a pas d'existence politique (dans le sens minimal de la "polis" grecque : celui d'un homme libre qui établit avec ses semblables les règles de leur vie commune);
- il est moins une personne qu'une entité économique perçue comme n'étant pas destinée à un établissement stable;
- il n'est dès lors pas nécessaire d'user de tolérance envers lui, puisque le pays d'accueil n'est pas tenu par sa propre volonté d'intégrer cet immigré;
- la communauté d'accueil est déjà constituée et a développé,

(38) "main d'oeuvre d'appoint" : expression utilisée dans le titre de l'ouvrage de MARTENS, *Immigrés*.

au cours de son histoire, une hyper-sensibilité à toute notion de différence ethnico-sociale.

L'immigration italienne occupe toutefois une position privilégiée par rapport à d'autres nationalités, uniquement par un processus d'usure : ils sont là depuis longtemps et on les remarque donc moins.

Ces quelques différences soulignées ici sont susceptibles d'entraîner des variations dans les comportements linguistiques des individus.

La fidélité au système linguistique d'origine et le degré d'adhésion de l'immigré à la société d'accueil forment le noyau central autour duquel s'articule notre hypothèse. Le sentiment d'appartenance à un milieu conditionne bon nombre de décisions et de comportements sociaux.
Ces derniers se répercutent alors sur les manifestations linguistiques.

Nous ferons intervenir comme facteurs jugés importants dans notre recherche l'identité culturelle et nationale, la scolarisation et le statut professionnel, le statut travailleur/étudiant, le projet de retour, le sexe dans certaines circonstances.

Nos hypothèses seront les suivantes :

1) Le phénomène d'assimilation culturelle, c'est-à-dire la perte d'identité de l'immigré, a pour corollaire l'abandon de la langue maternelle au profit de la langue du pays d'accueil.

2) Plus l'instruction (le type d'orientation étant également

déterminant) et le statut social de l'immigré s'élèvent, plus la tendance à l'abandon du système d'origine s'accentue et comme corollaire, plus le niveau descend et plus l'attachement au système linguistique d'origine est fort.

3) Les différences statutaires étudiant/travailleur se répètent au niveau linguistique : l'usage de la langue d'arrivée sera plus fréquent chez l'étudiant que chez le travailleur.

4) Le projet de retour ou de résidence définitive (conséquence du degré d'insertion de l'immigré) peuvent déterminer les choix linguistiques.

5) Les comportements linguistiques peuvent être mis en rapport avec des comportements idéologiques, du moment que ceux-ci sont intériorisés et non pas sciemment "limités".

6) Les phénomènes d'usure naturelle et d'indifférence de la seconde génération par rapport à l'usage linguistique seront susceptibles d'expliquer certains comportements linguistiquement assez étranges à première vue.

PREMIERE PARTIE : LE PHENOMENE MIGRATOIRE - APPLICATION A LA PREMIERE GENERATION

CHAPITRE 1 : L'IMMIGRATION EST UN FAIT ECONOMIQUE

1. Le mécanisme de l'immigration

L'apparition du phénomène migratoire date de la naissance de l'industrialisation européenne et son importance numérique varie en fonction de l'expansion du développement industriel.

Depuis 150 ans environ, des millions de personnes abandonnent leur pays d'origine et envahissent pacifiquement les zones industrialisées susceptibles de leur fournir les moyens de subsistance, le travail vainement cherché chez eux.

Ces vagues migratoires ont gagné successivement les Etats-Unis et l'Amérique du Sud, le Canada, l'Australie, l'Europe centrale et l'Europe du Nord.

1.1. L'immigration : produit d'une logique économique

"La migration des travailleurs a ses traits spécifiques mais une bonne partie de la mobilité internationale des personnes a une cause première (...); de tous les facteurs de production, le travail est considéré comme le plus facile à déplacer". (1)

L'immigration peut donc se concevoir comme le passage d'une main-d'oeuvre appartenant à un pays faiblement ou pas du tout industrialisé vers un pays technologiquement et industriellement plus avancé.

Ce déplacement se base sur la mobilité socio-professionnelle du travailleur, qui, s'il reste sans emploi, se déplace, vend sa force de travail au gré du mécanisme de l'offre et de la demande sur le marché du travail national ou international.

L'arrivée massive de migrants sur le marché du travail européen répond à une logique économique dominée par le souci d'une croissance constante du développement du capital et la recherche systématique de rendement maximal de la force de travail.

"In generale si puo dire che nel contesto europeo, la presenza dei lavoratori migranti è spesso associata a quella di un alto sviluppo economico, (...). Senza un continuo afflusso di manodopera, l'economia dei paesi più forti dell'Europa occidentale rischia di segnare il passo ed essere costretta ad accettare un tasso di sviluppo più lento". (2)

Qui dit migration ne dit pas seulement transition d'un pays à un autre, d'une région à une autre, mais aussi passage d'une société à une autre. La spécificité de l'immigration est étroitement liée à ce phénomène de transition : "(...) il n'y aurait pas de migration s'il n'y avait pas différence et inégalité entre deux sociétés plus ou moins liées". (3)

---

(1) MONTVALON, *Aspirations*, p.11.
(2) CORNER, *Sviluppo*, p. 9.
(3) MONTVALON, *Aspirations*, p. 17.

Cette différence n'est rien d'autre que l'inégalité dans la répartition des facteurs de production : il y a concentration de ces derniers exclusivement dans les sociétés technologiquement avancées, précisément là où les conditions de rendement sont idéalement remplies. Il résulte de ce déséquilibre économique un clivage entre sociétés développées et autonomes et sociétés sous-développées dépendantes des premières. La migration devient dès lors la conséquence quasi inéluctable de cette inégalité consacrée.

1.2. Fonctions de l'immigration

Pour délimiter les fonctions de l'immigration, il est important de distinguer les sociétés qui envoient des migrants de celles qui les attirent.

1.2.1. Le pays d'origine

Les émigrés sont , pour la plupart, originaires de pays sous-développés ou en voie d'industrialisation, incapables de leur assurer des conditions de vie décentes. L'agriculture et le petit artisanat constituaient les deux grands secteurs d'activité et les seules sources de revenus possibles pour la population de tels pays. Très fréquemment, ces secteurs ont périclité sous la pression de l'industrialisation intensive menée dans les pays ou les régions économiquement privilégiées.

Les régions agricoles, dans les pays dits "périphériques", sont progressivement délaissées par la politique d'investissement de l'Etat. Ce dernier préfère placer ses capitaux dans des secteurs directement plus productifs. En raison de la faible mécanisation des instruments d'exploitation, la production reste basse et peu compétitive face aux produits qui viennent des pays industriels. Les agriculteurs ne peuvent plus vivre du produit de leur terre et cherchent à se recycler dans des secteurs plus florissants; tentative vaine, vu leur bas niveau de formation et le taux élevé de chômage. Les régions agricoles sont entraînées dans un cycle infernal : ces zones se dépeuplent, faute d'investissements nécessaires à l'amélioration des conditions de vie; suite à cet abandon massif, l'Etat renforce sa position de non-intervention financière et aggrave ainsi la situation. Non seulement, il provoque l'exode de la population, mais il en encourage la continuité.

L'industrialisation frappe également le petit artisanat et le condamne à la disparition. Vu la concurrence sur le marché des produits manufacturés, les artisans abandonnent leur métier en se reconvertissant dans le circuit des grands ateliers, de la grande industrie. Celle-ci ne peut assumer qu'une fraction de la main-d'oeuvre supplémentaire et laisse l'autre partie sans travail. Pour l'ensemble des travailleurs en surplus, ex-agriculteurs ou ex-artisans, l'expatriation devient alors le dernier remède.

1.2.2. Le pays d'arrivée

La présence de travailleurs étrangers remplit des fonctions bien précises dans les pays hautement industrialisés. Ceux-ci règlent l'entrée de ce surplus de main-d'oeuvre en tenant compte de leurs propres intérêts et non des besoins des travailleurs migrants.

Par leur travail, les immigrés renforcent l'économie du

pays et améliorent le niveau de vie des résidants eux-mêmes. Le recours à cette main-d'oeuvre est donc régi par des besoins de croissance économique.

En effet, la viabilité du système économique occidental dépend de l'accroissement du profit. Cet accroissement s'effectue soit par l'augmentation du prix des biens produits, soit par la compression des coûts de base (c'est-à-dire surtout les matières premières et le salaire).

L'augmentation de la productivité et la réduction des salaires permettraient d'atteindre idéalement le taux de profit escompté, si la main-d'oeuvre autochtone n'adoptait pas une position rigide en matière salariale et en ce qui concerne les conditions de travail, allant parfois jusqu'au refus des postes de travail jugés dangereux ou peu rémunérateurs.

L'immigration devient alors un mal "indispensable" pour les pays hautement industrialisés. Ceux-ci recherchent sur le marché du travail une main-d'oeuvre moins exigeante, prête à travailleur à plus bas prix et dans de moins bonnes conditions.

Pour comprendre ce phénomène, il convient de rappeler l'état psychologique de l'immigré à l'arrivée, ainsi que les motifs qui l'ont poussé à quitter son pays. Son seul projet à court terme est de répondre à des besoins de <u>première nécessité</u>.

"La qualità e le condizioni di lavoro sono quindi scarsamente prese in considerazione; molto spesso perché essi hanno poco da scegliere (...) l'accesso ad un lavoro regolare ad un salario erogato con continuità, diventa un obiettivo a cui si puo sacrificare la difesa della propria salute, la richiesta di un salario più alto, in alcuni casi, la lotta e la solidarietà con gli altri compagni di lavoro". (4)

Les avantages de l'immigration pour les pays d'accueil sont donc d'ordre économique et politique. Du point de vue économique, le recours à la main-d'oeuvre étrangère traduit une double préoccupation. Celle de permettre le maintien de la croissance économique et celle d'assurer le développement démographique de la population par la naissance d'une seconde génération dans le pays d'accueil.

Les entreprises disposent ainsi sur place d'une main-d'oeuvre peu onéreuse et plus productive, vu la moyenne d'âge peu élevée.

La continuité historique du phénomène migratoire confère à ce dernier un caractère structurel et non plus transitoire. L'arrivée massive et permanente de migrants a permis d'opérer des changements structurels dans tous les pays qui ont fait appel à eux.

Leur présence favorise la mobilité sociale et professionnelle de la main-d'oeuvre autochtone. Celle-ci abandonne certaines branches professionnelles ou certaines tâches dépréciées au profit d'autres, tandis que l'immigré occupe le poste délaissé.

La persistance du recours à une main-d'oeuvre étrangère en période de chômage élevé semble confirmer ce caractère "structurel". C'est ainsi qu'en Belgique, l'immigration des quinze dernières années a connu un développement important malgré un taux de chômage élevé : " (...) la mise au travail des immigrés connaît un développement sans pareil (...) mais cette fois-ci dans d'autres branches : la métallurgie, le bâtiment,

---

(4) PRATO, *Sviluppo*, p. 97.

les services. Cette diffusion (...) prouve clairement que le phénomène n'est pas seulement conjoncturel mais aussi structurel. La structure de l'emploi exige l'insertion permamente des travailleurs immigrés". (5)

Elle permet en effet de garder en vie, à des coûts peu élevés, des industries vieillies et de réinvestir les économies ainsi réalisées ou en créations nouvelles d'emplois plus qualifiés pour la population (et surtout en création d'industries ou de services plus modernes pour le patronat) ou en investissements à l'étranger, dans certaines zones du Tiers-Monde, quand le coût syndical devient intolérable. En Belgique, le réinvestissement immobilier est également très important.

La politique familiale et démographique menée par les pays d'accueil corrobore cette hypothèse de structuralité de l'immigration. L'immigration n'est plus une simple question de politique de main-d'oeuvre, de production mais elle acquiert une fonction de reproduction.

> "La nouvelle fonction attribuée à l'immigration de travailleurs, c'est-à-dire le repeuplement et le rajeunissement de la population belge est officiellement reconnue et promue en 1961. (...) et proposée comme un remède rapide pour corriger la structure démographique défaillante". (6)

Cette fonction de reproduction rejoint à longue échéance la politique de l'emploi. La main-d'oeuvre étrangère reproduit la force de travail sur place. les enfants reprendront en général la place de leur père dans la tranche la plus basse de la hiérarchie du travail.

La présence des immigrés constitue également un frein

(5) MARTENS, *Immigrés*, p.117.
(6) MARTENS, *Immigrés*, p.118.

pour la montée des salaires. L'immigrant, raisonnant en fonction des conditions de vie de son pays, accepte d'effectuer des travaux peu rémunérés. Son salaire sera toujours plus élevé que celui perçu chez lui.

D'autre part, l'insécurité de sa condition et le taux élevé de chômage le contraignent à céder au chantage du "bas salaire" : s'il refuse le poste proposé, le patronat pourra toujours embaucher quelqu'un d'autre.

Les immigrants, en acceptant des conditions de travail plus pénibles et un salaire moins élevé, affaiblissent la force de la classe ouvrière autochtone et neutralisent les revendications de celle-ci.

L'absence de droits politiques, l'insécurité d'emploi, la crainte de l'expulsion expliquent que ces migrants forment la frange la moins revendicatrice du monde du travail.

Les travailleurs immigrés connaissent une double précarité : la place qu'ils occupent dans les rapports de production témoigne d'une situation d'exploitation, leur statut d'étranger les prive des droits civiques et syndicaux des autochtones.

2. Application : l'immigration italienne

Le départ de millions d'Italiens pour l'étranger s'explique par la situation économique générale, mais également par l'attitude de l'Etat italien. Pour ce dernier, l'émigration joue un rôle important dans l'économie du pays. Aussi intervient-il constamment pour la freiner ou l'encourager. Pour dégager les causes de ce déplacement massif, nous dresserons le profil général de la situation économique italienne. Nous décèlerons ensuite les avantages qu'offre l'émigration pour le gouvernement italien.

2.1. Causes de l'émigration, les inégalités de départ

Un déséquilibre économique profond crée un contraste entre les régions du Nord et du Sud de l'Italie. Cette opposition existait déjà lors de l'unification du pays et s'est accentuée avec l'industrialisation intensive du début de ce siècle, qui a mis en relief et a figé les différences de conditions de vie existantes en privilégiant le développement de la partie Nord du pays.

2.1.1. L'agriculture

Les zones agricoles du Nord sont des plaines fertiles, aux procédés de culture fortement mécanisés. Ces régions profiteront davantage de la réforme agraire, qui leur accordera des grandes étendues de terres et leur permettra une forte élévation du niveau de vie.

L'agriculture dans les campagnes du Sud ne réunit pas d'aussi bonnes conditions d'exploitation. Les conditions géographiques et naturelles créent d'elles-mêmes une discrimination : sols pauvres, terrains montagneux, arides et peu fertiles. Sur cet handicap de départ se greffent une mauvaise structure de la propriété terrienne, l'ignorance des paysans et de surcroît, l'absence d'investissements des instances officielles.

Faute d'investissements, l'agriculture se sclérose et le Sud devient une zone de dépression économique.

L'aide financière de l'Etat pouvait, en effet, contribuer à l'amélioration de la rentabilité des exploitations agricoles. Cet assainissement aurait eu pour composantes soit l'établissement d'un système d'irrigation nécessaire à la fertilisation des terres arides, soit l'introduction et la généralisation de la mécanisation dans l'exploitation du sol, ainsi que l'utilisation de procédés techniques adéquats visant à l'intensification des cultures. Une telle amélioration des procédés et instruments de travail aurait permis de travailler les terres "non rentables" abandonnées par les grands propriétaires, transformées, traditionnellement en pâturages ou lotissements de luxe et d'augmenter le niveau de la production agricole. Dès lors, la commercialisation des produits agricoles ainsi que la création d'industries de transformation se seraient avérées possibles et auraient pu offrir aux régions méridionales une chance de salut. Faute de ces investissements, l'agriculture s'est sclérosée petit à petit.

D'autre part, la réforme agraire de 1950 n'a pas donné les résultats escomptés. L'expropriation et la redistribution des terres aux cultivateurs ont avantagé une nouvelle fois le Nord au détriment du Sud. Les familles du Nord, peu nombreuses, ont reçu des zones d'exploitation assez étendues tandis qu'au Sud, les parcelles étaient extrêmement réduites et ce, en raison de la forte densité de la population. Cette répartition basée sur l'exploitation familiale freina tout développement industriel de l'agriculture et la rendit peu compétitive par rapport à d'autres pays.

Alors que l'agriculture constituait la seule source de revenu de la population, le taux de productivité devint insuffisant pour assurer la subsistance des paysans eux-mêmes. Le revenu moyen n'atteignit pas celui des autres secteurs. Cette situation provoqua non seulement la dévalorisation de la profession agricole mais encouragea l'émigration vers le Nord ou l'étranger.

2.1.2. L'industrie

L'Etat délaissa les masses paysannes du Sud et investit ses capitaux dans le Nord, afin de donner à cette région le développement industriel capable de concurrencer l'industrialisation européenne. Très rapidement, l'industrie textile et chimique, la métallurgie, la construction automobile, les centrales énergétiques se développèrent favorablement et procurèrent à la population un niveau de vie nettement supérieur à celui du Sud.

Les zones méridionales témoignent cependant de l'existence d'un passé industriel relativement florissant quoiqu'éphémère. Des industries textiles travaillant la laine, le lin, la soie avaient acquis une certaine renommée au XVIIIe siècle et au début du XIXe.

Des documents officiels précisent qu'au moment de l'unification de l'Italie, des industries métallurgiques du Sud rivalisaient avec celles du Nord et de l'étranger et que les industries de transformation situées dans les provinces de Reggio et Catanzaro étaient particulièrement réputées pour la qualité de leurs produits. (7)

Toute concurrence possible gênait cependant la volonté de domination industrielle du Nord. Aussi, une politique nationale différentielle s'efforçait-elle de maintenir le rendement des industries méridionales à un niveau modeste par une infrastructure inexistante, des coûts de production plus élevés (l'énergie plus coûteuse) et des financements

(7) ATTI, cité dans ROSATI, *Racines*, p.30.

inconsistants. Cette politique "piémontaise" sapait dès le départ les possibilités d'expansion des entreprises du Sud et les condamnait à la disparition, étouffant ainsi l'économie entière de la région.

Les industries du Nord implantèrent de grosses filiales dont l'intérêt économique pour les régions méridionales fut quasiment nul. Ces entreprises employèrent peu de main-d'oeuvre et recrutèrent leurs cadres et leurs techniciens aux sièges des industries-mères. L'industrie méridionale ne fut jamais partie partie intégrante de l'économie du pays. Encore à l'heure actuelle, elle joue plutôt un rôle d'appoint. Les quelques entreprises de haute productivité n'ont pas leurs centres de décision dans la zone d'implantation, le Sud, mais dans la région d'origine, le Nord.

Les entreprises moins importantes (moins concurrentielles) gardent un caractère artisanal et familial peu rémunérateur.

Le Sud, privé d'implantations industrielles réellement locales, acquit ainsi une vocation parasitaire. Il ne produisit pas, mais devint le lieu de consommation,d'écoulement de la production du Nord.

La géographie économique de l'Italie semble collectionner les paradoxes. Alors que le Mezzogiorno couvre 41% du territoire, il ne parvient pas à garantir des conditions de vie décentes pour ses habitants (c'est-à-dire 36% de la population totale). Quant à l'industrie, 70% des implantations sont concentrés dans le Centre-Nord, et 9% seulement des industries occupant plus de 50 personnes se situent dans le Sud. (8)

---

(8) données citées par SACCHETTI, *Regioni*.

L'Italie a donc connu simultanément un mouvement migratoire interne et externe provoqué par la politique de domination économique d'une région sur l'autre et par l'absence de volonté de rétablir l'équilibre entre les deux Italies.

Cette désertion des régions du Midi au profit du triangle industriel du Nord connaît une progression constante. Selon les recensements effectués depuis le début du siècle, le solde migratoire passif du Mezzogiorno est en perpétuelle augmentation (9) :

Recensements	Nés au Sud Recen. Nord	Nés au Nord Recen. Sud	Solde passif Sud
1901	203.169	111.879	91.290
1911	270.029	133.785	136.244
1931	598.181	198.403	399.778
1951	974.685	218.809	755.876

2.2. Emigration externe et complicité officielle

Les régions d'exode

L'émigration a touché initialement le Nord du pays, mais par la suite, elle s'est concentrée exclusivement sur les régions du Centre-Sud de la Péninsule, le Mezziogiorno et les Iles (10).

Les pays de destination

Le mouvement migratoire a investi simultanément le Nord de l'Italie et les pays industrialisés de l'Europe (Allemagne,

(9) Données reprises par ROSATI, *Racines*, p.20 à CINANNI, *Emigrazione*

(10) - Le Mezziogiorno comprend les régions suivantes ; le Latium (seulement les provinces de Frosinone et Latina), les Abruzzes le Molise, les Pouilles, la Campanie, la Lucanie et la Calabre.

- les Iles : la Sardaigne et la Sicile.

Benelux, France, Suisse, Angleterre). Le Nord, face aux arrivées massives d'immigrants, a connu un phénomène de saturation et n'a plus été capable d'assurer du travail à tous.

Les pays européens ont donc progressivement pris la relève des régions du Nord et ont absorbé la majorité des contingents de travailleurs migrants.

Nous avions précisé que les zones d'émigration italienne se caractérisaient par une très faible industrialisation et par une agriculture peu rentable. Le chômage atteint dans ces régions un taux extrêmement élevé et la qualification professionnelle y fait défaut.

L'exode de ces millions de travailleurs coïncide avec les intérêts politiques et économiques de l'Etat.

Le chômage constitue selon les économistes une soupape de sécurité pour l'économie de marché d'un pays. La présence dans certains secteurs d'activités d'une réserve de main-d'oeuvre permet la mobilité professionnelle. Elle permet aussi de répondre aux variations de la conjoncture économique. Toutefois, le taux de chômage ne peut pas dépasser un certain niveau, sinon il devient dangereux pour l'économie et la sécurité (= la stabilité socio-politique).
L'Etat doit faire face à une masse de travailleurs soit sans emploi, soit sous-employés, en tous cas insatisfaits.

Le départ de ces derniers libère le pays de l'agitation sociale que leur présence provoquait.

D'autre part, le mécontentement de ces masses sans emploi risque de se traduire lors des consultations populaires et de mettre la majorité parlementaire (quelle que soit sa tendance) en difficulté.

La classe dirigeante italienne a donc intérêt à mettre hors du circuit de la vie sociale la frange la plus contestataire de la population. De plus, elle se sait à l'abri de cette couche électorale, car seuls quelques privilégiés pourront assumer les frais que suppose le retour dans le pays d'origine lors des élections (prix du voyage, perte de journées de travail, risque de perte d'emploi, ce qui est fréquent en R.F.A.).

Plusieurs raisons d'ordre économique incitent également le gouvernement à promouvoir l'émigration.

- l'élimination d'une partie de la main-d'oeuvre inoccupée représente une économie considérable en coûts sociaux pour l'Etat italien. Ce dernier ne doit plus prendre en charge ni l'émigrant ni sa famille. En effet, ou bien celle-ci quitte également le pays, ou bien l'émigré assure la subsistance de sa famille restée dans le pays d'origine.
- l'assistance accordée aux familles se fait sous formes d'aide financière (les "rimesse"). L'entrée de devises étrangères constitue donc une opération intéressante pour la balance des paiements du pays et concourt à son enrichissement en stimulant la consommation.

3. Profil socio-économique de l'immigré

Nous venons de démontrer les mécanismes qui régissent l'immigration en analysant le contexte économique du pays de départ et du pays d'arrivée. Nous dresserons à présent un profil socio-économique général de l'immigré dans le d'arrivée.

3.1. Statut socio-professionnel et socio-économique

L'étranger occupe généralement les postes les plus bas de l'échelle sociale, au point qu'une certaine assimilation s'est opérée entre "statut d'étranger" et strate inférieure de la société. Son itinéraire socio-professionnel se définit en termes de marginalisation "structurelle" et de discrimination. Il ne faut pas oublier que l'une des fonctions de l'immigration tient dans l'exécution des tâches subalternes.

Aussi, les chances d'ascension professionnelle sont-elles pratiquement nulles, même si la capacité et l'expérience justifieraient une promotion sociale. Un rapide coup d'oeil autour de nous suffit pour nous en convaincre. Les emplois qui absorbent la main-d'oeuvre étrangère sont toujours les mêmes : le bâtiment, le nettoyage, la restauration, l'industrie, dans les postes de manoeuvres. Quelques-uns deviennent ouvriers "spécialisés" (= contremaîtres) ou petits indépendants.

Le processus de ségrégation sociale mené par la société d'accueil se manifeste dans les modalités de recrutement. Généralement, l'immigré est embauché comme manoeuvre, alors que sa qualification est plus haute (ce fut le cas pour les mineurs italiens en Belgique) : "un'altra forma, cui spesso fa ricorso il padronato, consiste nel declassamento dell'immigrato : gli si fa fare, cioè, un lavoro per cui è richiesta una determinata qualifica che il lavoratore ha, ma sulla busta-paga, il salario è calcolato sulla base di una mansione di qualifica inferiore". (11)

---

(11) PRATO, *Sviluppo*, p.100.

La formation professionnelle, quant à elle, laisse peu d'espoir quant à une éventuelle promotion. La plupart du temps, elle est entravée par des difficultés de langue et par le bas niveau d'instruction initial, ou par les conditions abrutissantes du travail qui ne permettent plus l'étude.

Le statut économique du travailleur migrant se révèle inférieur à celui du travailleur autochtone non qualifié.
Ces deux catégories de travailleurs sont méprisés par une société dont ils contribuent cependant à créer les richesses. La discrimination supplémentaire qui frappe l'immigré s'explique non seulement par sa nationalité différente, mais aussi par la différence profonde qui existe entre lui et la main-d'oeuvre locale. Alors que le travailleur autochtone travaillera toute sa vie dans le même pays, le migrant, lui, vient pour une période limitée, son séjour sera (du moins le pense-t-il) transitoire.

"Inoltre al momento di partenza per il più gran numero di loro l'intenzione è di rimanere nel paese di accoglienza solo per un periodo limitato". (12)

En réalité, ils restent et vivent massivement dans cette contradiction.

La façon dont est vécue la migration se répercute sur la situation socio-professionnelle et change les modalités du travail. Amasser l'argent nécessaire pour subsister et retourner au pays devient le seul but à poursuivre. Dès lors, l'immigré accepte le premier travail qui se présente, quelles qu'en soient les conditions, sacrifiant sa santé aux heures supplémentaires. De plus, il n'hésite pas non plus à abandonner fréquement un poste de travail

(12) MALLET, *Problemi*, p.8.

pour en rechercher un autre mieux rémunéré, ou à se laisser licencier moyennant une compensation financière.

En période de basse conjoncture, les étrangers sont les derniers à trouver du travail et les premiers à être licenciés.

Cette situation n'est pas extraordinaire, si nous nous rappelons que le statut del'immigré constitue le moyen de pression par excellence pour museler les revendications salariales de la main-d'oeuvre locale. En disposant d'une force de travail à meilleur marché et de surcroît inoccupée, le patronat fait de l'étranger un rival sur le marché du travail.

Cependant, quand il y a trop de chômage, qu'il faut assurer la "paix sociale", la "réserve" est immédiatement retirée du travail salarié.

A la marginalisation professionnelle correspond l'isolement social. La rivalité entre le travailleur local et l'immigré ne développe certes pas des sentiments de solidarité.

De toute façon, la perspective tout illusoire du retour au pays n'incite pas le migrant à s'adapter au nouveau milieu (ce qui, comme nous le verrons plus loin, aura des répercussions sur la seconde génération).

Les relations avec la socité d'immigration se limitent aux contacts sur le lieu du travail.

Le réseau de relation de l'immigré se focalise sur la famille qui devient un but en soi : un ghetto de plus, que la société dite "d'accueil" se préoccupe peu de dépasser.

3.2. Le bilan professionnel

La situation professionnelle de l'immigré accuse une légère amélioration par rapport aux conditions de vie initiales au pays d'origine. L'immigré a généralement trouvé un travail stable (excepté en période de récession économique), mais son univers professionnel se borne à des tâches aliénantes et obsédantes, qui provoquent une progressive dégradation de la vie sociale et même psychologique.

De plus, s'il y a mobilité sociale, celle-ci s'effectue toujours dans les mêmes secteurs d'activités dépréciées et subalternes et ne modifie en rien la structure des rapports sociaux.

Au fil des années, en vient à se produire ainsi une usure des qualifications professionnelles, des techniques (spécialités de l'artisanat.) et des connaissances acquises (surtout dans le domaine agricole) dans le pays d'origine, doublée parfois d'une dépréciation de ces activités, senties commes socialement inférieures. "En compensation", l'immigré a trouvé du travail, mais nous ne pouvons pas parler de réussite sociale ni d'avancement professionnel spectaculaire car il existe une trop grande disproportion socio-professionnelle entre l'autochtone et l'immigré.

L'"amélioration" de statut se produit donc essentiellement au moment de la migration et plus après.

CHAPITRE 2 : ASPECTS SOCIO-CULTURELS DE L'IMMIGRATION

L'immigration déclenche généralement un processus de confrontation entre plusieurs systèmes culturels. Dès son arrivée à l'étranger, l'immigrant découvre un milieu socio-culturel différent du sien et dans lequel, contrairement au touriste, il doit continuer à vivre tous les jours.

Les contacts quotidiens entretenus avec la société d'accueil provoquent chez le migrant une prise de conscience et une mise en question de son identité. En effet, l'immigré se sent devenir peu à peu l'homme "d'entre-deux-mondes et de nulle part". Il fait l'objet d'une double exclusion ; repoussé par son pays natal (incapable de l'assister), il séjourne dans une société d'accueil qui ne reconnaît son originalité que pour la nier et la réduire.

Par cette approche socio-cuturelle de l'immigration, nous entendons décrire et expliquer les mécanismes culturels mis en jeu lorsque des groupes culturels différents et établis dans une même société se rencontrent dans un contexte marqué par l'inégalité la plus profonde.

Nous définirons donc les comportements possibles lorsque deux communautés ethniques entrent en contact, ainsi que la politique d'insertion menée par la société d'accueil.

Nous délimiterons ensuite le contexte socio-culturel de l'immigration. Nous déterminerons les réactions culturelles de la première génération face à la communauté autochtone et les raisons qui sous-tendent ces attitudes.

1. La rencontre de deux systèmes culturels

1.1. L'enjeu de la rencontre - la culture

L'immigration constitue le lieu de rencontre ou de heurts de deux ou plusieurs groupes d'individus. La nature de cette rencontre tient dans l'échange, la perte ou l'acquisition de ce qu'on appelle la "culture", c'est-à-dire : "un insieme di comportamenti originali, appresi, trasmessi a tutti i membri di un dato gruppo, più un insieme di idee, abitudini, valori, immagini, credenze, più una serie di oggetti, utensili, strumenti, tecniche, vesti, e anche di procedimenti, di gusti architettonici (...)" (13)

Le milieu culturel désigne donc l'ensemble des sphères ethniques, intellectuelles, sociales, morales, rituelles, religieuses, folkloriques, techniques et artistiques (et politiques dirait GRAMSCI) auxquelles appartient un groupe déterminé de personnes et dans lesquelles il a évolué. Ce milieu imprime à l'ensemble de ces personnes un caractère propre, qui les distingue d'un autre groupe culturel.

L'analyse socio-culturelle du phénomène migratoire portera sur la sauvegarde du patrimoine culturel des micro-communautés ethniques immigrées. Il s'agira d'observer la vitalité

(13) DUPRONT, *Acculturazione*, p.35.

de la culture d'origine, de mesurer la persistance des comportements spécifiques, leur transformation progressive ou leur disparition complète face à la culture collective autochtone qui, par la force des choses, est en position d'hégémonie et de puissance.

1.2. Coexistence de deux communautés et comportements

La question centrale qui se pose lors de l'établissement d'un groupe culturel différent dans une société donnée est de savoir comment se situe et s'ajuste l'immigrant dans la communauté qui la reçoit (celle-ci a, en effet, très peu tendance à s'ajuster à l'immigré). La façon dont tout migrant assume son identité détermine les modalités d'insertion dans la société d'immigration.

Nous pouvons schématiquement établir quatre types de comportement en fonction du degré d'intégration atteint : l'accommodation, l'assimilation, l'intégration et la déculturation.

1.2.1. L'accommodation ou "alienazione" (14)

L'accomodation correspond à une situation extrême de réclusion culturelle qui est le reflet de la façon dont le migrant perçoit l'immigration. Celle-ci revêt pour lui un caractère transitoire et non définitif. Dès lors, le système culturel "d'accueil" reste totalement étranger au réseau de relations de l'immigré qui, lui, reste fidèle au monde culturel d'origine et se replie sur ce dernier. Les deux groupes et leurs cultures respectives vivent donc côte à côte, indépendamment l'une de l'autre.
Ce comportement traduit une volonté d'adaptation minimale

---

(14) terme repris à BERRUTO, *Sociolinguistica*, p.119.

à la société d'arrivée ou plutôt de coexistence pacifique comme le précise E. ROSE : "l'accommodation est le processus ou l'immigré ne témoigne que d'une adaptation minimale c'est-à-dire suffisante pour ne pas être exclu. Pour le reste, il vit au sein de son groupe culturel propre" (15) et conduit à ce que BERRUTO appelle l'aliénation, à savoir : "il rifiuto totale o parziale della cultura della società di cui si fa parte e delle sue norme (...) l'alienazione è acquisizione di estraneità" (16)

1.2.2. L'acculturation et ses modalités

La coexistence pacifique représente un cas extrême où les relations effectives entre les deux groupes n'existent pas. Tout étranger ne peut cependant pas rester dans un pays et y travailler sans être transformé par la façon dont on y vit, sans s'acculturer.

L'acculturation ou "apprentissage de nouveaux rôles, normes et coutumes du pays d'immigration" (17) est un processus de transition culturelle qui détache un individu de son système culturel originel et l'oriente progressivement vers la culture du pays d'arrivée, provoquant généralement la perte de l'identité culturelle initiale.

"L'acculturazione sarà il movimento di un individuo, di un gruppo, di una società, e anche di una cultura verso un'altra cultura (...)" (18) (...) l'immensa maggioranza di queste relazioni è stabilità in un clima di violenza, di rottura, di costrizione" (19)

Ce processus de transformation culturelle peut suivre

---

(15) ROSE, *Colour*, synthétisé par MARTENS dans *Immigrés*, p.18
(16) BERRUTO, *Sociolinguistica*, p.119-120
(17) EISENSTADT, *Absorption*, cité par ROSE, *Intégration*, et repris par MARTENS, *Immigrés*, p.19.
(18) DUPRONT, *Acculturazione*, p. 35.
(19) DUPRONT, *Acculturazione*, p. 41.

plusieurs directions :

- soit prendre la forme d'un changement culturel unidirectionnel et aboutir à l'absorption pure et simple du système culturel d'origine par les modèles culturels du pays d'arrivée (processus d'assimilation);
- soit ne donner lieu qu'à un changement limité aux circonstances de contact, à savoir l'acquisition et l'usage de certains éléments culturels du système d'accueil. Cette acquisition s'accompagne du maintien de la culture et de l'identité d'origine (processus d'intégration);
- soit connaître une interruption qui conduit à une désagrégation culturelle. Celle-ci se caractérise par le rejet de la culture maternelle et une imperméabilité au modèle culturel d'arrivée. Il en résulte pour l'individu une destruction culturelle, une désorientation et une absence de tout sentiment d'identité.

1.2.2.1. L'assimilation

L'assimilation est la forme la plus poussée de l'acculturation. Cette "démission culturelle" se produit lorsque l'adhésion au système culturel d'accueil implique l'abandon ou le rejet des origines propres.

"L'assimilation est le processus par lequel un groupe a su s'adapter à la communauté d'accueil et être accepté par elle à tel point que ce groupe a perdu sa propre identité et s'est fondu dans cette communauté". (20)
Cette fusion est telle qu'il devient alors impossible de distinguer le comportement de l'immigré de celui des membres de la communauté autochtone.

---

(20) ROSE, *Colour*, synthétisé par MARTENS dans *Immigrés*, p.17

Le processus d'assimilation répond en fait au mythe de l'ascension sociale et vise surtout à "gommer" les origines étrangères, susceptibles soit de nuire à la considération sociale soit de réveiller certaines tendances à l'intolérance des milieux indigènes.

On ne peut parler dès lors d'une réelle intégration, puisque ce comportement socio-culturel entraîne la neutralisation de l'identité initiale pour se conformer aux valeurs culturelles (étrangères pour l'immigré) et aux exigences institutionnelles de la société d'accueil, à laquelle l'immigré s'illusionne ainsi d'appartenir. Il ne s'agit en fait que d'une adaptation en surface, qui risque, à longue échéance, de détruire certaines racines de la personnalité en provoquant un système de frustration culturelle continue.

1.2.2.2. L'intégration

L'intégration consiste en une adaptation progressive des comportements individuels à ce qu'attend la collectivité autochtone, tout en conservant et en affirmant les valeurs et références culturelles originelles.

Ce type de processus permet à l'immigrant d'acquérir un comportement équilibré tant vis-à-vis de la communauté d'accueil que vis-à-vis de celle d'origine.

Par opposition au phénomène de l'assimilation, la véritable intégration est un processus où l'étranger n'"oublie" pas son identité pour être admis dans la communauté indigène.

En effet, E. ROSE définit l'intégration comme étant "le

processus qui a pour objectif d'établir des relations harmonieuses entre différentes communautés, sans que chacune d'elles perde son identité culturelle (...) Le pluralisme et le pluralisme culturel, où les communautés étrangères perpétuent leur langue et leur religion, en sont des exemples". (21)

L'intégration suppose cependant que le groupe étranger ait une forte conscience de son identité propre, ainsi qu'une grande fierté de ses origines. De plus, une coexistence aussi harmonieuse nécessite des relations à égalité, ce qui se présente rarement dans le contexte de l'immigration occidentale.

Nous avons, en effet, précisé dans l'approche socio-économique de l'immigration, qu'il se produisait à l'égard du travailleur étranger une certaine dépréciation en raison du statut social subalterne. Le migrant en a conscience et par conséquent hésitera à affirmer son identité; il essaiera plutôt de se confondre avec le milieu culturel ambiant.

Une telle intégration s'opère plus fréquemment dans les classes sociales plus élevées et plus armées de la société. Le cosmopolitisme et l'uniformité sociale y engendrent plus rarement des attitudes discriminatoires vis-à-vis des groupes ethnico-culturels différents.

1.2.2.3. La déculturation et le comportement anomique

Le processus d'acculturation consiste à remplacer progressivement la culture d'origine par les modèles culturels du pays d'arrivée. Pour diverses raisons, ce processus de substitution peut s'interrompre avant d'atteindre l'objectif fixé et donner lieu à une déculturation, qui en est donc

---

(21) ROSE, *Colour*, synthétisé par MARTENS dans *Immigrés*, p. 18.

un "effet pervers".

La déculturation se caractérise non seulement par la destruction de la personnalité culturelle initiale, mais aussi par l'absence pure et simple d'une identité quelconque. Cette dernière consiste paradoxalement en un vide culturel.

L'immigré, en effet, vit continuellement "en suspens" entre la culture d'origine dont il est dépouillé et la culture d'accueil dont il est exclu. Il doit choisir entre des valeurs anciennes qu'il ne reconnaît plus entièrement comme "opérantes" et les valeurs du pays d'arrivée qu'il brigue sans les atteindre.

Cet état d'insécurité crée une confusion d'identité et une dislocation culturelle telles que le migrant tombe souvent dans une situation anomique. L'anomie, notion utilisée pour la première fois chez DURKHEIM dans "Le Suicide", signifie en général : "l'absence de loi et d'organisation". (22) Lorsqu'elle s'applique au domaine culturel, elle indique un comportement particulier soit : "l'atteggiamento di non riconoscersi appartenente ad alcuna società derivante dal contrapporsi di più culture sull'individuo e da una conseguente difficoltà a trovare delle norme di comportamento". (23)

La déculturation se traduit par un comportement anomique, provoque très souvent des effets pathologiques et engendre "l'homme marginal" vivant à la frontière de deux mondes sans jamais y pénétrer.

Cette apathie culturelle semble frapper davantage les couches socio-culturelles moins privilégiées. Celles-ci, face à un nouvel horizon culturel, disposent généralement

(22) LAROUSSE, *Petit Larousse*, s.v. Anomie, p.48.
(23) BERRUTO, *Sociolinguistica*, p.119.

de peu de ressources pour défendre sans dommages leur patrimoine culturel : "anomy is highest among certain sectors of the population (...) persons of low education, those with low incomes and low prestige occupations, people experiencing downard social mobility, Negroes and foreignborn farmers and other rural residents" (24)

1.3. Positions de la société d'accueil en matière culturelle

Les mutations culturelles que nous venons de détailler peuvent se comprendre en fonction du degré d'adaptation du migrant à l'environnement culturel. Cependant, elles dépendent également de la politique culturelle d'accueil menée par la société d'immigration.

Le pays d'accueil est susceptible d'adopter à l'égard du groupe immigré trois grands types de stratégies, favorisant ainsi certains comportements culturels :

- soit mener une politique d'assimilation pure (= stimuler le comportement culturel de l'assimilation),
- soit maintenir le parallèlisme des deux grands groupes culturels (l'accommodation)
- soit tenter de développer une politique d'interaction culturelle entre les deux communautés (l'intégration).

1.3.1. Stratégies de l'assimilation

Cette politique cherche à neutraliser la spécificité culturelle des groupes minoritaires étrangers pour leur inoculer les caractéristiques du groupe majoritaire national.

(24) MC KLOSKEY, *Dimensions*, p.19.

La réalisation de ce programme est soumise à deux conditions. Tout d'abord, elle suppose de la part de l'ensemble du groupe minoritaire la volonté de se laisser assimiler.

Or, la décision de rompre avec le milieu d'origine peut être le fait de quelques individus mais constitue rarement la tendance générale d'une communauté entière. Celle-ci offrira plutôt une vive résistance au modèle culturel autochtone s'il est perçu comme réducteur. L'assimilation ne se vérifiera alors qu'au niveau de cas particuliers et n'abolira pas le système socio-culturel originel du groupe entier.

D'autre part, la stratégie assimilatrice, pour être efficace, doit correspondre à une décision collective et représentative de la communauté d'accueil, car c'est finalement cette dernière qui supportera les coûts (sociaux) d'une telle politique.

En contrepartie de la perte d'identité, le pays d'accueil devrait accorder aux nouveaux venus un statut d'identité et assurer l'égalité avec les autochtones. Dans la réalité, il ne remplit pas ses engagements. Cette politique reflète la logique du groupe autochtone dominant, qui n'a aucun intérêt à préserver l'indépendance du groupe minoritaire (celui-ci serait alors susceptible de dissidence). Il préfèrera l'intégrer en lui réservant un traitement inférieur à celui du groupe subalterne autochtone.

Le groupe étranger végète alors dans une situation de dépendance, de soumission aux lois de la société d'accueil, car il n'y a pas d'autre issue. En abolissant la culture du groupe minoritaire, le pays d'arrivée détruit les chances de réinsertion dans la société d'origine et s'attache plus facilement la main-d'oeuvre étrangère.

1.3.2. Stratégie du parallélisme culturel

La stratégie des "cultures séparées" suppose que le pays qui reçoit des migrants ne se préoccupe pas de l'intégration culturelle de ces derniers. Les deux communautés en présence conservent le plus possible leur indépendance et ne communiquent entre elles que pour le strict minimum.

Généralement, l'optique poursuivie par le pays d'accueil ne diffère pas tellement de celle de la politique d'"apartheid".

Les migrants, qui ne sont pas candidats à l'assimilation, restent confiés dans leur système culturel propre, formant une réserve de bras au service des aléas de l'économie du pays d'"accueil".

Les contacts avec les autochtones s'effectuent au gré des hasards, sur le terrain (par exemple, le travail).

Ces individus deviennent les "porteurs" de contradictions culturelles qu'ils ne parviennent pas à maîtriser. Un décalage et un court-circuit s'instaurent et se développent chez ces migrants, obligés de vivre simultanément dans des contextes socio-culturels totalement différents.

La formation atteinte par le migrant ne lui permet pas malheureusement pas de comprendre la teneur des mutations socio-culturelles qui forment désormais la trame de sa vie quotidienne.

La désorientation, la confusion d'identité qui en résultent se traduisent dans des comportements de type schizophrénique. Les plus armés adopteront l'attitude que nous avons qualifiée d'accomodation ou d'adaptation minimale.

1.3.3. Stratégie de l'interaction culturelle

Le pays d'immigration veille à préserver la spécificité culturelle du groupe étranger et à favoriser son insertion dans la communauté autochtone.

Cette double préoccupation assure à la migration un caractère à la fois équilibré et cohérent et suppose une prise en charge par la société des deux systèmes culturels.

Cette attitude repose sur une ouverture pluraliste et dévoile une valorisation des différences culturelles respectives, alors que les deux autres politiques d'accueil les avaient ou détruites ou ignorées. Le migrant est mis en contact avec le milieu culturel indigène, dont on s'efforcera d'expliquer les structures et les contenus.

Il puisera de la sorte aux deux sources les éléments qui lui permettront de maîtriser la transition culturelle qu'est la migration. Une telle stratégie laisse au migrant la possibilité de décider de son intégration définitive ou d'une éventuelle réinsertion dans le pays d'origine.

L'interaction culturelle résulte du dépassement de certaines visées économiques, ce qui explique que son rayon d'action se limite à des groupes sociaux favorisés qui ne sont plus soumis à des impératifs de survie économique.

2. La situation socio-culturelle de l'immigré.

La situation socio-culturelle de l'immigré procède de la combinaison de deux phénomènes : le bouleversement qualitatif du cadre de vie d'une part et la marginalisation constante de l'autre.

2.1. Le bouleversement du cadre de vie

L'immigration de type européen inaugure un processus de transplantation et de modification socio-culturelle qui consiste dans le glissement d'un contexte socio-économique à dominante rurale vers un milieu urbain et industrialisé. Ce passage entraîne la désagrégation du modèle culturel initial ainsi que du système des rapports personnels qui y est lié. Pour apprécier la teneur de ces modifications, nous dresserons les typologies respectives des systèmes socio-culturels d'origine et d'arrivée.

2.1.1. Le milieu d'origine

Le milieu dont provient l'immigré offre les caractères de la société "archaïque" . Il s'agit d'un monde essentiellement rural, centré sur les valeurs collectives et qui se focalise sur la famille, lieu de travail et de transmission culturelle fermé sur lui-même. Le monde rural vit selon des rythmes spatiaux et temporels spécifiques et imprime à l'individu un certain mode de vie, que l'on pourrait presque qualifier de "cyclique".

Les relations familiales reposent sur la solidarité, c'est-à-dire sur l'interdépendance des membres de la famille et sur une hiérarchisation des fonctions correspondant à cette interdépendance, le tout étant soumis à l'autorité paternelle.

Les rapports familiaux et personnels <u>font corps avec les rapports productifs</u> et se soudent autour de ce dernier : le monde du travail ne se dissocie pas de l'univers relationnel des membres de la communauté, qui en est l'élément constituant. Suite à cette coopération, il y a coïncidence parfaite entre la production et la consommation.

Le cadre de référence originaire de l'immigré se caractérise par une rigidité des modèles culturels et une grande stabilité du système économique.

2.1.2. Le milieu d'arrivée

Une fois que l'immigré est arrivé dans la société urbaine et industrialisée, il ne retrouve plus le système de référence qui lui était familier. La civilisation industrielle, quant à elle, privilégie l'individualisme et isole l'individu du groupe. La famille se vide de son sens, car elle ne joue plus le rôle de moteur du système de production : elle est reléguée à la sphère privée. Le système industriel repose encore sur la division du travail, mais le système de coopération mis en oeuvre diffère du système originaire. Les rapports de travail s'organisent selon une hiérarchie complexe et figée et deviennent les lieux d'une lutte serrée entre les membres du système de production pour gravir l'échelle sociale. L'interdépendance originelle se vit désormais en termes de promotion sociale.

L'immigré partage, quoiqu'inégalement, le sort des autochtones des sociétés industrielles. La transplantation culturelle,liée à un déplacement géographique, entraîne un déracinement profond : le migrant se sent pris entre un monde en décomposition et un monde qui se profile devant lui, mais auquel il n'est pas préparé.

2.2. La marginalisation

Nous avons déjà évoqué le handicap socio-économique dont l'immigré était victime. Nous envisagerons ici les retombées socio-culturelles de cette situation.

Les premières expériences que fait l'immigré dans le milieu qui le reçoit sont celles de la différence (perçue en termes d'infériorité) et de l'isolement.

2.2.1. Processus d'intégration manquée

Au départ, l'étranger espère à la fois être reconnu dans son originalité culturelle et être accepté dans la société où il vit. L'attitude de la société d'accueil brisera assez rapidement ces illusions en lui faisant sentir qu'il n'est pas semblable aux autres membres de la société.

Cette différence s'accompagnera d'un sentiment d'infériorité que la société d'accueil insufflera habilement, soit par sa politique de ségrégation sociale (les emplois inférieurs), soit par les préjugés et la suspicion qui entourent les relations avec le migrant.

Face à ce refus, les aspirations du migrant se réduiront à devenir tout autre que ce qu'il était (sans toutefois y parvenir) ou à rester lui-même dans une communauté ethnique marginalisée.

Le migrant doit choisir entre la perte d'identité et l'isolement socio-culturel.

On assiste fréquement chez ces travailleurs à une volonté de préserver leur identité propre. Les immigrés cherchent un refuge en tentant une réinsertion dans leur communauté ethnique : ils se ménagent un espace de défense, qui répond à leur besoin de s'entourer d'éléments familiers sécurisants : leur passé, leurs traditions.

Cette micro-société peut représenter un ensemble numériquement assez important et dès lors, de former un "ghetto" dans lequel la culture d'origine, séparée de son milieu initial, s'effrite au fil du séjour (cf. la Little Italy). Les immigrés n'entretiennent plus un rapport fonctionnel avec leur culture, comme au pays d'origine et leurs contacts avec la société qui les accueille sont très pauvres. Cela entraîne ces immigrés dans une situation de "vide culturel" propice à la désagrégation interne du groupe.

Les immigrés, de par leur statut et leur appartenance sociale, forment un groupe marginal condamné à l'isolement social et culturel.

2.2.2. L'isolement social

La participation réduite des migrants dans le circuit des relations sociales du pays d'accueil s'explique par leur situation sociale, par les objectifs qu'ils poursuivent, par les conditions de travail et par le manque de moyens de participation.

Cet isolement social se reflète déjà géographiquement dans

l'habitat. La plupart des immigrés occupent des quartiers populaires, souvent insalubres, désertés par la population locale. Si tel n'est pas le cas, ils sont relégués à la périphérie des centres industriels importants dans des sortes de "foyers-ghettos".

C'est généralement seuls qu'ils affrontent les instances officielles, l'administration, l'école, l'employeur et la population autochtone.

2.2.2.1. La situation locale

La société d'accueil ne désire pas tellement développer de contacts avec la population étrangère. Vu la position sociale et le faible degré d'instruction des immigrés, (la plupart sont souvent analphabètes), la société d'accueil considère peu gratifiant, voire dégradant d'entretenir des relations avec eux. Il lui semblerait mettre son prestige en jeu.

Les relations avec le pays d'accueil se limitent au monde du travail. Pour le reste, elles se perdent dans un éparpillement d'amitiés sélectionnées sur base de la langue d'origine, de la provenance régionale, du voisinage ou en vertu de liens familiaux.

2.2.2.2. Objectifs de l'immigré et conditions de travail

L'intention du migrant est de rentrer rapidement au pays, une fois fortune faite. Cette volonté se paie donc en heures supplémentaires et en travaux dangereux qui laissent juste le temps nécessaire pour le repos. Bercé par l'illusion du retour prochain, l'immigré néglige l'apprentissage de la langue et l'acquisition d'une formation professionnelle. Il profite de ses loisirs de façon sporadique et investit peu dans des relations durables dans le pays.

De plus, le système des heures de travail et les conditions d'occupation font souvent vivre les travailleurs immigrés à contre-temps de la population autochtone. Le travail de nuit ou à horaire irrégulier entrave les contacts et les rend épisodiques. Les modalités de travail déclenchent des mécanismes de solitude : isolement du travail à la chaîne ou ségrégation opérée entre personnel étranger et autochtone dans les industries...

2.2.2.3. Le manque de moyens de participation

Les difficultés d'insertion du migrant résident dans l'ignorance ou la connaissance insuffisante de la langue du pays d'accueil. La maîtrise linguistique occupe une place centrale dans les possibilités d'intégration. Elle constitue pour l'immigré l'instrument de communication avec l'autochtone, le moyen de briser sa solitude, de se défendre et d'accéder à une certaine formation professionnelle.

Les conditions de travail abrutissantes, le fatalisme, le faible degré d'instruction, la maîtrise défectueuse de la langue maternelle rendent l'apprentissage linguistique aléatoire.

Ces difficultés d'expression compromettent les rencontres avec les autochtones : les étrangers ont peur de s'exprimer et, s'ils s'expriment, ils subiront les quolibets des "native speakers".

2.2.3. L'isolement culturel

L'isolement culturel provient d'au moins trois facteurs : le désintérêt porté à la culture immigrée, la prédominance de la culture d'accueil et l'accessibilité réduite de cette dernière pour l'immigré.

2.2.3.1. Le désintérêt

Le mépris pour la culture d'origine de l'immigré est lié à la position sociale et au statut de celui-ci. La société d'accueil diffuse à son égard une image généralement réductrice : le migrant est dit "porteur" de tares (filouterie, paresse, agressivité...) ou bien il est présenté comme une simple force de travail et non comme une personne porteuse de valeurs et d'une culture positives.

L'immigré lui-même manifeste quelques réticences vis-à-vis de l'intégration culturelle.

La motivation profonde de l'émigration comporte la volonté d'amélioration du statut économique. L'immigré dépend de la société d'accueil qui lui a procuré un emploi. Dès lors, il ne voudra pas compromettre cette amélioration de statut par une volonté d'autonomie culturelle. Bien au contraire, toute ascension sociale impliquera en contrepartie une conformité grandissante au mode de vie autochtone.

2.2.3.2. L'inégalité culturelle

La confrontation entre la culture d'origine et la culture d'arrivée se fait dans un contexte d'inégalité qui préfigure d'autres rapports de force. La culture du pays d'arrivée se trouve de fait dans une position d'hégémonie et s'impose comme la seule "bonne référence". Face à cette domination, la culture d'origine déracinée ne fait guère le poids : elle se révèle inefficace et inadaptée, incapable de fournir les réponses aux situations nouvelles auxquelles le migrant doit faire face.

Beaucoup d'immigrants intériorisent une image dévalorisée de leur culture et en ont honte. Ils éprouvent un sentiment d'infériorité que la société d'accueil ne décourage pas.

"Ils se savent porteurs aux yeux de la population autochtone d'une tare culturelle. Cette catégorie de migrants culpabilise son altérité et vu le genre d'éducation reçue, n'est pas en mesure d'y répondre (...) (25). L'immigré se replie automatiquement dans le ghetto d'une culture - refuge artificielle.

2.2.3.3. La culture autochtone : accès limité

Les immigrés ont généralement peu accès à la culture autochtone. De par leur situation même, ils ne côtoient, dans la société d'accueil, que la couche inférieure de la classe ouvrière. La situation culturelle de cette dernière est celle de toute culture subalterne, opposée et soumise à la culture officielle et dominante, privilège de l'élite sociale.

Les immigrants partagent la marginalisation de leurs homologues autochtones : non seulement ils n'ont pas accès, comme ces derniers, aux formes supérieures de la culture indigène mais, en plus, la méconnaissance de la langue constitue un obstacle à l'appropriation de la culture dépréciée de leurs compagnons. Ils resteront donc sur le

---

(25) DI FONZO, *Emigrée*, p.9.

seuil de la culture d'accueil et ne l'entreverront que par le biais d'une sub-culture populaire, lacunaire et stéréotypée.

La population étrangère subit un triple isolement : séparée de sa communauté culturelle d'origine, elle est exclue du circuit culturel officiel et supérieur du pays d'arrivée et, de plus, elle subit la discrimination de la classe ouvrière autochtone. Celle-ci répète à l'égard d'une classe inférieure et sentie comme rivale le comportement dénigrant dont elle fait l'objet de la part des classes plus "élevées".

3. Application : la tendance générale du comportement de la première génération

Les comportements culturels que nous avons définis théoriquement et dont nous suivrons l'évolution dans un contexte culturel particulier doivent être considérés avec prudence, car ils ne peuvent donner lieu à une trop grande généralisation.

S'ils se déroulent tous sur la toile de fond commune qu'est l'immigration, des circonstances objectives comme la durée d'implantation, les événements politiques ou économiques et des variables individuelles telles que la facilité d'adaptation ou une volonté d'ascension sociale sont susceptibles d'engendrer des comportements qui dévient de la ligne prévue.

Il nous semble prudent de faire, dans cette étude, une distinction entre la première et la seconde génération immigrées, qui vivent le problème de l'identité de façon différente.

Alors que la première génération détient quelques bribes réellement vécues d'un passé culturel dans lequel elle peut se réfugier, ses enfants n'ont connu qu'indirectement et de façon stéréotypée des fragments culturels originaires. Pour le reste, leur cadre culturel est constitué par la société d'accueil. La majorité des jeunes ne se reconnaissent pas dans la culture sclérosée de leurs parents mais sont traités comme des étrangers par la communauté d'accueil.

Face à cette hostilité, la seconde génération ne dispose donc pas de références culturelles solidement enracinées auxquelles d'accrocher. Il en résulte des phénomènes de désorientation et de perte d'identité qui frappent davantage la seconde que la première génération.

Compte tenu de la situation socio-culturelle de l'immigré, les phénomènes culturels les plus fréquents sont la réclusion culturelle (comportant l'adaptation minimale à la société d'accueil) et l'assimilation partielle.

Comme nous venons de le préciser, la déculturation et l'anomie concernent plus la seconde génération. L'intégration, quant à elle, relève de l'utopie, en tout cas pour les deux premières générations.

Elle pourrait cependant commencer à se manifester à la troisième génération. "Si la première génération est celle du ghetto ou, dans le meilleur des cas, de l'adaptation réussie, la seconde, qui est celle du compromis culturel, est aussi celle de l'incertitude, éventuellement de la marginalisation. C'est seulement à partir de la troisième génération qu'on pourra dans le meilleur des cas, parler d'une véritable acculturation, voire d'une assimilation". (26)

---

(26) BERTHELIER, *Acculturation*, p. 85.

3.1. La réclusion culturelle

Qouique dans toute traversée des cultures et dans les déplacement sociaux, il y ait un processus d'acculturation inhérent à l'effort d'adaptation aux nouvelles normes de conduite, la culture d'origine demeure dominante au niveau de la première génération; l'insertion dans la vie et dans la culture du pays d'accueil reste réduite.

Les premiers migrants connaissent le ghetto culturel. Ils tentent de perpétuer les traditions originaires et la langue d'origine au sein dela famille et impriment à leurs enfants une façon d'être et de se comporter (même si c'est par réaction). La première génération a dû se créer son espace dans le pays d'arrivée et a rencontré, dès le départ, une opposition du milieu autochtone. Dès lors, le sentiment d'appartenance à une communauté ethnique particulière a été vivifié et renforcé.

Les migrants de la première génération croient avoir préservé leur identité mais au fil des années d'implantation, celle-ci a fini par s'éroder. Ils évoquent leur pays d'origine, sans savoir qu'ils ne le représentent plus, au point même d'en être une caricature.

En effet, ils raisonnent, à leur propre insu, avec les catégories de départ, c'est-à-dire d'il y a dix, quinze, vingt ans et plus. Leur culture n'est plus implantée dans son milieu originel et n'est plus alimentée par des courants nouveaux, comme c'est le cas au pays d'origine. Elle n'évolue donc plus au même rythme, perd de sa vigueur et se sclérose.

Au pays d'origine, les "vieux émigrés" se sentent déphasés, ou bien leurs familiers ne les reconnaissent plus comme un des leurs : ils se sont "belgicisés" ou "francisés"...

Cette ghettisation imposée est néanmoins perméable à l'influence de la société extérieure, ne fût-ce que par la présence de la seconde génération. Une certaine tension règne dans les familles immigrées, due à l'instabilité économique, à la condition même d'immigré, aux préjugés continuels à affronter. Cette tension et cette inadaptation compromettront l'avenir de la seconde génération.

3.2. L'assimilation partielle

Le second comportement que l'on peut observer est l'acculturation poussée jusqu'à un certain degré, puis interrompue.

Le processus d'acculturation cherche à transformer l'individu en quelqu'un d'autre et l'oblige à prendre et à faire sienne des valeurs qui peuvent être contradictoires avec celles du pays d'origine. Ce processus n'aboutit pas toujours à ses fins, parce qu'il présente un caractère contraignant pour l'individu.

SABATINI souligne que "(...) il carattere essenziale dei fenomeni acculturativi è la violenza di una cultura (...) su una o più altre culture subalterne. (...) sono infatti la comunità di emigranti, quelle portatrici di culture subalterne ad essere oggi particolarmente esposte alla violenza culturale" (27)

Si l'immigré de première génération sacrifie les éléments les plus superficiels de son originalité culturelle à la sauvegarde de son statut économique, ce n'est pas sans réti-

(27) SABATINI, *Emigrazione*, pp. 117-118.

cences. Cependant, cela n'implique pas une soumission en profondeur de sa personnalité aux exigences culturelles du pays d'accueil.

L'adaptation à ces valeurs peut être superficielle et est souvent dictée par l'arrivisme social. La conformité extérieure au style de vie de la communauté d'accueil légalise et autorise l'ascension sociale ou la simple présence d'étrangers dans la communauté.

Généralement, l'immigré de première génération conserve le substrat culturel initial, mais cela aboutit à des dissociations dans le comportement. Selon les circonstances, le lieu du travail ou la maison, il doit endosser un "vêtement" culturel différent.

Cependant, malgré ce tableau peu lumineux, il faut avouer qu'en général. la première génération maîtrise objectivement mieux une situation de polyvalence culturelle que la seconde.

CHAPITRE 3 : LANGUE EN IMMIGRATION / EMIGRATION

Nous avons délimité le contenu économique et culturel de l'immigration; nous envisagerons à présent ce phénomène sous son aspect linguistique.

Dans l'introduction, nous avions précisé que le point de vue que nous adopterions serait celui de la socio-linguistique.

Aussi, nous préoccuperons-nous de caractériser le comportement linguistique du travailleur immigré de la première génération lorsque celui-ci s'insère dans une communauté sociale étrangère (28), de préciser s'il y a maintien ou pas du système linguistique d'origine et de cerner les raisons qui déterminent un changement linguistique éventuel.

Nous procéderons donc à une analyse du profil linguistique des classes sociales inférieures, tant dans le contexte de départ du migrant que dans celui d'arrivée. Nous nous consacrerons ensuite aux caractéristiques du système linguistique d'origine et à sa rencontre avec le système linguistique d'accueil; nous indiquerons les difficultés et les résultats de cette confrontation.

---

(28) Nous utilisons cette expression, parce qu'à notre avis, l'insertion du travailleur migrant ne s'effectue pas au niveau du pays mais bien au niveau des micro-communautés de ce pays, c'est-à-dire des groupes de personnes déterminées d'un point de vue économique, social, culturel...

linguistique d'accueil; nous indiquerons les difficultés et les résultats de cette confrontation.

Nous jugerons enfin de la fidélité linguistique au système de départ.

1. Langues et classes subalternes

La situation linguistique de l'immigré relève de la problèmatique qui met en relation les classes sociales et les comportements linguistiques. En partant de cette optique, nous pouvons constater que la situation du travailleur migrant est assez semblable à celle de l'autochtone de bas niveau social et qu'elle répond donc aux caractéristiques linguistiques générales des classes subalternes.

Ces dernières sont profondément persuadées qu'elles constituent des groupes linguistiquement "inférieurs", au moins autant qu'elles sont objectivement sujettes à une réelle oppression linguistique : ce sont là les deux volets nécessairement complémentaires d'une politique linguistique normative.

1.1. Conscience de l'infériorité linguistique

L'ouvrier autochtone et l'immigré présentent tous les deux des difficultés d'expression linguistique. Ni l'un ni l'autre ne maîtrisent l'instrument linguistique - a fortiori l'immigré qui ne s'exprime pas dans sa langue maternelle.
Ils éprouvent une certaine incapacité à communiquer avec autrui lorsqu'ils sortent du circuit des réalités quotidiennes et doivent verbaliser des expériences nouvelles, telles que la prise de parole, le recours à l'expression écrite à

des fins administratives, la controverse face à des personnes de milieux "officiels" (employeurs, fonctionnaires, professeurs). Les ouvriers ressentent une infériorité vis-à-vis de ceux qui manient la langue avec brio et qui, grâce au "beau parler", s'imposent partout en emportant l'approbation et la considération sociales.

Les linguistes ne semblent plus remettre en question le caractère social du langage, affirmé avec vigueur par F. de SAUSSURE (29). Le langage offre, en effet, un aspect individuel et un aspect social étroitement imbriqués, au point qu'on ne peut concevoir l'un sans l'autre. Des raisons d'appartenance sociale pourraient donc expliquer les "différences" linguistiques que nous avons signalées.

En effet, B. BERNSTEIN établit une corrélation entre le comportement linguistique du locuteur et la structure sociale à laquelle il appartient. Selon lui, les relations de rôle, c'est-à-dire les relations sociales et leurs interactions répondent à des varités linguistiques significatives.
A cet égard, dans son étude sur la société britannique (30), il distingue la classe supérieure (middle class), qui emploie la variété haute de la langue (formal language), du prolétariat (working class), qui utilise la variété basse de la langue (public language).

Ces variétés linguistiques fonctionnent à l'intérieur d'un système linguistique unilingue et peuvent être qualifiés de sociolectes.

Le "public language", sociolecte inférieur, comporte un lexique limité, une syntaxe très simple, des phrases très brèves et souvent même pas terminées. Les émotions, quali-

---

(29) cfr. e.a. Chapitres III, IV et V de l'introduction du *Cours*.
(30) BERNSTEIN, *Déterminants*.

fications, rapports logiques ou autres sont surtout exprimés par le ton ou le geste. Il s'agit d'une variété qui va de pair avec un mode de vie simple, mécanique, répétitif, sans beaucoup d'expériences nouvelles et où la réflexion fait très peu partie des nécessités ou des habitudes.

Ce langage servira donc moins pour signaler les évaluations nouvelles que pour augmenter le consensus autour des réalités connues. Par conséquent, les contenus de ce sociolecte seront limités et figés, rarement le fruit d'une expression individuelle et la forme même des énoncés sera souvent prévisible.

Par contre, le sociolecte de type élaboré laisse une totale liberté au locuteur. Les énoncés se caractérisent par une syntaxe et une sémantique peu prévisibles. Les combinaisons syntaxiques sont variées et soignées et les possibilités de contenus sont assez nombreuses. La spécificité de ce sociolecte tient dans le raisonnement abstrait et l'expression personnelle, uniquement transmise par des moyens verbaux.

Il est clair, dès lors, que ces distinctions ne sont que la conséquence de rapports sociaux qui agissent à travers les moyens linguistiques.

Cette distribution des usages linguistiques en fonction des classes sociales divise la société entre privilégiés qui disposent des deux variétés ou sociolectes et désavantagés (la classe subalterne) qui ne maîtrisent que la variété basse.

Dans cette perspective, les classes inférieures sont frappées d'une déprivation verbale vis-à-vis de la classe supérieure-étalon et le clivage linguistique reflète une infériorité due aux conditions socio-économiques des classes subalternes.

Les qualités linguistiques qui manquent au locuteur de classe inférieure pour pouvoir se mouvoir dans la variété linguistique standard constituent le déficit linguistique qui explique l'inégalité des possibilités et des chances sociales.

Cette conception suppose une vision normative de la langue et implique donc que la classe supérieure impose les types d'exécution linguistique jugés valables et à partir desquels elle évaluera la "conformité" et la "déficience" des autres variétés - et de leurs locuteurs.

En fait, selon W. LABOV, ces variétés ne sont ni supérieures ni inférieures les unes aux autres (31); elles sont construites sur des logiques et des grammaires différentes.

D'un point de vue strictement théorique, ces variétés sont équivalentes mais la vie de tous les jours nous démontre qu'elles sont porteuses de significations sociales.
Dans les situations formelles, le locuteur "aisé" adoptera un langage élaboré et surveillé, alors qu'il parlera différemment dans des circonstances informelles (en famille ou chez des amis).

Le problème réside donc dans les rapports que la société établit entre les différentes variétés. Celles-ci ne deviennent discriminatoires que lorsque, pour des raisons de domination politique ou économique, une élite impose l'une d'entre elles et fait arbitrairement la norme, le modèle à suivre (exemple: la situation linguistique des pays colonisés, ou encore la politique linguistique unificatrice menée par le pouvoir central en Ile-de-France). Une telle organisation linguistique implique la dépréciation des variétés

(31) cfr. BERRUTO, *Sociolinguistica*, pp. 106-110

non conformes à la variété standard.

Nous observerons à présent la réalité linguistique italienne comme exemple de ce type de stratification socio-linguistique. Cependant, il ne s'agit là que d'une réalisation particulière d'un principe identique, que nous retrouvons dans d'autres pays.

Conformément à la classification donnée par A. STEWART, nous pouvons stratifier la réalité linguistique italienne en trois grandes catégories, le standard, le sous-standard et le dialecte (32)

Caractéristiques				Types de variétés	Symboles
1	2	3	4		
+	+	+	+	Langue normalisée	S
-	+	+	+	Langue populaire	V
-	-	+	+	Dialecte	D
-	-	-	+	Créole	K
-	-	-	-	Pidgin	P
+	+	+	-	Langue classique	C
+	+	-	-	Langue artificielle	A

1= normalisation; 2 = autonomie; 3 = historicité; 4= vitalité.

(32) Schéma de STEWART in *Typologie*, p.538, repris dans FISHMAN, *Sociolinguistique*, p.42.

1) Le standard est "(...) la varietà linguistica di una comunità di parlanti, che in base agli interesi delle forze dominanti nella società, è costituita come norma vincolante per il processo pubblico di communicazione". (33)

L'italien littéraire utilisé dans les milieux officiels et religieux, appris à l'école sous sa forme scolaire et figée, constitue la variété standard. Il s'agit, avant tout, d'un code écrit, formel et qui dans la réalité s'emploie peu, si ce n'est dans des milieux très fermés et dans la classe dirigeante (organismes consulaires, ambassades, milieux politique et gouvernemental).

T. DE MAURO nous présente le schéma suivant pour caractériser le standard et le dialecte : (34)

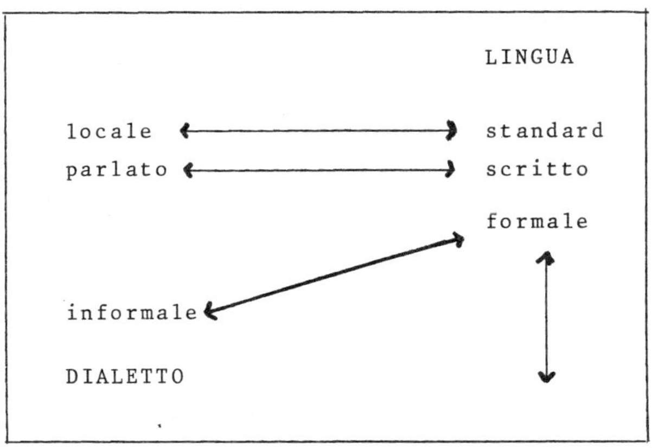

2) Le sous-standard correspond à l'italien populaire et se réalise à travers le "diasistema degli italiani regionali", variétés régionales de l'italien.

Ces variétés régionales et/ou sous-régionales de l'italien national sont dotées d'une large base commune et de carac-

(33) BERNSTEIN, repris par DITTMAR in *Manuale*, pp.10-11.
(34) DE MAURO repris par BERRUTO, *Sociolinguistica*, p.115.

téristiques propres qui les différencient l'une de l'autre. Constituant aujourd'hui la véritable réalité linguistique parlée tous les jours par la majorité des Italiens "(...) l'italiano popolare-che è una varietà sociale della lignua italiana- è tuttavia un nuovo elemento (...) ponendosi a metà fra l'estremo locale, parlato e informale e l'estremo standard scritto e formale della lingua letteraria". (35)

La définition que donne M. CORTELAZZO de l'italien populaire pose la question de la nature et du statut social du sous-standard régional : "(...) il tipo di italiano imperfettamente acquisito da chi ha per madrelingua il dialetto"(36),"cioè l'italiano parlato e scritto da persone non colte che lo hanno imparato a scuola" (37)

La classification du sous-standard est rendue difficile par son absence de normalisation. Le problème consiste à déterminer où se situe exactement le sous-standard par rapport au dialecte et au standard et à déterminer qu'il n'est pas un compromis entre les deux.
Selon l'hypothèse avancée par T. DI FONZO, le sous-standard pourrait être le résultat d'un " écart de réalisation des normes (écrites ou non) de la langue standard déterminé par les normes (écrites ou non) du dialecte (le dialecte ou une langue étrangère qui se voit attribuer un statut inférieur)" (38)

Il s'agirait d'élucider si cet "écart de réalisation", qui fait la spécificité du sous-standard est dû à un rattachement, dans le passé proche ou lointain, au dialecte.
L'existence même du sous-standard indique que certaines personnes de milieu modeste, influencées par le prestige de la langue standard, ont voulu l'acquérir sans y réussir.

(35) BERRUTO, *Sociolinguistica*, p.116
(36) CORTELAZZO repris par BERRUTO dans *Sociolinguistica*, p.116.
(37) BERRUTO, *Sociolinguistica*, p.116
(38) DI FONZO, *Emigrée*, p. 40.

3) Quant au dialecte, le seul critère qui le distingue d'une langue est d'ordre social et non linguistique.
C'est ce qui explique, selon BERRUTO : "(...) il fatto che la lingua sia di solito codificata, "normalizzata", ed utilizzata in maniera generale per gli usi scritti, mentre il dialetto è di solito non codificato ed è utilizzato per scarsi o nulli usi scritti (...)" (39)

Le dialecte ne dispose pas du prestige social de la langue. Pourtant, la langue nationale n'est généralement rien d'autre qu'un dialecte qui, au cours de son évolution, a profité de circonstances favorables pour acquérir une importance telle que les autorités l'ont imposé comme langue culturelle officielle du pays.

Ces "circonstances" correspondent à la puissance politique, économique et culturelle de la région d'origine de cet idiome.
C'est ainsi que : "(...) l'italiano non è che il dialetto fiorentino che nel Trecento ha assunto prestigio "nazionale" (...)" (40)

Le dialecte constitue la variété locale, parlée et informelle qui reste le moyen d'expression de la population rurale et des strates sociales inférieures.

Ces quelques faits expliquent que le travailleur issu d'une classe subalterne, qu'il soit immigré ou pas, soit conscient de l'existence de deux variétés linguistiques totalement différentes : celle du milieu "supérieur" et la sienne, qu'il estime inférieure. Dès lors, en tant qu'ouvriers, le migrant et l'autochtone se sentent socialement étrangers à la réalité linguistique du pays-état. Comme aucune des variétés n'est "langue maternelle" du

---

(39) BERRUTTO,*Sociolinguistica*, p.64
(40) BERRUTTO,*Sociolinguistica*, p.64

migrant, celui-ci se sentira doublement inférieur.

1.2. L'exclusion linguistique

Les dépositaires du dialecte appartiennent généralement aux strates sociales défavorisées. Dans toute société, l'acculturation culturelle et linguistique se situe en termes de rapports entre strates inférieures et strates supérieures. De toute évidence, les contacts ou conflits qui éclatent entre ces classes sociales ont pour véhicule la langue et celle-ci subit le contrecoup de la violence avec laquelle se déroulent ces contacts.

Comme l'immigré appartient à la catégorie socio-économique subalterne du pays d'arrivée, il participera au même titre que son homologue autochtone au mécanisme de dépréciation et d'exclusion linguistique. L'immigration ne fait qu'aggraver les tensions existantes dans la société d'accueil.

La langue de l'immigré ou de l'individu de classe inférieure fait tache dans une société ou règne une politique linguistique centralisatrice. Les institutions adéquates (l'école) et les canaux officiels s'efforceront de réduire cette hétérogénéité linguistique à la norme imposée comme modèle. Une telle pression peut atteindre l'exclusion linguistique pure et simple (le cas des "écoles spéciales" le prouve).

La langue devient, dans les mains de la classe dirigeante, un instrument de sélection et de contrôle, au moyen duquel elle maîtrise tout le circuit culturel et social. La maîtrise du circuit s'opère en trois étapes par :

- le contrôle du code (ou des codes) et des modalités de codification;

- le contrôle des canaux, c'est-à-dire les modalités de circulation des messages;
- le contrôle des modalités de décodification et d'interprétation. (41)

La tradition éducative et scolaire en matière d'enseignement des langues s'inscrit dans une logique répressive de la langue populaire.

L'individu de basse extraction a reçu de sa famille une première socialisation en sous-standard ou en dialecte. L'école, second agent de socialisation, dispense son enseignement exclusivement dans la variété standard et réprime l'usage des formes populaires. L'enfant doit abandonner son idiome maternel dès son entrée à l'école primaire et se conformer à une variété linguistique qui a pour lui le statut de langue étrangère.

Cette rééducation linguistique donnerait des résultats si elle s'accompagnait de la préoccupation d'assurer aux éléments déficients les moyens de combler leurs "lacunes" et d'atteindre le niveau d'expression officiellement correcte. Or pareille préoccupation se vérifie rarement, faute de temps et de structures adaptées.

Il est, dès lors, normal - ou en tous cas, prévisible - que la relation "pédagogique" ainsi instituée provoque, à une échelle préoccupante, une situation d'anomie linguistique, c'est-à-dire qu'elle engendre une absence de normes de comportement linguistique (et cette absence va jusqu'à provoquer chez les enfants immigrés, dont on nie ainsi <u>et</u> les variétés d'origine et <u>la</u> variété "belge" avec laquelle ils ont grandi, des phénomènes classiques d'auto-violence !)

---

(41) ROSSI-LANDI, *Problemi*, p.103; cité par DI FONZO, in *Emigrée*, p.13.

La société suscite systématiquement des aspirations et des besoins linguistiques - entre autres le besoin de parler correctement - et se refuse à donner les moyens pour satisfaire ces besoins.

Le locuteur se retrouve coincé entre les habitudes linguistiques qu'il doit oublier et d'autres règles qu'il doit maîtriser, mais qu'il ne connaît pas et que personne ne lui explique. Il s'ensuit une désorientation linguistique qui va de pair avec le découragement et la perte de confiance dans ses possibilités et ses propres valeurs.

A. SOBRERO (42) souligne que, dans les villes italiennes à forte immigration, enseigner la langue nationale signifie faire face à l'hétérogénéité linguistique. Les classes présentent l'aspect d'une mosaïque composée à la fois d'italianophones et de dialectophones exclusifs pour lesquels l'italien standard a le statut soit de langue maternelle, soit de langue étrangère. Cette inégalité de départ influencera naturellement le rendement scolaire : les performances seront élevées dans le premier cas, les retards fréquents chez les enfants issus des couches modestes.

"Dalla prima elementare in su, la scuola ha insegnato come se tutti sapessero già l'italiano. E siccome non era vero, la scuola producevi grossi guai. Infatti, chi conosceva bene l'italiano si trovava avvantaggiato rispetto a chi lo conosceva poco o niente. Chi veniva da famiglie nelle quali si parlava sempre dialetto, a scuola capiva male il maestro e i libri. Cosi, oltre al donno di non capire bene la lingua comune, veniva bocciato".(43)

En Belgique, l'immigré connaît un type d'exclusion semblable. Avant de se consacrer aux matières spécifiques, il devra

(42)cfr. SOBRERO,*Cambio*.
(43) DE MAURO, *Lingue*, p.47.

récupérer le retard linguistique, ce qui exigera de sa part un effort mental supplémentaire.

Ce processus, typique de la "carrière scolaire" des enfants, se retrouve, au niveau des adultes, dans les cours de formation professionnelle, donnés par l'O.N.E.M. ou pas. Pour ceux qui n'ont aucun contact avec le monde scolaire, la situation n'est sûrement pas meilleure. En effet, le monde du travail et des relations sociales prend le relais du système scolaire. Que ce soit en Italie, en France ou en Belgique francophone, les communications avec les supérieurs, les services publics, l'administration se font en langue standard. L'habileté linguistique est souvent une condition d'accès à des postes de travail plus élevés.

L'acculturation ou l'exclusion linguistique représentent les deux seules solutions qu'offre un pays ou l'unité de langue est extrêmement forte.

La société, par pressions successives, oriente le choix vers l'acculturation, mais le procédé qu'elle met en jeu est davantage d'ordre destructif que constructif.

Après avoir réduit la variété linguistique jugée hétérogène, elle n'encadre plus le locuteur privé de son instrument de communication pour lui assurer l'accès à la variété standard.

Ce processus n'aboutit généralement pas à l'acculturation linguistique mais entraîne irrémédiablement l'anomie et par voie de conséquence, l'exclusion linguistique.

2."Le système linguistique d'origine" (44)

La première génération italienne provient avant tout des régions agricoles et montagneuses dépressives du Nord et du Sud de l'Italie, et plus récemment, des îles.

Son origine agricole détermine le degré de maîtrise du système linguistique italien.

- l'italophonie, sous la forme du standard national ou d'un sous-standard régional, est extrêmement réduite. Le standard régional est pratiquement ignoré et vu le degré de scolarisation, la connaissance de bribes de variétés internes du sous-standard doit être considérée comme le niveau maximum atteint. Ceci veut dire que dans la réalité, la maîtrise du standard et du sous-standard est soit lacunaire, soit nulle. De plus, le registre écrit est toujours ignoré.

- l'émigré est presqu'exclusivement dialectophone et de surcroît analphabète : il comprend et utilise l'idiome local seulement sous sa forme orale car il ignore le plus souvent la pratique de l'écriture et de la lecture. De plus, cet usage dialectal se limite au champ restreint des réalités quotidiennes.

3. La rencontre des systèmes d'origine et d'arrivée

3.1. Contexte général

" E chi parla soltanto dialecto fuori dal suo paese d'origine si trova sperduto, non puo parlare con nessuno, è costretto ad isolarsi" (45)

(44) Nous utiliserons le terme de "système linguistique d'origine" pour désigner l'italien (standard et/ou sous-standard), le dialecte et les rapports, les tensions qui existent entre ces variétés

(45) DE MAURO, *Lingue*, p.47.

L'immigration comporte un choc linguistique non négligeable pour l'individu. Celui-ci perd d'un seul coup le champ de communication qui lui était familier.

La désorientation et l'isolement linguistique sont, sans conteste, les premières impressions auxquelles l'immigrant est en proie. Les autochtones, comme les compatriotes arrivés avant lui, représentent un horizon linguistique inconnu.

Très vite, l'aspiration commune à tous les migrants est de connaître la langue du pays où ils vivent. Leur ignorance les désigne et les sépare de la communauté.
D'autre part, les contacts avec les compatriotes déjà installés sont rendus difficiles par la diversité des "mixtures dialectales" en présence. Chacun s'efforcera de rassembler les quelques rudiments de sous-standard qu'il possède pour communiquer et tenter de briser l'isolement. Mais la faible maîtrise de cette variété ne "rapportera" au nouvel arrivé qu'un domaine d'interaction très étroit.

Il convient de faire deux remarques préliminaires sur la situation de départ.

Le migrant ne possède de son système linguistique natif que la pratique orale. Sa courte scolarité lui a peut-être permis de "tracer et déchiffrer" des mots mais ne l'a certes pas préparé à prendre part aux moyens de communication écrits qu'offrent tant le pays d'origine que le pays d'accueil.

La seconde réserve concerne la nature des systèmes linguistiques en contact. Il serait risqué de parler de contacts entre deux ou plusieurs langues. Les travailleurs immigrés, très souvent concentrés dans des agglomérations urbaines, sont confrontés à un faisceau de parlers différents : sociolectes, dialectes, variétés populaires de la langue d'accueil. A ces parlers s'ajoutent ceux des travailleurs d'autres nations.

Les relations avec le système linguistique autochtone ne consistent donc pas dans la mise en rapport de deux langues mais relèvent de contacts avec des manifestations du "système" autochtone oral.

3.2. Le statut langue d'origine / langue d'accueil

3.2.1. La langue d'origine

Le destin de la langue d'origine ne diffère pas de celui de l'idiome inférieur autochtone. La seule différence est que le phénomène est encore plus grave dans le cas de l'immigré.

Le mépris marqué dans lequel les autochtones tiennent l'idiome d'origine des migrants traduit qu'en aucun cas la population étrangère ne fait partie intégrante de la population du pays d'arrivée.

La façon de parler des immigrés met en évidence la distance qui la sépare des autochtones. Quand ils leur parlent, dans le cadre du travail, à l'école ou simplement dans le cadre des relations de quartier, les "native speakers" ne peuvent s'empêcher de se livrer à une observation de type sociologique : tout acte de parole trahit l'identité du migrant, son origine, son "étrangeté". Si l'on s'étonne de sa facilité ou des difficultés avec lesquelles il s'exprime dans la langue d'accueil, si l'on fait remarquer son accent, personne en revanche ne se soucie de la vitalité de sa langue d'origine.

En dépit de l'importance connue du rôle joué par l'idiome maternel dans le développement psycho-social de l'individu, la langue maternelle de l'immigré subit une triple marginalisation :

- dans son pays, vu le statut social de son dialecte;
- dans le pays d'accueil,
  - de la part des autochtones qui dénigrent son parler,
  - de la part de bien des compatriotes qui ne le comprennent pas.

"I membri appartenenti di nascita ad una comunità linguistica acquisiscono il lora potenziale di comunicazione durante l'infanzia socializzandosi e maturandosi. La lingua materna diventa il principale fattore di strutturazione della lora vita mentale (...)"(46)

Le respect de la langue du travailleur migrant supposerait un intérêt culturel pour sa langue et sa société d'origine qui fait souvent défaut chez les autochtones.

Ce type de réaction linguistique et cette exclusion suscitent chez le migrant deux genres de comportement vis-à-vis de la langue d'origine :

- soit il la rejette parce qu'il la juge trop discriminante et il adhère au modèle linguistique dominant. Cette attitude se traduit dans des aspirations comme celle d'arriver un jour à parler le français sans s'entendre féliciter parce qu'on le parle "tellement bien pour un Italien".
  Il est cependant assez clair que le migrant ne maniera pas une langue étrangère comme sa langue maternelle. Parler la langue du pays lui permettra de participer dans une certaine mesure à la vie du pays d'accueil, mais ne gommera pas son origine;

(46) GELPI, *Sfida*, p. 37.

- soit il adopte un comportement agressif vis-à-vis de la société qui l'exclut. Il rejette la langue d'arrivée et sur-valorise une langue d'origine pourtant devenue socialement inutile.

3.2.2. La langue d'accueil

La langue d'arrivée, le français dans le cas présent, est généralement investie d'un prestige assez important auprès du migrant. Cette supériorité, attribuée à tort ou à raison, peut être fonction du bas niveau culturel de l'immigrant.

Toutefois, le degré de ce prestige accélérera le processus d'assimilation ou du moins la volonté d'assimilation linguistique. La langue d'accueil représente le pouvoir politique de la majorité dominante. Elle impose ainsi le choix en sa faveur et sa maîtrise assure les possibilités d'une mobilité professionnelle et sociale.

Pour le paysan italien illettré, le français symbolise le succès social et la civilisation urbaine, considérée comme supérieure. Les représentants de cette civilisation urbaine sont les autorités officielles, le professeur, l'employé de banque, le médecin, c'est-à-dire des personnes qui, en raison de leur position sociale, s'imposent comme modèles au reste de la communauté. Dès lors, leur manière même de parler tend à être imitée.

BLOOMFIELD résume la situation comme suit : "(...) diversi tipi di pressione conducono chi parla la lingua di minore prestigio ad usare quella di prestigio superiore. Senso di ridicolo e reali svantaggi puniscono le loro inesattezza. Parlando la lingua inferiore, con i loro amici, possono perfino arrivare al vanto di arricchirla con prestiti della lingua dominante". (47)

---

(47) BLOOMFIELD, *Language*, in VICENTINI, *Cambiamenti*.

Le migrant éprouve, comme dans son pays natal, le besoin de s'approprier la variété standard, sentie comme variété haute. Cependant, les contacts avec le standard sont rares (vu les domaines d'expérience restreints dans lesquels le migrant se trouven enfermé) et se soldent le plus souvent par un échec.

Ceci est d'autant plus prévisible que le groupe détenteur de la variété haute cherchera à maintenir "une distance de sécurité" entre autres par des innovations linguistiques constantes.

"(...) Ogni mutamento linguistico in un dato contesto sociale è conseguenza a ripercussione più o meno rapida di un'adesione imitativa ad un modello ritenuto superiore, il quale, a sua volta, sempre si rinnova per mantenere intatta la sua preminenza" (48)

D'un point de vue strict, les sociétés qui absorbent des immigrés ne sont pas diglossiques. Les usages linguistiques sont certes distribués selon les fonctions de la vie du migrant : le français est réservé à la vie du travail, aux contacts avec l'administration; l'italien s'emploie dans la vie privée. Cependant, le français reste, du moins dans la partie francophone, la langue de référence partout et ne connaît pas de cloisonnement dans une fonction particulière.

L'italien quant à lui pourrait assumer lors d'un éventuel retour au pays toutes les fonctions momentanément dévolues au français.

Les deux systèmes linguistiques ne sont donc pas complémentaires puisqu'un système linguistique se développe "en parasite" pour satisfaire aux besoins de communication.

---

(48) CORTELAZZO, *Avviamento*, p.152.

3.3. Le processus d'apprentissage

Le processus d'apprentissage de la langue seconde dépend de la scolarisation préalable (rend-elle ou ne rend-t-elle pas le sujet capable d'entamer avec succès l'apprentissage d'une autre variété ? Nous avons vu que pour les migrants la réponse est non), des modalités des "contacts" linguistiques - la nature et la fréquence de ces derniers - et du mode d'acquisition lui-même.

Le type de contact entre deux ou plusieurs langues en immigration détermine la direction du changement de ces langues. Cela suppose donc que la langue fasse constamment l'objet de pressions sociales dans le contexte où elle est parlée.

L'immigration a un caractère essentiellement urbain et les possibilités élevées de contacts dans les villes accentuent donc le processus d'acculturation linguistique des Italiens.

L'acquistion se fait sur le terrain et consacre une rupture entre la norme et l'efficacité.

Le système linguistique second s'acquiert à la suite d'échanges linguistiques oraux. A de rares exceptions près, l'interlocuteur n'a pas eu le temps de se livrer à des interventions ou à des jugements normatifs sur les énoncés linguistiques produits par l'immigré. Le moteur de l'acquisition devient la réussite de la communication : parvenir à se faire comprendre.

L'infériorité linguistique que nous avions signalée sera donc aggravée par la nature du mécanisme d'apprentissage.

3.3.1. Les contacts linguistiques

La situation linguistique des travailleurs immigrés se caractérise par le fait qu'à la maison et dans les contacts familiers, ils utilisent leur langue maternelle, tandis que sur le travail et dans les contacts avec la population autochtone, ils sont contraints de parler la langue du groupe dominant.

Cependant, les occasions de confrontation avec la variété haute de la langue nationale d'accueil sont rares.

Les relations avec les instances officielles sont extrêmement limitées et pénibles. Dès lors, la familiarisation avec les variétés linguistiques de ces milieux est assez réduite.

Généralement, la variété standard de la langue d'accueil n'entre pas dans les compétences linguistiques du migrant, du moins sous sa forme active et écrite. La radio et la télévision diffusent un "français" approximatif. Les journaux et publications du pays d'accueil ou d'origine sont peu lus. La connaissance passive lacunaire sera donc le niveau optimal atteint après une période "d'installation" couvrant une vie entière.

Le migrant qui affronte les milieux officiels doit assumer deux types de difficultés. Il est confronté à une langue étrangère et dès lors, connaît les difficultés liées à l'apprentissage d'une seconde langue. Cependant, il doit effectuer, en plus, un saut linguistique <u>qualitatif</u> énorme.

Vu son niveau linguistique de base, il est contraint de passer d'une variété dialectale à la variété standard d'une langue étrangère. Or il ne maîtrise déjà pas ce passage dans son propre système linguistique. Il n'est dès lors pas étonnant que l'acquisition de la seconde langue reste incomplète.

Les relations extérieures à la communauté immigrée ont lieu dans le monde du travail.

Les vrais contacts se nouent non pas avec les classes instruites - les supérieurs et le personnel de direction - mais avec les camarades de travail qui, comme le migrant, sont peu scolarisés.

Le migrant doit faire face à une situation linguistique complexe, provoquée par le foisonnement de nationalités qui caractérise les milieux de travail où il est employé.

Plusieurs langues se concentrent dans les relations de travail : celle des ouvriers autochtones, mais également, celles de camarades d'autres nationalités.

Cette variété ethnique se répercutera sur la qualité de la communication. Les échanges seront limités et d'ordre pratique.

Les variétés au moyen desquelles s'effectueront les contacts seront le sous-standard ou le dialecte régional en usage dans la classe ouvrière belge, ainsi qu'une sorte de pidgin, pour les contacts avec les travailleurs migrants dont les langues d'origine sont très différentes.

A partir de cette situation linguistique, nous pouvons formuler trois remarques.

- le migrant est en proie à une confusion linguistique

assez importante. Les circonstances d'usage ne sont pas nettement délimitées et le migrant ne parvient pas à discerner ce qu'il doit parler dans la société d'accueil, à quel moment et avec qui.

- Vu le niveau linguistique de base, l'immigré n'arrivera pas à une connaissance maximale de la variété dialectale ou du sous-standard de la classe ouvrière autochtone.

- L'immigration n'engendre pas, comme on pourrait le croire, le bilinguisme ou le plurilinguisme. En effet, le bilinguisme implique la capacité de s'exprimer dans une autre langue que la langue maternelle. Ce n'est sûrement pas le cas en immigration. L'immigré reste monolingue et ses connaissances de la langue d'accueil sont limitées à quelques domaines restreints de la réalité (et à une seule façon de les vivre : celle où on subit).

3.3.2. Les résultats

La problématique linguistique de l'immigration s'insère dans celle des groupes qui parlent le pidgin et le créole.

3.3.2.1. Le "pidgin"

Le pidgin, au sens strict, "(...) si forma spesso in situazioni coloniali dove la popolazione dominante rappresenta una minoranza etnicamente separata (...), "(...) quando il gruppo dominato è composto da parlanti di lingue materne diverse, e puo usare quindi solo il pidgin per communicare (...)". (49)

La ghettisation qui frappe les travailleurs immigrés donne lieu à des situations comparables dans leurs grandes lignes.

---

(49) DITTMAR, *Premesse*, p. 80.

Cette variété créée en milieu migrant résulte des difficultés de contact avec les différentes nationalités mais aussi, de la difficulté de l'apprentissage d'une seconde langue pour le migrant adulte, surtout si nous considérons le bas niveau de formation linguistique de cette population. Le flux d'immigration continue, le pidgin survit également, comme variété "employée par les différents groupes migrants dont les langues d'origine ne se ressemblent pas assez pour rendre possible une compréhension mutuelle". (50) - et ce, même quand, au sein d'un groupe, circulent des variétés plus évoluées.

Le pidgin d'émigration est donc un usage linguistique très simplifié, acquis sur le lieu du travail par les migrants. Il naît de la rencontre occasionnelle et fonctionnelle des variétés de la langue d'origine et de la langue d'accueil et dans un milieu qui n'a pas reçu de formation grammaticale. Il est morphosyntaxiquement et lexicalement très limité. Il ne correspond qu'au besoin minimum de communication qui s'accorde avec la vie au travail et ne couvre donc pas tous les domaines où le migrant voudrait communiquer en langue d'accueil.

A la suite des réponses fournies à la question "quale lingua parla sul lavoro con i colleghi belgi e di altra nazionalità" posée lors d'une enquête menée auprès d'immigrés italiens du Limbourg, W. MALLET estime pouvoir tirer la conclusion suivante :

"Dalle riposte date di puo dedurre che nella miniera si parla una specie di amalgama, di "lingua franca", destinata a capirsi e farsi capire nelle situazioni pratiche. Si tratta dunque di una forma molto limitata di communicazione". (51)

(50) DI FONZO, *Emigrée*, p.80.
(51) MALLET, *Problemi*, p. 54.

l'emploi du pidgin se limite strictement au milieu du travail, à tel point qu'il est incompréhensible pour qui n'appartient pas au réseau de relations où il est parlé. Dès lors, il est souvent considéré comme un sabir par l'observateur qui ne l'étudie pas assez longtemps pour remarquer sa régularité morpho-syntaxique : le pidgin contient "in nuce" les grandes structures qui ne changent plus que pour se diversifier au moment où le pidgin s'élargira lexicalement, morpho-syntaxiquement et sociolinguistiquement : le moment où il touchera à tous les domaines d'expériences de l'immigré, deviendra son unique variété (non diversifiée) de français et, s'il y a beaucoup de jeunes dans la famille, évoluera jusqu'à concurrencer fortement le dialecte dans l'usage des parents = le moment où l'on pourra parler de l'existence du créole d'immigration.

3.3.2.2. Le créole

"Un créole n'est autre qu'un parler de type pidgin qui, pour des raisons d'ordre historique et sociologique, est devenu la langue unique d'une communauté linguistique. Il y a donc de nombreux individus qui ont un créole comme "langue maternelle" et qui ne connaissent pas d'autre langue (cfr. la république d'Haïti)". (52)

L'utilisation du créole est plus étendue et couvre un domaine d'interaction plus varié que le pidgin.

Le créole offre une composition hétérogène : la partie lexicale est empruntée à la langue d'accueil - la connaissance de cette dernière n'est donc que partielle - la partie syntaxique est héritée de la langue d'origine. Ce type de composition semble reconnu un peu partout où sont nés des

(52) PEREGO, *Créoles*, p. 608

créoles.(53)

Si le créole n'a pas le statut reconnu de langue, il en assume toutes les fonctions et son usage s'étend à l'ensemble de la communauté lorsque celle-ci, dans un premier stade, ne s'exprime pas dans sa langue maternelle.

Le créole d'immigration représente le "français parlé" de la communauté immigrée, une variété employée aussi bien dans les relations avec la population autochtone qu'avec les amis et, enfin, au sein de la famille.

La persistance du créole (qui, à partir d'un certain stade, se stabilise et n'évolue plus, même lexicalement) est assez forte : il se maintient comme variété "véhiculaire" pendant toute la période de la migration et reste en vigueur après le retour au pays d'origine (doublé, d'ailleurs, dans les conversations avec les non-migrants, d'un usage "d'origine" truffé de mots étrangers).

En conclusion, nous livrons ici, en guise d'illustration, un des exemples recueillis par W. MALLET :

"Ja, ja genese. Iene kier, twie kier, drei kiere. Ja, genese. Ikke zegge : "Nie doktor ! L'infermiere quella che scriveva tutto... skrijve zoe, lakke, lakke, lakke. Die dokter zegge : "Waroem moede kij lakke ? " Altijd lakke zoe. Zij zegge : "Dadde is een patiënt Italiaanse. Gij zegge genese, maar hij verston cinese..." Hedde verstôn". (54)

3.3.2.3. Les connaissances linguistiques acquises

Nous reprendrons ici la grille des compétences linguistiques

(53) A propos des créoles africains, S. SYLVAIN-COMHAIRE, cité par P. PEREGO, affirme :"Nous sommes en présence d'un français coulé dans le moule de la syntaxe africaine (...), d'une langue éwé a vocabulaire français. En ce qui concerne le lexique (...) il convient de noter que les mots africains n'en constituent qu'une petite partie". (PEREGO, *Créoles*, p. 613)

(54) MALLET, *Problemi*, p. 101

du migrant, telle que l'a établie T. DI FONZO (55) :

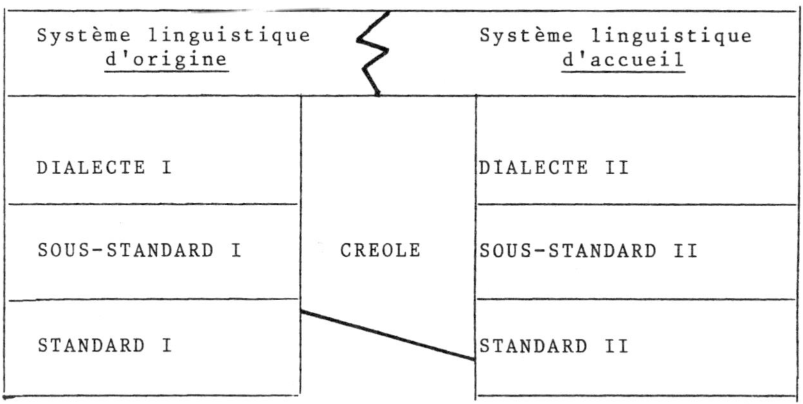

Le standard d'origine n'avait pas de consistance réelle puisque le migrant n'y avait pas eu accès. Le standard d'accueil restera tout aussi inaccessible.

De manière générale, le système linguistique de départ et d'arrivée s'interpénètreront au niveau des sous-standards (et éventuellement dialectes) respectifs pour composer une variété de contacts.

Le dialecte d'accueil sera peu connu et d'un emploi assez limité sauf après une implantation très longue dans une communauté encore fortement dialectale.

Le sous-standard occupera une place importante dans le réseau de communication. Il ne sera connu qu'à force de contacts et de nombreux efforts. La seule variété linguistique acquise est le créole, c'est-à-dire la résultante de toutes les autres variétés, mais principalement du dialecte et du sous-standard de départ, combinés avec le sous-standard

(55) DI FONZO, *Emigrée*, p.28. figure 3.

d'accueil. Ce créole est le français approximatif, réellement parlé par le migrant, alors que ce dernier s'illusionne au début sur la qualité de ses capacités linguistiques : pour lui, c'est du français tout court. Cependant, par l'expérience (amère), cette première phase passe.

3.3.2.4. Evolution du système linguistique d'origine

Le dialecte d'origine perd de sa vigueur, vu la rareté de son emploi. Ce déclin peut être dû au caractère limité qui caractérisait le dialecte au point de départ (et qui ne permettait pas d'étendre don usage à d'autres circonstances).

D'autre part, le dialecte constitue un facteur d'isolement au sein de la communauté italienne elle-même, vis-à-vis des compatriotes provenant d'autres régions. La séparation de la terre natale peut également jouer un rôle prépondérant.

En conséquence, le dialecte s'appauvrit considérablement et se limite aux relations familières :

"(...) ormai il nostro dialetto è sparito, non esiste più, perché non parlo proprio il dialetto, qualche parola sa". (56)

" (...) per la maggioranza degli immigrati il dialetto rimane lo strumento preferito per le relazioni familiari". (57)

Le sous-standard, faiblement maîtrisé dans le pays de départ (comme résultat de la tentative de parler le standard), est "maintenu" de façon volontariste par quelques parents dans les conversations avec leurs enfants ("on ne sait jamais, ça peut servir si on retourne là-bas ! "). Vu les connaissances que le migrant en avait au départ et le manque d'occasions de véritable contact avec le standard ou le sous-standard

(56) MALLET, *Problemi*, p.38 (réponse d'un immigré dans une interview)
(57) MALLET, *Problemi*, p. 44.

de départ, cette variété, elle aussi, est vouée à une réduction croissante. Tout au plus alimente-t-elle, avec le dialecte, le créole.

Le résultat est que les migrants, du point de vue du système linguistique d'origine,
"Infatti, non hanno più nè una lingua, nè un dialetto (...) la maggior parte di loro parla un italiano sgrammaticato, molto elementare nel lessico et molto deficiente nella sintassi (...)" (58)

La déculturation linguistique

Le système d'origine disparaît dans les relations avec la communauté autochtone pour laisser place à un français "dégradé".

Peut-on parler d'anomie linguistique pour la première génération immigrée ?

L'existence du créole témoigne de la mise en route du processus d'acculturation linguistique. Le migrant perd progressivement l'usage de son idiome pour tenter d'acquérir la langue étrangère.

Le mode d'acquisition "spontané" signifie que la société ne procure pas au migrant les moyens d'accéder progressivement à la langue d'accueil.

Le procédé du "trial and error" constitue le moteur de l'acquisition. Aucune norme linguistique n'est volontairement enseignée au migrant.

On note un processus de graduel abandon de variétés d'origine au profit d'une langue-fantôme, le créole, qui est l'amorce de l'anomie.

---

(58) MALLET, *Problemi*, p.105.

En effet, la première génération a inconsciemment recours à des éléments de son système linguistique d'origine pour le constituer. C'est là un mécanisme de défense, de sécurisation, si l'on veut - mais c'est un mécanisme involontaire. Une fois que les contacts avec les Belges ont appris aux migrants que ce "français", somme de tous leurs efforts, n'en est pas, arrive la phase où l'on a conscience de "ne pas y arriver" (ce qui se traduit par la phrase tant de fois entendue "Vous savez, nous, on parle notre français à nous"). Et là, l'anomie fait son apparition.

La condition linguistique de l'immigré se résume dans l'expression adoptée par W. MALLET : "(...) gli immigrati sono diventati una specie di senza lingua". (59)

Cette anomie frappe la première génération dans des proportions moins élevées que la seconde. Les parents ont l'avantage de disposer d'un système linguistique auquel se référer et où se retrancher. La seconde génération ne connaît plus la langue des parents mais ne maîtrise pas pour autant la langue autochtone, son "français maternel" ayant été un créole automatiquement appris (faute de connaissance de ses sources).

4. La fidélité linguistique

Par la force des choses, le système linguistique d'origine est condamné à disparaître dans le contexte où se déroule aujourd'hui la trame de l'émigration.

L'acquisition, même lacunaire, du français, suppose que le migrant est à la recherche d'une adéquation à une nouvelle norme sociale du langage, d'une intégration au groupe.

---

(59) MALLET, *Problemi*, p.105.

La perspective d'une promotion sociale, jointe au prestige exercé par la langue d'accueil, stimulent le mimétisme linguistique de l'immigré. La fidélité linguistique ne peut se commander aujourd'hui que par la volonté de rentrer au pays.

WEINREICH définit la fidélité linguistique comme :

"the state of mind in which the language (...) in contrast to other languages, assumes a high position in a scale of values, a position in need of "being defended" ". (60)

Le mécanisme qui engendre la"fidélité" est donc un mécanisme de défense pour préserver sa langue (valeur symbolique) d'un danger d'être supplantée.

"In response to an impending language shift, it produces an attempt at preserving the threatened language". (61)

Le maintien de la langue se traduira donc différemment selon que le migrant a ou n'a pas conscience de sa valeur et de la menace qui pèse sur elle.

Les immigrés que nous avons appelés "de luxe" sont davantage attachés à leur langue maternelle. En effet, ils ont pu apprécier la valeur de cette dernière, puisqu'ils ont accédé dans leur pays d'origine aux sphères socio-culturelles qui requièrent un usage élaboré de la langue.

Les immigrés de bas niveau culturel témoignent d'un attachement moins prononcé. La valeur qu'ils attribuent à leur variété est tributaire du jugement dépréciatif dont elle a fait l'objet dans le pays d'origine.

---

(60) WEINREICH, *Languages*, p.99
(61) WEINREICH, *Languages*, p.99

Leur passé scolaire et leur histoire socio-professionnelle ne leur ont pas fourni les possibilités d'acquérir une image valorisante de leur idiome.

Le mépris pour la langue d'origine explique que beaucoup d'émigrés soient tentés d'adopter plus facilement la langue autochtone. Par l'acquisition d'une autre variété linguistique, ils espèrent effacer leur passé linguistique discriminant et s'assurer une égalité dans les chances de réussite.

DEUXIEMF PARTIE : LA SECONDE GENERATION

L'objectif de cette partiė sera d'exposer la situation économique, culturelle et linguistique de la seconde génération immigrée. C'est à dessein que nous reprenons les catégories utilisées lors de l'analyse de la première génération. Nous pourrons dresser plus aisément une comparaison entre les deux générations et souligner les différences ou les ressemblances.

CHAPITRE 1 : ASPECTS SOCIO-ÉCONOMIQUES DE LA SECONDE GÉNÉRATION

1. Introduction

1.1. Limites de la seconde génération

La seconde génération concerne les enfants de travailleurs migrants nés dans le pays d'origine (et qui ont émigré par la suite, avec leurs parents) ou nés dans le pays d'immigration.

1.2. Seconde génération italienne

La présence d'une seconde génération italienne en Belgique s'explique par la politique d'immigration familiale menée par l'Etat belge. Cette politique voulait fixer le migrant dans le pays d'arrivée, assurer le rajeunissement de la population belge et rétablir l'équilibre démographique du pays.

"Après 1961, les Pouvoirs publics tentent explicitement d'utiliser non seulement les capacités de production mais aussi de reproduction des migrants". (1)

(1) MARTENS, *Immigrés*, p.126.

1.3. La problématique de la seconde génération

La situation socio-économique du migrant de la seconde génération appartient à la problématique de la mobilité sociale intergénérationnelle. En effet, une politique d'immigration familiale pourrait avoir pour but de reproduire sur place la force de travail dont a besoin l'économie du pays, sans que ce dernier transforme les rapports sociaux de domination qui existaient déjà au niveau de la première génération.

Seule, l'analyse de la situation socio-économique de la seconde génération nous permettra d'infirmer ou de confirmer l'hypothèse que nous venons d'énoncer. Pour ce faire, nous établirons le profil socio-professionnel du jeune immigré et nous le confronterons avec celui du migrant de la première génération.

2. Profil socio-professionnel du migrant de seconde génération

Le profil socio-professionnel couvre deux aspects : la formation professionnelle et pré-professionnelle d'une part; l'emploi et les conditions de travail d'autre part.

2.1. La formation professionnelle

2.1.1. Les aspirations

"Chi oggi viene al mondo come figlio di un emigrato appartiene di regola allo strato più basso della società e costituirà una nuova generazione di manovali". (2)

Le jeune travailleur migrant a subi les conséquences de l'exclusion professionnelle de ses prédécesseurs et redoute

(2) NIEDERER, *Problemi*, p.102.

par conséquent, la condition d'ouvrier ou de manoeuvre qui était celle de son père.

La volonté d'accéder à un statut social plus élevé se traduit par une aspiration à la formation et à la qualification professionnelles. Celles-ci assureraient au migrant une certaine intégration dans la société d'accueil.

2.1.2. Les limites

Le jeune immigré percevra très souvent un décalage entre ses aspirations et le travail effectué ou la qualification atteinte. En effet, ces jeunes n'ont pas toujours la liberté de décider de la formation professionnelle qu'ils désireraient recevoir. De nombreux obstacles en bloquent souvent l'accès, parmi lesquels les difficultés d'apprentissage linguistique, la basse scolarisation et la désorientation psychologique jouent un rôle assez déterminant.

- Les insuffisances linguistiques déterminent souvent l'orientation et la concentration des fils de migrants dans certains réseaux de l'enseignement technique et professionnel de type court. Ces secteurs ne créent généralement pas les conditions propices à la continuation d'une formation professionnelle.

- D'autre part, les trajectoires professionnelles sont tracées les plus souvent sur la base du niveau de scolarité atteint. C'est en fonction de ce dernier que le psychologue ou l'examinateur jugent, lors des examens d'entrée, de l'aptitude du migrant à accéder au secteur professionnel souhaité et l'orientent bien souvent vers d'autres sections.

La basse formation scolaire antérieure explique que beaucoup de jeunes migrants abandonnent l'école sans aucun diplôme parce qu'ils ne parviennent pas à se hisser au niveau théorique exigé, ou bien qu'ils se dirigent vers des secteurs moins exigeants, mais qui aboutissent à la déqualification ou au chômage.

Les "formations de bureau" pour les jeunes filles, sont un exemple typique.

Les jeunes travailleurs manifestent, dès lors, une certaine désorientation quant à leur avenir professionnel. Les possibilités de choix qui s'offrent à eux relèvent du dilemme : ils ne disposent que de modèles limités et traditionnels (étant donné les activités des parents) que, par ailleurs, ils refusent; ils sont également conscients des restrictions et des rejets liés à leur nationalité d'origine (même quand ils ont poussé leur désir d'intégration jusqu'à se naturaliser).

Les orientations imposées ou proposées sont vécues comme une frustration constante et engendrent à la longue la révolte. De nombreux migrants de la seconde génération subissent un véritable déterminisme professionnel. En dépit des désirs exprimés, ils sont presque automatiquement concentrés dans les filières scolaires et pré-professionnelles qui débouchent sur les emplois dépréciés.

2.1.3. Le bilan

La formation professionnelle du jeune migrant se solde par un échec, alors que le haut niveau de l'industrialisation ainsi que la technologie avancée de nos pays requièrent une main-d'oeuvre toujours plus spécialisée.

Cette qualification ne s'obtient pas uniquement par la formation professionnelle en usine, mais surtout grâce à une formation technique adéquate dispensée par l'enseignement supérieur, précisément celui où le pourcentage d'étrangers est extrêmement bas.

Le jeune migrant dépourvu de qualification se condamne ainsi aux rôles subalternes, aux travaux ingrats (conséquence de la logique de la sélection professionnelle).

Nous ne nous étonnerons pas, dès lors, de toujours les retrouver dans les mêmes secteurs d'emploi et aux mêmes postes de travail.

2.2. L'emploi et les conditions de travail

2.2.1. La recherche d'un emploi

La possession d'un diplôme facilite l'insertion sur le marché du travail et a une influence décisive sur la mobilité professionnelle.

A la suite du cursus pré-professionnel parcouru, les jeunes travailleurs migrants arrivent sur le marché du travail démunis de toute formation et rencontrent inévitablement des difficultés pour trouver un emploi.

Ces difficultés sont aggravées par deux situations de fait interdépendantes :

- Les jeunes migrants sont en concurrence avec les jeunes autochtones sur le marché de l'emploi.

- Sur cette rivalité professionnelle se greffe la politique d'embauche de l'employeur; celui-ci, à la suite d'essais malheureux, hésite à engager de jeunes étrangers. En effet, ces derniers accusent un comportement nettement plus instable que la moyenne des autochtones du même âge et manifestent une "hyper-sensibilité" qui rend les relations de travail difficiles. Ces attitudes ne sont que le reflet de la condition de vie des migrants : sentiment d'insécurité et accumulation des échecs.

2.2.2. La situation de travail

La situation de travail fait apparaître l'importance considérable du chômage et le plafonnement de la mobilité professionnelle.

2.2.2.1. Le chômage s'explique par les deux facteurs que nous venons d'indiquer ci-dessus : la concurrence sur le marché du travail et l'attitude des employeurs.

D'une part, l'inactivité prolongée frappe davantage la main-d'oeuvre sans formation professionnelle. L'industrie propose certes des emplois mais le degré de qualification est tel que le migrant ne pourra y satisfaire et dès lors, ces emplois iront aux travailleurs autochtones plus formés.

D'autre part, le jeune migrant crée parfois lui-même son propre chômage en refusant les emplois non qualifiés et sans avenir : il n'accepte plus la résignation de ses prédécesseurs en matière professionnelle et, dès lors, il refuse par principe toute profession dévalorisée (c'est-à-dire celle de son père).

L'ancienneté de l'implantation dans le pays peut avoir une incidence sur la réticence à effectuer certains travaux.

Petit à petit, les jeunes migrants deviennent sensibles aux modèles proposés par la société d'accueil et s'y adaptent. L'exigence de certaines conditions de travail (salaire, sécurité...) rapproche ces migrants du milieu socio-économique autochtone qui leur est le plus familier et auquel ils se réfèrent : la classe ouvrière. Celle-ci préfère souvent s'inscrire au chômage plutôt que d'assumer des travaux dégradants.

Si l'inoccupation est une dure réalité pour tous, elle frappe encore plus sévèrement les jeunes migrants, par les conséquences qu'elle entraîne : suppression éventuelle de l'autorisation de travail et de séjour. Le travail est donc une nécessité, un besoin rendu plus pressant par la peur de l'expulsion ou par la volonté d'échapper au contrôle de la famille (surtout pour les jeunes filles, qui vivent le travail comme une émancipation vis-à-vis du milieu familial).

Le chômage, l'occupation épisodique, le manque de qualification les contraignent à accepter finalement ce qu'ils trouvent, c'est-à-dire des emplois inférieurs à leurs aspirations : la boucle est bouclée.

2.2.2.2. La faible mobilité professionnelle

Elle s'explique par la faible qualification des emplois offerts à la seconde génération.

Les branches d'activités qui absorbent ces jeunes se concentrent principalement dans le secteur secondaire et couvrent traditionnellement l'industrie (métallurgie, sidérurgie, construction, hôtellerie, services).

Les fonctions remplies sont celles de maoeuvres, d'ouvrier peu qualifié et, au grand maximum, d'ouvrier spécialisé.

La position que ces migrants de la seconde génération occupent dans le système de production explique leur rémunération assez basse.

Des postes à petite qualification leur sont également proposés dans le tertiaire; ces postes leur permettent d'accéder à la classe employée subalterne.

La mobilité professionnelle de ces jeunes migrants présente un caractère horizontal et non vertical : les déplacements se font toujours au sein d'une même classe, la classe ouvrière et comportent rarement le changement du statut socio-économique, le passage d'une classe sociale à une autre plus élevée.

Les possibilités de promotion sous forme d'amélioration de la qualification dans le travail sont limitées : les changements d'emploi apportent de légères modifications de salaire mais n'augmentent pas la qualification.

3. Le bilan professionnel : première et seconde génération

3.1. La mobilité intergénérationnelle

Nous nous préoccuperons ici de résoudre la question que nous avons soulevée au début de ce chapitre (1.3.) : "pouvons-nous conclure à l'existence d'une mobilité intergénérationnelle ?".

Si, en général, la seconde génération réagit davantage à la marginalisation dont elle est victime, elle ne dispose pas de moyens suffisants pour combattre et enrayer ce processus.

De cette façon, la situation générale des jeunes travailleurs migrants de la seconde génération rejoint dans les résultats celle de leurs parents.

Nous appuierons nos affirmations sur l'analyse socio-économique effectuée par les services statistiques officiels au sujet de la seconde génération de migrants.

Si nous comparons le statut socio-professionnel des pères et des fils, nous constatons qu'en l'espace d'une génération, la même situation tend à se reproduire.

Le dernier recensement officiel effectué en 1971 par l'I.N.S. donne pour la seconde génération la distribution socio-professionnelle suivante : 80,1% sont occupés comme ouvriers, 19,2% comme employés subalternes et 0,5% comme indépendants.

La catégorie qui absorbe le plus d'immigrés demeure la classe ouvrière. La situation professionnelle ne diffère pas tellement de celle des migrants de la première génération, puisque ceux-ci étaient utilisés massivement comme ouvriers d'industrie (dans notre échantillon, 97,4% des pères étaient ouvriers mineurs). Il ne faut, en effet, se faire aucune illusion sur l'"ascension sociale" des 19,2% d'employés. Ceux-ci représentent en fait l'évolution des exigences d'une économie, qui globalement se tertiarise : l'employé subalterne est aujourd'hui le bas de l'échelle sociale, comme l'ouvrier.

3.2. Fonction de la seconde génération

- Les jeunes occupent, au moment de leur insertion dans la vie active, le même échelon socio-professionnel et se retrouvent dans les mêmes catégories d'activités que leurs pères. La seule chose qu'ils peuvent espérer est une amélioration matérielle (salariale) de leur situation, sans pour autant gravir l'échelle sociale.

- La faible mobilité professionnelle existante nous éclaire sur le rôle qu'assume la seconde génération dans le circuit du travail. L'arrivée massive et régulière sur le marché du travail d'une main-d'oeuvre peu qualifiée permet au pays d'accueil de s'assurer le renouvellement sur place de la force de travail qu'il devait faire venir, auparavant, de l'extérieur.

CHAPITRE 2 : ASPECTS SOCIO-CULTURELS DE LA SECONDE GÉNÉRATION

Dans ce chapitre, nous tenterons de caractériser la personnalité de base du migrant de la seconde génération et de cerner les modalités de coexistence des deux cultures en présence.

1. Le contexte général

Si tout immigré connaît une crise d'identité, le fils de l'immigré, lui, vit cette crise d'une double façon, car il doit réagir non pas à une, mais à deux cultures : celle des parents et celle du pays d'accueil.

Il risque ainsi d'avancer en "zig-zag", ne réussissant pas à discerner què est le groupe culturel qu'il doit choisir.

La seconde génération n'est donc que la pointe d'un processus de rencontre culturelle entre deux communautés, une rencontre qu'elle ne maîtrise pas. En conséquence, elle éprouve certaines difficultés à se situer et à trouver son propre équilibre. En effet, cette génération est en porte-à-faux tant vis-à-vis des jeunes de son âge (que ce soit dans le pays d'accueil ou d'origine) que vis-à-vis de la première génération.

1.1. Le conflit naturel qui oppose parents et enfants est aggravé par le contexte migratoire. Plus que n'importe qui, le jeune migrant entre en conflit avec les valeurs familiales reçues. Il les rejette souvent pour tenter d'adhérer à celles du pays d'accueil.

1.2. Les rapports noués avec les jeunes gens de son âge, en Italie ou en Belgique, traduisent, quant à eux, un retard culturel.

1.2.1. En Belgique

Toutes les relations du jeune migrant avec ses compagnons autochtones sont entachées par le sentiment d'un décalage constant.

En effet, le processus d'évolution culturelle se produit beaucoup plus lentement chez le migrant italien que chez le jeune Belge. Celui-ci maîtrise sa culture de classe dès l'origine, puisqu'il est né et a généralement été élevé <u>uniquement</u> dans le contexte culturel belge. Il évolue donc au même rythme que sa culture de classe maternelle.

Ce n'est pas le cas du jeune migrant, qui n'a de la culture d'accueil qu'une connaissance sommaire. Cette connaissance fragmentaire peut, en plus, être freinée par une influence encore importante du monde culturel d'origine.

"Si fa largo in loro dalle prime esperienze un senso di "non-appartenza integrale" alla società in cui vivono, la presenza di una marginalità diffusa che va man mano interiorizzandosi, repressa nel fondo della coscienza dalle reazioni psichiche di difesa". (3)

1.2.2. En Italie

L'évolution du mode de vie et de la mentalité des jeunes migrants en pays d'accueil rend beaucoup plus difficile la compréhension de la vie au pays d'origine ou la réinsertion éventuelle.

L'éloignement du pays d'origine explique que la culture des fils d'immigrés se soit figée, parce qu'elle n'était plus alimentée par les courants innovateurs du pays de départ. Aussi les composantes du processus d'innovation culturelle échappent-elles aux jeunes migrants. Ceux-ci se trouvent, dès lors, dans une situation de "retard culturel" par rapport aux enfants de "chi è rimasto". Au décalage ressenti dans le pays d'accueil correspond donc un malaise culturel dans le pays d'origine.

La plupart des migrants restent à mi-chemin, sans identité culturelle, marginalisés dans leur condition d'immigrés, tantôt nostalgiques et résignés, tantôt révoltés.

2. La personnalité de base du jeune migrant

La personnalité de base se caractérise par un déséquilibre et un état de conflictualité qui prend naissance dans la période d'adolescence et qui s'aggrave constamment par la situation même d'immigration. Deux facteurs importants modèlent par la suite cette personnalité : la famille et la société; des facteurs qui renforcent l'instabilité initiale et développent l'agressivité.

---

(3) CECCHI, *Identificazione*, p.216.

2.1. La fragilité psychologique de départ

"(...) the children of Italian immigrants to New-York often revealed symptoms of bewilderment and frustration brought about by the conflict of loyalties and aspirations generated between the home language/culture (...) and the language/culture of the outside world (...)". (4)

Cette affirmation de CHILD, telle que la synthétise H. BAETENS BEARDSMORE, nous amène à deux réflexions, sur lesquelles il vaut la peine de s'arrêter :

2.1.1. Tout d'abord, le cas des immigrés de seconde génération est un des cas les plus transparents de l'interaction qui existe entre le social et la psychologie individuelle.

L'enfant immigré est moins une personnalité qui attend de s'éclore qu'un lieu de rencontres conflictuelles entre une série d'éléments d'ordre directement ou indirectement culturels. Idéalement, il faudrait que l'enfant soit capable d'avoir prise sur tous ces éléments culturels disparates, à un point tel qu'il parvienne à y opérer un tri et à en fournir une synthèse. la réalité est cependant très différente. Le bombardement d'éléments culturels contradictoires est tellement massif, tellement intense, tellement continu que l'enfant immigré, au lieu de dominer le conflit, est presque détruit par celui-ci en tant que personnalité psychologique individuelle. Le fait d'être, jour après jour, le siège d'un conflit entre éléments incontrôlables lui fait faire ce que l'on pourrait appeler une "implosion psychologique":

2.1.2. L'autre élément important est le déroulement presque uniforme de l'histoire psychologique de chaque fils ou

(4) CHILD, *Italian*, rendu en synthèse par BAETENS BEARDMORE in *Anomie*, p.10.

fille d'immigré.

2.1.2.1. La petite enfance est une phase, qui bien souvent se déroule totalement en famille, d'une façon même excessive, dans la mesure où beaucoup de mères immigrées ont tendance à soumettre leurs enfants à une espèce de réclusion protectrice. L'enfant s'amorce donc, qu'on nous passe l'expression, comme un petit Sicilien en bocal. Ainsi M. COVELLO souligne, au sujet des communautés italo-américaines des Etats-Unis, que, durant les années qui précèdent l'entrée à l'école, les traditions et coutumes des parents ont une priorité quasi exclusive sur celles américaines (5).

2.1.2.2. L'entrée à l'école est traumatisante dans la mesure où c'est justement le bocal de protection qui est fracassé. L'enfant vit cette phase comme un grave conflit entre l'enseignant d'une part et "lui et ses copains" de l'autre. Il vit un peu sur deux rails parallèles et essaie tant bien que mal d'avoir le pied sur le bon rail au bon moment. La solidarité avec ses petits copains le sauve cependant dans une certaine mesure.

2.1.2.3. Arrive ainsi le moment de l'adolescence, le moment où tout être humain, confronté avec la société, s'interroge sur lui-même et entre en opposition avec la génération précédente.

Pour le jeune immigré, c'est vraiment le moment du drame. La solidarité entre jeunes n'est plus évidente, dans la mesure où l'attraction exercée par la société d'accueil et les pressions de la famille ne sont pas les mêmes pour tous, n'ont pas les mêmes effets pour chacun et se posent cette fois-ci individuellement. Ce n'est plus la maîtresse

(5) COVELLO, *Background*, p.348.

contre nous tous, c'est moi vis-à-vis des autres.

Il y a la tentation du modèle belge et l'impossibilité d'être belge. Il y a la dépréciation de la Sicile traditionnelle, qui montre cependant le bout de l'oreille dès que "l'on ne se surveille pas assez". Il y a que, quoi qu'on essaie de faire, on trouve toujours un Belge pour rire ou un père pour faire des reproches. Le conflit des générations se double, dès lors, d'un conflit entre civilisation méditerranéenne et civilisation nord-occidentale, entre civilisation rurale et civilisation urbaine industrielle. Le jeune parcourt des phases tantôt de belgicisme, tantôt d'italianisme, toujours d'échec. Il en devient tout naturellement et frustré et instable; il perd toute confiance en lui-même.

Contrairement à l'idée répandue, le migrant de la seconde génération débute dans la vie beaucoup moins armé que ses parents. Ces derniers ont émigré à l'âge adulte, au moment où leur personnalité avait atteint sa maturité et était moins fragile.

Pour leurs enfants, la situation est tellement nouvelle qu'elle dépasse souvent leurs forces et les décourage.
La personnalité du jeune migrant, au point de départ, est donc essentiellement une personnalité de transition, instable, traversée par des contradictions et des conflits intérieurs.

2.2. Le déterminisme de la famille

Le climat familial est propice à renforcer l'instabilité initiale du jeune migrant et de plus, il est générateur de conflits.

2.2.1. Le renforcement de l'instabilité

La famille italienne a subi l'impact de la société de type urbain et industriel, avec toutes les difficultés d'insertion et de mentalité que cela implique.

En fait, si elle a réussi à maintenir quelque peu sa culture et ses modèles de comportements, ce n'est que de façon stéréotypée, dans un climat d'insécurité, lié au statut économique précaire : le migrant risque toujours de perdre son emploi et de devoir quitter le pays (même s'il est Italien).

La famille tend à répercuter sur les enfants les conflits qui l'opposent à la société, plutôt que de favoriser l'insertion et de créer un climat familial paisible et équilibrant.

La personnalité de base du jeune migrant est fortement liée à la matrice socio-culturelle familiale (qui est souvent son seul horizon), mais elle hérite également de l'atmosphère de tension et d'instabilité dans laquelle s'est faite la première socialisation.

Ce climat engendre une déstabilisation et aggrave le déséquilibre psychologique qui existait déjà chez le jeune immigré.

2.2.2. La tendance au conflit

La famille immigrée favorise chez le jeune migrant des réflexes de conflits vis-à-vis d'elle-même et de la société.

Le conflit

Le jeune immigré de la seconde génération, même s'il ne réussit pas à s'insérer dans le pays d'accueil, reprend inconsciemment des valeurs et des modèles de vie transmis par la société autochtone et différents de ceux de la famille. Il aspire dès lors à être lui-même et à être reconnu comme porteur de ces valeurs par ses proches. Lorsque la reconnaissance ne se fait pas, la rupture éclate.

Les raisons

Le conflit se développe - soit parce que le jeune migrant refuse toutes les valeurs de la culture d'origine,
- soit parce que la famille n'adhère pas aux nouvelles valeurs proposées par le jeune migrant.

La famille refermée sur elle-même, se défend contre toute manifestation du pays d'accueil. Le climat familial offre deux caractéristiques qui auront des incidences sur le comportement de la seconde génération:

- la réduction des aspirations : la famille ne se préoccupe que des choses qui peuvent lui assurer une sécurité immédiate (la situation économique, la maison,...). En conséquence, elle est incapable de penser à l'éducation de ses propres enfants en termes d'ouverture. Aussi éprouve-t-elle des difficultés à accepter les innovations.

- la réclusion collective: la famille devient une fin en soi, le monde où l'on vit sans regarder ailleurs. Elle essaie de maintenir la solidarité des membres (qui existait au pays d'origine) et freine de cette façon le processus d'intégration à la société. Le jeune migrant réagit à cette réclusion, puisqu'il dit appartenir à la société belge qui privilégie l'autonomie personnelle et la prise de responsabilités.

Pour la famille, accepter un tel modèle de société signifie mettre en péril les structures traditionnelles de vie qui forment son cadre de référence culturel.

La signification

Les relations conflictuelles avec la famille ne sont que la représentation, par personnes interposées, et à une génération de distance, du conflit non résolu entre la société d'accueil et la famille.

Les résultats

Le conflit revêt parfois un aspect extrêmement violent et risque d'étouffer le jeune migrant si celui-ci ne parvient pas à réconcilier sa modernité et la culture des parents. Il en résulte une incompréhension réciproque et le sentiment de ne plus trouver chez les siens un cadre de référence solide auquel s'accrocher.

Le migrant est donc déraciné, il perd son premier point d'appui.

Nous examinerons, à présent, si la société à laquelle il prétend s'intégrer et dont il prône les valeurs n'est pas un cadre de référence illusoire.

2.3. La société d'arrivée

Nous l'avons déjà relevé ci-dessus, la société d'arrivée joue un rôle important dans la structuration de la personnalité de base du jeune migrant. Il n'y a pas seulement opposition en bloc entre deux cultures, il y a aussi l'attitude d'une de ces deux cultures envers les jeunes qui lui viennent d'ailleurs.

2.3.1. La politique d'assimilation - la personnalité anomique

Les immigrés de la seconde génération, conscients du rejet dont leurs parents sont victimes, ou persuadés de l'infériorité de leur culture d'origine, cherchent à tout prix à se couler dans le modèle du pays d'arrivée.

Ils obéissent en cela aux pressions assimilatrices qui leur viennent de toute part, que ce soit à l'école ou au travail.

Deux faits jouent cependant à leur désavantage :

2.3.1.1. Celui que <u>la culture-cible n'est assimilée que par imitation d'éléments séparés</u> et non par l'entrée progressive dans une logique.

Les aspirations du migrant ne sont donc qu'un décalque, un brouillon de celles, mal connues, de la classe sociale supérieure du pays d'arrivée.

L'imitation manquée des modèles dominants se manifeste, dès lors, dans des comportements caricaturaux.
Les dépenses inutiles, l'achat excessif de vêtements "in", l'utilisation de loisirs de "classe", la consommation répétée de biens de luxe en sont des exemples. Ces façons de se comporter signifient non pas l'intégration mais une fuite éperdue dans la société d'accueil.

Le cadre culturel auquel le jeune immigré se réfère n'offre en général aucune consistance. Il n'est qu'illusion.

2.3.1.2. Le fait que <u>la culture d'origine</u>, telle qu'elle est véhiculée dans la famille, qui en constitue l'unique "source", est victime d'une sclérose étonnante qui la rend absolument rétive à tout élément innovateur et qui la réduit à l'état de schéma.

2.3.1.3. Partir d'un point de départ aussi fragile dans une aventure qui consiste à faire un énorme saut culturel vers quelque chose que l'on ne distingue pas clairement, voilà qui pose une série de difficultés telles que l'entreprise est vouée à l'échec.

Tout élément neuf met en crise les anciens, qui s'effacent et laissent un vide que les éléments nouveaux n'arrivent pas à combler. Tout ceci constitue le shéma classique de l'anomie, du miroir aux alouettes : la société inocule au jeune immigré des aspirarions qui mettent en jeu sa personnalité entière et ne lui fournit pas les moyens de les réaliser.

Ce processus, continué pendant des années, aboutit à mettre en crise non pas les aspirations successives, mais au bout du compte, le jeune lui-même.

2.3.2. La discrimination - la personnalité agressive

Le jeune immigré n'arrive pas à devenir belge, comme la société l'exige de lui. Un des moyens de pression de cette société consiste à lui faire remarquer continuellement quand, comment et en quoi il est différent. Chaque différence relevée fait l'objet d'une pénalisation : il en va ainsi dans l'enseignement, sur le lieu du travail, à l'administration communale ou dans le tram.

Ces vexations continuelles, ce racisme, cette mise en faute pour des erreurs non commises font en sorte que l'immigré s'enfonce encore plus profondément dans le processus amorcé par l'anomie. Il en vient à des formes d'auto-violence (pas nécessairement suicidaires : les Italiens qui se teignent les cheveux n'existent pas que dans "Pane e cioccolata") et en vient ensuite à la phase successive, normale dans ce type d'évolution, celle de la "(...) désocialisation agressive, c'est-à-dire un redoublement du rejet (...)" (6)

Cette attitude poussée jusqu'à l'extrême peut aboutir à la délinquance pure et simple.

2.4. Conclusion

De par sa jeunesse, l'immigré de la seconde génération a besoin de structures qui le soutiennent. Cependant, celles-ci font défaut, que ce soit en famille ou dans la société. Cette dernière tolère sa présence et le milieu familial, dans lequel il se réfugie parfois, est incapable de l'épauler ou d'assurer un evironnement équilibré.

L'immigré de la seconde génération est donc le lieu d'une série de comportements contradictoires. Ceux-ci relèvent tantôt de l'apathie et tantôt de l'agressivité, mais ne peuvent refléter que la faiblesse d'une personnalité déstructurée.

3. La coexistence des deux cultures

La physionomie culturelle de la seconde génération est un problème en elle-même et pose à son tour une série de problèmes dont les implications pourraient être lourdes

---

(6) MONTVALON, *Aspirations*, p. 24.

de conséquences.

Qui est l'immigré de seconde génération, du point de vue culturel ? Il est un peu une scène vide que se disputent plusieurs troupes, où, à la fin, personne ne joue et à qui on demanderait d'être elle-même le spectacle. Il y a, en effet, quelque chose d'effarant dans le fait même de demander à ces jeunes d'assurer un rôle culturel actif. Personne ne leur a jamais permis d'être; que ce soit de la part de la famille sicilienne ou de la société belge, l'exigence a toujours été la même : imiter, exécuter des ordres culturels, avoir tel ou tel comportement "parce que ça se fait comme ça" ou "parce que ça ne se fait pas".

3.1. L'affrontement entre deux cultures inégales

Deux cultures ont continuellement essayé hâtivement et brutalement de s'imposer dans les enfants d'immigrés. L'une était à l'origine rurale et subalterne; hors de son milieu, elle devenue souvent sans objet, elle s'est résumée à des gestes qui, dans l'esprit des parents, évoquaient des contextes, des fonctions, un ensemble de significations qui fondent l'existence. C'était une culture orale, une culture subalterne basée sur une limitation géographique (et donc une grande différenciation qui se déroulait sur des trames d'une analogie millénaire). Elle était faite de sourdes défenses contre une oppression brutalement présente et suivait le rythme des jours et des saisons.

Depuis le siècle passé, marqué par l'étatisation italienne, cette culture a subi une forte dépression, une dépréciation accélérée et une supplantation organisée.

La culture d'origine qui était déjà sur la défensive au

départ, est transplantée dans un milieu urbanisé, à production industrielle et sur laquelle aucune saison n'a de prise. Aussi ne s'étonnera-t-on pas de la retrouver, sclérosée, dans un état qui ne peut exercer d'attrait sur qui ne l'a pas connue en des jours meilleurs.

La civilisation d'accueil est peu différençiée géographiquement, elle aspire à l'universalité, elle est récente et se ressent fortement de l'agressivité qu'elle déployait au siècle passé et au début de celui-ci. C'est une culture, en plus, <u>socialement divisée</u> : elle a - un volet élitaire, que l'on fait entrevoir aux classes subalternes juste assez pour faire envie ou pour faire peur

- et un volet pour les masses, fait de passivité, de monotonie, de nivellement par le bas et d'une répétitivité qui n'est pas sans rappeler le rythme du travail.

3.2. L'attrait différent des cultures antagonistes

Voilà pour les caractéristiques des deux cultures en présence. Celle des parents est faite de gestes, de formules, de bribes qui, <u>pour les parents</u>, ont une fonction d'évocation et de souvenir, qui les aident et les soutiennent dans un projet de séjour limité, destiné à être une parenthèse.

Pour les enfants, cette culture se réduit uniquement à des gestes inexplicables et à des formules dont on se demande ce qu'elles ont de si spécial. Toute pure forme sortie de son contexte devient bien vite ridicule et celle-ci n'échappe pas à la règle.

La culture d'arrivée, c'est par définition la culture de

l'autre. Sa forme destinée à la consommation ouvrière est à tel point abrutie qu'il faut y avoir été soumis dès le plus jeune âge pour s'y sentir acritiquement à son aise.

L'intellectuel autochtone déprécie cette culture de masse : une attitude que le jeune immigré finit par remarquer chez ses professeurs.

Les copains belges, eux, s'"adonnent" à la "culture du samedi soir" sans prétention apparente d'en tirer quoi que ce soit.

Le jeune immigré, quant à lui, se la voit tomber sur le dos à l'âge le plus critique (l'adolescence) et assortie des sarcasmes de son milieu familial.

3.3. Le jeune immigré est don en quelque sorte spectateur d'une succession de propositions qui, tour à tour, ou s'effacent ou sont annulées les unes par les autres. La différence capitale qui, dans cette situation critique, différencie la seconde génération de la première, a un double aspect:

- les parents ont vécu et vivent tout cela avec un certain recul.
  Celui-ci est dû et à un phénomène naturel, normal pour tout être humain d'un certain âge et au projet de retour, qui permet de dédramatiser la crise actuelle par rapport à la perspective de sa disparition pure et simple.

- les parents ont une base culturelle.
  Leur passé est, en quelque sorte, le garant de leur présent. Leur culture est leur épine dorsale et ils s'y tiennent contre vents et marées. Ce qui entre en crise éventuellement chez eux, ce sont des <u>formes culturelles</u>. Il n'en va

pas de même chez le jeune, qui n'a pas la culture d'origine comme véritable base, puisqu'il ne l'a jamais vue de ses propres yeux être efficace et fonctionnelle nulle part.

Chez le jeune ce qui entre en crise, c'est la notion de culture elle-même.

C'est là un vaste problème : l'intellectuel s'en joue - et il peut se le permettre puisque la mise en question fait partie de la culture qui est sa base à lui.

Le jeune immigré, quant à lui, n'est aucunement armé pour affronter une telle problématique. Pendant une très longue période, il ne fait que consommer des biens ou des comportements (qui pour l'autochtone sont chargés du pouvoir de l'habitude ou de souvenirs).

La frénésie avec laquelle la seconde génération les brûle littéralement tous témoigne de ses insatisfactions successives. Survient ensuite une longue période de prostration, de dimanches entiers remplis d'ennui, une phase qui conduit un nombre impressionnant de jeunes à des formes pathologiques. Les autres s'en sortent normalement par une autre force de l'habitude, le mariage à tout prix, suivi de divorce dans un nombre encore plus impressionnant de cas.

3.4. La "culture immigrée" : illusion ou réalité ?

La seule solution possible serait une culture qui accepte de faire de la condition immigrée (celle que l'immigré refuse de toutes ses forces) la donnée de base et le point de départ d'une forme de culture nouvelle, d'une culture immigrée. Une telle culture serait nécessairement ouvrière :

voilà qui laisse ouvertes toutes les problématiques qui se rattachent à cette notion - et ce, à nouveau, dans la frange la plus insécurisée et actuellement la plus démunie. A l'heure actuelle, des signes apparaissent çà et là, des propositions de formes culturelles issues de groupes où sont présents des immigrés. Ces formes sont isolées et portent en elles toutes les contradictions évoquées ci-dessus (y compris des problèmes de démocratie et d'hégémonie).

Il est certainement prématuré de juger de l'aboutissement de ces tentatives, mais le fait le plus important pour nous, dans la perspective de ce travail, est que la masse de la seconde génération immigrée verse dans un état culturel très éloigné des pointes représentées par les groupes et que de l'autre côté, celui de la non-culture de masse, R.T.L. (7) fonctionne tous les jours...

(7) Nous n'en voulons à personne en particulier. Il suffit de connaître le milieu immigré pour savoir que c'est pratiquement la seule station que les immigrés regardent et une des deux ou trois qu'ils écoutent.

CHAPITRE 3 : LE PROFIL LINGUISTIQUE DE LA SECONDE GÉNÉRATION

Etant donné que nous procéderons dans la troisième partie à une analyse socio-linguistique détaillée des problèmes qui caractérisent la seconde génération immigrée italienne, nous nous limiterons dans ce chapitre à donner une vue d'ensemble de la situation linguistique.

En conséquence, dans un premier temps, nous tracerons le cadre linguistique de départ du jeune migrant, tant du point de vue de la langue maternelle que du point de vue de celle d'arrivée.

Ce cadre se compose de l'analyse de la situation linguistique intrafamiliale et extrafamiliale.

Le deuxième moment de notre étude consistera à déterminer s'il existe un bilinguisme réel en seconde génération.

Nous envisagerons enfin l'avenir de l'idiome maternel : son maintien ou sa disparition, pour la seconde génération et les suivantes. Nous comparerons l'évolution avec celle présentée par FISHMAN aux Etats-Unis (cfr. section 3.2.2. de l'introduction).

1. Le cadre linguistique général

Dans le cadre linguistique, nous nous préoccuperons de décrire la situation linguistique intrafamiliale et extra-familiale.

En ce qui concerne la situation linguistique en famille, il s'agit de préciser les variétés en usage dans les relations parents/enfants, en considérant tour à tour la langue d'accueil et la langue d'origine.

Pour la situation extrafamiliale, nous ferons le point sur le niveau d'intégration atteint par le jeune migrant dans le système linguistique d'accueil.

1.1. Une distinction

Il nous semble nécessaire de distinguer, au sein même de la seconde génération, les migrants nés dans le pays d'accueil de ceux nés dans le pays d'origine et partiellement scolarisés en Belgique.

En effet, la maîtrise du système linguistique d'origine diffère quelque peu si le jeune migrant a reçu une première socialisation

- en famille, en dialecte/italien, et dans un contexte extérieur en italien (langue nationale);
- ou bien s'il a reçu cette socialisation en dialecte italien mais dans un contexte extérieur français (langues nationales = français/néerlandais).

Dans ce dernier cas, la maîtrise du dialecte sera plus

réduite : le dialecte (comme l'italien) sera infiltré de mots français ou néerlandais et utilisé le plus souvent pour des réalités concernant la famille - mais non pour la réalité extérieure autochtone.

Cependant, que ce soit dans le premier ou dans le deuxième cas, les jeunes migrants sont confrontés à des situations linguistiques complexes et en proie à une certaine désorientation.

C'est que leur "développement" linguistique s'effectue dans deux systèmes différents au même moment. De plus, les "relationships" sont sans cesse différents : l'école, la maison, le travail, les relations amicales de détente, etc.

"Il y a pour tous un milieu familial où l'on parle une langue différente de celle apprise à l'école. Cet (sic !) handicap commun à tous est aggravé par le degré variable de la compréhension à l'école, celui-ci étant fonction de la durée du séjour en Belgique.
Sur ces deux grosses difficultés s'en greffe une troisième qui est la langue du jeu (le patois) que l'enfant parle quand il s'amuse avec un petit ami belge". (8)

Le "développement" linguistique du jeune immigré se solde le plus souvent par une connaissance insuffisante des deux systèmes linguistiques.

1.2. Situation linguistique en famille

Nous envisagerons ici le contexte linguistique dans lequel évoluent les jeunes migrants dès leur enfance, tant dans son <u>aspect passif</u> (ce qu'ils entendent parler) que dans

---

(8) DECOSTER, *Retard*, p. 53.

son aspect actif (ce qu'ils parlent).

Nous appliquerons la distinction signalée précédemment entre les deux catégories de migrants de la seconde génération uniquement dans le cas de la connaissance active de la langue d'origine. Les immigrés nés et partiellement scolarisés en Italie maîtrisent plus l'idiome maternel que ceux nés en Belgique et sont susceptibles d'orienter les contacts en famille davantage dans le sens de l'italophonie ou de la dialectophonie.

1.2.1. La situation passive en famille

1.2.1.1. La langue d'origine

En ce qui concerne le système linguistique d'origine, nous avons déjà précisé que les variétés linguistiques les plus usitées dans le contexte familier (famille/amis) étaient le dialecte et le sous-standard.

Par conséquent, les jeunes migrants n'auront pas été mis en contact avec les standard italien, sauf pour ceux qui ont été partiellement scolarisés en Italie.

Cependant, cette période de scolarisation est parfois tellement brève que l'école italienne n'a pas pu donner une formation linguistique qui conduise vraiment à la maîtrise de l'italien standard.

En outre, la forte dialectophonie de base a rapidement effacé les effets de l'apprentissage du standard, pour laisser place à un sous-standard régional, lui-même assez mal connu.

Le substrat linguistique d'origine est donc principalement composé du dialecte et du sous-standard.

1.2.1.2. La langue d'accueil

En ce qui concerne la langue d'accueil, il convient de faire une différence entre les immigrés partis en même temps que leurs parents et ceux nés en Belgique.

Dans le premier cas, la situation relève de l'imbroglio linguistique. Les enfants sont, au point de départ, dans la même situation que les parents : ils ignorent la langue parlée dans le pays d'arrivée.

La connaissance linguistique des parents de la langue d'accueil restera longtemps nulle. Les enfants, par contre, entreront plus rapidement en contact avec cette langue par l'intermédiaire de l'école.

Pour les migrants établis depuis un certain temps, nous pouvons observer dans leur usage linguistique une certaine stabilisation sous la forme du créole : lorsque ces migrants parlent la langue d'accueil, il s'agit d'un français altéré.

En conclusion, si l'héritage linguistique d'origine est limité et offre un caractère presqu'exclusivement dialectal, l'usage de la langue d'accueil, quant à lui, est réduit et la qualité de cet idiome est assez médiocre. Le créole sera la seule variété connue passivement par le jeune au moment de la scolarisation, alors que les autochtones se meuvent déjà avec aisance dans un ou plusieurs registres linguistiques de la langue d'accueil.

1.2.2. Les connaissances actives du système linguistique d'origine

Nous envisagerons successivement les connaissances linguistiques de la seconde génération partiellement scolarisée en Belgique et celles de la seconde génération née en Belgique.

1.2.2.1. Seconde génération partiellement scolarisée avant le départ

Suite à leur courte scolarisation en Italie, les jeunes migrants disposent d'une batterie linguistique légèrement plus large que celle de leurs parents. Ils ont quelques notions de standard, ils maîtrisent mieux le sous-standard que leurs parents et connaissent un tant soit peu le dialecte.

Le standard italien est faiblement implanté chez ces jeunes migrants, mais vu leur âge et par rapport à la première génération, cette variété connaît une situation meilleure.

La connaissance du standard pourrait s'améliorer si des structures adéquates étaient mises sur pied. Le gouvernement italien a certes prévu un enseignement de la langue et de la culture pour les enfants de migrants. Cependant, les résultats sont peu concluants. Ces cours dispensés par les consulats enregistrent un absentéisme assez important, déterminé par plusieurs facteurs :

- le caractère non obligatoire des cours;
- les difficultés d'horaire : les leçons sont données en surplus des heures de classe, le samedi ou le mercredi après-midi;

- le faible intérêt des parents;
- des facteurs psychologiques : le jeune immigré doit aller à l'école au moment ou ses compagnons belges sont chez eux.

Le standard est donc peu maîtrisé.

Le sous-standard de départ est beaucoup plus poussé et plus actif. Il peut même constituer un moyen de communication en famille.

Le dialecte est encore vivant, mais n'a pas atteint toutes les réalités de la vie (le plus souvent il se limite au monde de l'enfance).

Cette seconde génération-là est encore capable de parler le sous-standard (il faudrait contrôler la qualité de ce dernier) et de s'exprimer en dialecte avec les parents. Toutefois, l'utilisation de ces deux registres se limite aux relations familiales et aux réalités quotidiennes.

Par rapport à leurs compatriotes en Italie, la compétence linguistique de ces jeunes est cependant en nette perte de vitesse.

1.2.2.2. Seconde génération née en Belgique

La capacité de s'exprimer dans la langue des parents est réduite. Généralement, pour cette catégorie de migrants, la connaissance du système linguistique de départ est davantage passive qu'active.

En effet, le système linguistique italien tend à disparaître même dans les relations familiales, au profit du français.

Le standard, qui n'était déjà pas connu par les parents, disparaît totalement (sauf s'il est appris dans les écoles du consulat).

Le sous-standard connaît un déclin important par rapport à l'usage de la première génération.

Le dialecte constitue encore un instrument de communication avec les parents. Dans la majorité des cas, le jeune migrant comprend le dialecte familial mais est incapable de le parler en dehors des circonstances limitées ou ne veut pas le parler. L'emploi de la variété dialectale ne concerne que les réalités de la petite cellule familiale.

1.2.3. Les connaissances actives du système linguistique d'accueil

Les fils des migrants de la première génération ont acquis à travers la scolarisation en Belgique, une certaine connaissance du français. En conséquence, ils parlent le français, l'introduisent de plus en plus dans les relations familiales et dans les contacts avec la première génération. La langue d'accueil devient progressivement la seule variété linguistique réellement disponible.

Le circuit de la communication dans le cercle familial peut se résumer comme suit : les enfants s'adressent le plus souvent en français à leurs parents et ces derniers répondent soit en dialecte ou italien, soit en créole, ce qu'ils appellent du "français" (et que dans la IIIe partie, nous traiterons comme tel, vu que dans l'enquête nous comptabilisions les intentions).

Une telle situation ne peut qu'engendrer l'incompréhension

et aboutir à brève échéance à des situations de conflictualité .

1.3. Situation linguistique extrafamiliale

1.3.1. Le système scolaire et l'apprentissage du standard

L'intégration linguistique dans le système scolaire belge n'est pas aussi réelle qu'on pourrait le croire. En effet, les jeunes migrants reçoivent à l'école une éducation linguistique extrêmement différente de celle reçue à la maison. Du jour au lendemain, ils ne peuvent plus faire usage de leur idiome maternel et doivent s'exprimer dans une langue qui n'est pas parlée en famille (qui a donc le statut de langue étrangère).

Toute la formation linguistique assurée par l'école se fait sur base du français standard. Le modèle linguistique proposé entre en conflit avec les habitudes linguistiques de l'enfant. Celui-ci est tenté d'utiliser le "français de la maison" et se préoccupe peu, au départ, d'acquérir le français enseigné à l'école. Il finit ainsi par parler une variété qui peut-être qualifiée de "français". Cependant, elle reste marquée par des emprunts à la langue d'origine (calques lexicaux et syntaxiques).

Le système linguistique élaboré par la première génération disparaît avec la scolarisation de la seconde génération. Le créole devient uniquement passif : les enfants continuent à l'entendre parler par leurs parents, mais ils ne le parleront plus eux-mêmes et ne le perpétueront pas.

L'acquisition du français standard, quant à elle, est lacunaire. Cette déficience trouve son origine dans trois raisons : le déficit linguistique, les moyens didactiques inadéquats, l'absence de motivation linguistique.

a) le déficit linguistique

Ces jeunes sont issus d'un milieu populaire immigré. Comme nous l'avons déjà signalé (1.1. et 1.2. du troisième chapitre de la première partie de ce travail), l'immigré part désavantagé dans le processus d'apprentissage de la variété haute de la langue. Si l'immigré se situe au même niveau que ses compagnons belges de milieu modeste, il subsiste néanmoins une différence car au handicap dû à l'origine populaire s'ajoute la difficulté d'acquérir une langue étrangère.

b) les moyens didactiques inadéquats

Le système scolaire éprouve des difficultés à assurer à l'enfant migrant une compétence linguistique suffisante en français.

En effet, les méthodes traditionnelles ne suffisent pas : les écoliers, qu'ils soient Belges ou Italiens, sont mis sur le même niveau. Ils suivent tous le même programme, les mêmes textes. La situation scolaire ne crée pas la discrimination entre Belges et étrangers (parce que celle-ci existe au départ) mais elle la perpétue. L'enseignement de la langue aux jeunes migrants requiert des structures spéciales. Un programme linguistique adéquat devrait tenir compte de la capacité linguistique atteinte dans la langue d'accueil et des difficultés rencontrées. Cependant, l'école belge manque d'une méthodolgie scientifique : utilisation de textes spéciaux basés sur une analyse contrastive, formation d'enseignants bilingues, élaboration de grammaires contrastives.

c) la motivation linguistique

L'école ne suscite généralement pas chez le jeune migrant italien une aspiration positive à l'égard de la langue d'accueil. Celle-ci sera toujours ressentie comme la variété linguistique à travers laquelle l'école tourne le jeune migrant en dérision :

"On le corrige, on se moque de lui peut-être; la confusion en est accrue et arrête son effort vers une expression claire dans le moment même où son esprit qui se développe est anxieusement inquiet de s'adapter à tous ceux qui l'entourent (...)" (9)

Alors que le jeune migrant fait des efforts pour s'adapter et acquérir la seconde langue,

"On nie la valeur intrinsèque non pas d'un langage qui depuis toujours est le sien mais d'une production verbale qui est le fruit de tant d'efforts d'adaptation et que le migrant considère un peu comme une consécration, presque un "status-language". (10)

La réaction qui fait suite à de telles positions entraîne un processus de marginalisation en chaîne :

- soit le jeune migrant <u>refuse</u> la langue d'accueil. Ce refus s'accompagne le plus souvent d'une insuffisance du rendement scolaire et provoque l'exclusion de l'établissement scolaire et l'orientation vers des écoles spéciales,
- soit il abandonne l'école immédiatement après la période de scolarité obligatoire.

En conséquence, les jeunes immigrés n'atteignent pas une connaissance suffisante de la langue française pour suivre avec succès les autres matières d'enseignement.

---

(9) SEAR, *Etude*, p.38
(10) DI FONZO, *Emigrée*, p.21

Cette insuffisance linguistique retentit sur les possibilités d'accès à l'enseignement supérieur ou à une formation professionnelle éventuelle.

1.3.2. Les relations sociales et les variétés linguistiques

Les réseaux de relations du jeune migrant sont constitués principalement par les lieux de travail et les milieux de loisirs. Vu le niveau de formation professionnelle et scolaire atteint et le type d'occupation, les composantes socio-économiques de ces milieux de contact social sont la classe ouvrière autochtone et la classe employée subalterne.

Généralement, les variétés linguistiques en vigueur dans ces sphères socio-culturelles sont le sous-standard et éventuellement le dialecte.

Etant donné que le dialecte connaît une réduction d'emploi dans la population belge, il est peu utilisé par l'immigré (le jeune bruxellois par exemple, ne parle pas le dialecte mais un sous-standard régional).

Le registre linguistique important est le sous-standard, assez proche du français sous-standard, quoiqu'émaillé d'expressions italiennes. L'acculturation linguistique qui en résulte débouche le plus souvent sur la maîtrise du registre sous-standard du français.

La problématique qui concerne l'usage de la seconde génération se rapproche ainsi de celle qui oppose les classes défavorisées aux classes favorisées dans le pays d'accueil.

En effet, le français parlé par la seconde génération immigrée et celui des classes inférieures autochtones font partie du français populaire, qui fait face à celui des classes supérieures.

1.4. Conclusion

- l'intégration du jeune migrant dans le système linguistique d'accueil se limite au niveau du sous-standard.

- Par rapport à la situation linguistique de la première génération, nous assistons à une légère amélioration qui consiste dans la maîtrise, même limitée, d'un sous-standard.

En fait, le jeune migrant parvient à mieux se faire comprendre et l'amélioration d'arrête là.
La compréhension du français est assez bonne mais les compétences en matière d'expression orale et écrite se révèlent limitées.

2. Le bilinguisme de la seconde génération

A la suite des résultats observés dans notre analyse du cadre linguistique du jeune migrant, nous essaierons de dégager s'il existe une tendance au bilinguisme dans la seconde génération. Pour ce faire, nous tenterons de construire une définition stricte du bilinguisme qui puisse s'appliquer à la situation linguistique en immigration.

2.1. Une réserve

La situation linguistique particulière que représente l'immigration nous incite à traiter avec prudence tout

tout concept de bilinguisme.

Une première précision s'avère nécessaire afin de savoir dans quel contexte relationnel pourrait s'insérer un bilinguisme éventuel en immigration.

En effet, il convient de distinguer le bilinguisme qui caractérise les contacts entre les langues de rayonnement équivalent, du bilinguisme qui caractérise le contact de langues d'importance différente.

La situation linguistique de l'immigration italienne répond au second type de bilinguisme : le rapport entre la langue indigène et la langue étrangère, l'italien, est inégal. En effet,

"(...) lo status internazionale dell'italiano equivarrà (...) a (...) la posizione e la condizione di coloro che sono i portatori di questa lingua (nelle sue varietà) con tutte le specificazioni sociali e culturali che li caratterizzano, e i concreti motivi d'interesse che verso di essa possono avere precisi strati sociali di altri paesi". (11)

L'opposition dépréciative qui frappe la population immigrée rejaillit sur le statut de sa langue. Dès lors, le jeune immigré délaisse le plus souvent sa langue d'origine au profit de l'idiome véhiculaire du pays d'accueil.

Les possibilités offertes au jeune migrant d'être bilingue se réduisent donc considérablement.

De ce fait, le bilinguisme en immigration relève de cas individuels.

---

(11) SABATINI, *Emigrazione*, p. 114-115

2.2. Les définitions du bilinguisme

2.2.1. Les acceptions générales

2.2.1.1. "Le bilinguisme est la situation linguistique dans laquelle les sujets parlants sont conduits à utiliser alternativement, selon les milieux ou les situations, deux langues différentes". (12)

Si nous nous limitons à cette définition, nous pourrions classer tous les migrants de la seconde génération dans la catégorie des individus bilingues : or tel n'est pas le cas.

Le jeune migrant s'efforce d'utiliser la langue communément acceptée dans le pays d'accueil pour les rapports noués avec les autochtones et la langue maternelle dans les relations internes du groupe dont il fait partie. Subjectivement, il vit sa situation comme une situation bilingue. Objectivement, il existe une différence entre la connaissance qu'il croit avoir atteinte et sa capacité réelle d'expression.

D'autre part, le jeune migrant ne distingue plus clairement quelle est la "langue à utiliser" dans les différentes circonstances : le français envahit peu à peu les relations familiales.

Cette définition, à elle seule, est donc insuffisante pour cerner la spécificité des contacts linguistiques en immigration : elle est trop vague. Nous la retiendrons toutefois comme toile de fond dans notre approche.

2.2.1.2. J. DUBOIS nous livre une autre définition du bilinguisme qui, tout autant que la première, se révèle inopérante

(12) DUBOIS, *Dictionnaire*, *s.v.* *"Bilinguisme" 1*, p.65.

pour l'immigration. "Dans les pays où un dialecte a été institutionnalisé comme langue au détriment des autres parlers de même origine (...) le bilinguisme est la situation de la plupart des habitants qui pratiquent plus ou moins, dans la vie quotidienne, le parler indigène, mais dans beaucoup d'autres cas, la langue officielle (...) ce type de bilinguisme est le plus répandu et la grande majorité des êtres humains est en ce sens plus ou moins bilingue". (13)

Cette définition est trop schématique, d'une part, et se limite, d'autre part, à la situation d'un seul pays.
En effet, nous avons vu, tout au long de ce travail, que la langue n'est pas un tout homogène et immuable, mais qu'elle couvre différents registres linguistiques (la variété standard, le sous-standard, le dialecte, les sociolectes, les idiolectes...).

Le bilinguisme dont il est question ici comporte pour le sujet parlant la possibilité de maîtriser plusieurs registres - au moins deux - d'une même "langue".

En plus, cette alternance à plusieurs registres devrait se reproduire deux fois. C'est vraiment trop demander à l'ouvrier analphabète parti de Sicile et à son fils qui abandonne les études pour cause d'insuffisance linguistique.

Chacune des deux définitions énoncées jusqu'ici ne peut donc, du moins isolément, s'appliquer à la réalité linguistique de la seconde génération.

La situation linguistique de cette dernière nécessite la juxtaposition des deux définitions et l'intervention d'une troisième. A partir de là, nous élaborerons une définition qui précise davantage les limites de l'expression linguis-

(13) DUBOIS, *Dictionnaire*, s.v. "Bilinguisme" 3, p.65.

tique en immigration.

2.2.2. Une acception plus limitée et plus opérationnelle

L'apprentissage de la langue demeure une démarche avant tout personnelle et individuelle, difficilement contrôlable ou qualifiable.

DUBOIS donne une troisième définition du bilinguisme, formulée comme suit :" Le bilinguisme est l'aptitude à s'exprimer facilement et correctement dans une langue étrangère apprise spécialement". (14)

Le bilinguisme signifie donc avant tout une capacité d'utiliser deux instruments linguistiques.

Nous adopterons comme définition du bilinguisme, la capacité qu'a l'individu de s'exprimer facilement et correctement non seulement dans les différents registres d'une langue étrangère, mais aussi dans ceux de sa langue maternelle.

Cette dernière précision semble évidente mais, dans le cas du migrant de la seconde génération, la connaissance de la langue d'origine nécessite des efforts considérables.

2.3. Degré du bilinguisme du jeune migrant

Examinons maintenant dans quelle mesure la situation linguistique du jeune migrant se conforme aux exigences de cette définition. Nous pourrons ainsi dégager le niveau du bilinguisme atteint.

Nous passerons en revue rapidement les deux systèmes linguistiques dans lesquels s'est effectué son développement linguistique et nous en tirerons les conclusions.

(14) DUBOIS, *Dictionnaire*, s.v. "Bilinguisme" 6, p.66.

2.3.1. Connaissance des différents registres linguistiques

. Le système linguistique d'origine

Le dialecte est encore connu sous la forme passive.
Le standard est ignoré, le sous-standard reste la variété la plus utilisée mais seulement avec les familiers.

. Le système d'accueil

Le standard français entre très rarement dans les compétences linguistiques du jeune migrant.
La variété la plus facilement assimilée est le sous-standard.

2.3.2. Les modalités de connaissance des variétés "maîtrisées"

La maîtrise du sous-standard italien est assez réduite ainsi que la justesse de l'expression.

Il est généralement appris par contacts oraux dans la famille et dans les relations avec d'autres jeunes migrants : le vocabulaire se limite aux réalités quotidiennes, la syntaxe est déficiente, héritée du sous-standard des parents. La forme écrite de ce sous-standard est ignorée la plupart du temps car le pourcentage de jeunes migrants qui lisent est extrêmement bas.

Le sous-standard d'accueil est généralement beaucoup mieux dominé que son équivalent italien.

Plusieurs raisons expliquent ce phénomène :

- le jeune migrant a bénéficié d'une certaine scolarisation en Belgique;
- la durée de l'implantation en Belgique dépasse souvent la période de séjour en Italie : dès lors, une certaine

accoutumance s'est créée chez le migrant de la seconde génération,

- la langue du pays d'accueil est investie d'un certain prestige; le jeune migrant sait qu'il doit "bien parler le français" pour réussir. Auusi multiplie-t-il les efforts pour posséder cette langue.

Néanmoins, une certaine distorsion existe entre les aspirations du jeune migrant et les compétences linguistiques expressives réelles, qui resteront assez limitées.

2.3.3. Monolinguisme et anomie linguistique

Aucune des conditions posées au départ par la définition n'est entièrement remplie : les contacts entre les deux systèmes linguistiques sont tributaires de la considération que l'on accorde à la langue maternelle. Comme, généralement, le prestige de cette dernière est peu élevé auprès de la population autochtone, le migrant de la seconde génération l'abandonne assez rapidement.

L'évolution linguistique du jeune migrant se caractérise de plus en plus par l'acquisition d'une seule langue : le français et par la perte de l'idiome d'origine.

Nous sommes donc en présence d'un comportement linguistique monolingue, mais de surcroît, d'un <u>comportement partiellement monolingue</u>. En effet, la <u>capacité</u> linguistique du jeune immigré ne couvre, dans la plupart des cas, q'un seul registre de la langue étrangère. Sa capacité en dialecte et en italien diminue graduellement, à un point tel qu'elle finit par être toute symbolique. Celle en français stagne au niveau atteint vers 20-22 ans.

Le français s'infiltre de façon absolue dans l'usage linguistique du jeune migrant : dans les réalités quotidiennes qui le concernent personnellement (le travail, l'école) mais aussi progressivement, dans les relations familiales. En fait, le jeune immigré n'obéit pas à des normes de comportement linguistique établies. Il utilise le français comme bon lui semble car il n'est pas capable de répondre de façon adéquate aux exigences linguistiques que posent les relations de rôles. Probablement a-t-il conscience que des circonstances particulières requièrent de sa part une conformation à des usages linguistiques précis, mais il ne connaît pas ces usages; il y a chez lui une attente qui n'est pas comblée.

"(...) je crois pouvoir affirmer que, au moins en ce qui concerne la seconde génération d'émigrés, ce bilinguisme _en fait_ n'existe pas. On assiste tout simplement à une distribution des variétés linguistiques employées qui est beaucoup plus rigide qu'on ne serait tenté de le croire de prime abord. Les cas où un "rolerelationship" égal peut donner lieu à l'emploi ou d'une variété x du système linguistique d'accueil ou d'une variété x' du système linguistique d'origine sont très rares". (15)

Les efforts que le jeune migrant fournit pour s'adapter aux exigences de la communication aboutissent à l'échec ou à la désorientation : le sujet parlant ne discerne plus quelle variété linguistique utiliser avec qui et quand.

De cette façon, le jeune immigré connaît une confusion linguistique que nous pouvons assimiler à l'_anomie linguistique_ : la maîtrise du français reste insuffisante, les normes d'usage ne sont pas clairement définies, la grammaire de base est décharnée, la syntaxe et le vocabulaire se modèlent quelquefois encore sur les exemples italiens. Faute de directives précises, le migrant de la seconde génération se "débrouille"

(15) DI FONZO, *Emigrée*, p. 22.

pour acquérir les moules linguistiques nécessaires à la construction approximative d'autres énoncés. Ces derniers frappent le plus souvent par leur brièveté et leur simplicité et traduisent une certaine rigidité de pensée, ainsi qu'une très forte réticence à l'abstraction. Les contenus des énoncés relatent des situations concrètes et la présentation désordonnée de ces dernières reflète la confusion psychologique.

La capacité linguistique se réduit parfois à la reproduction d'énoncés entendus; l'aptitude à la création linguistique s'avère très réduite.

Dès lors, il est fréquent d'assister à un certain <u>blocage dans la communication</u> : le jeune migrant ne sait pas <u>comment</u> s'exprimer et <u>n'ose plus</u> s'exprimer face aux réactions possibles de l'interlocuteur.

Le niveau de bilinguisme atteint donc le degré zéro et laisse place à la déculturation linguistique. Le français est mal dominé et la maîtrise de l'idiome maternel n'est plus suffisante pour permettre une communication harmonieuse avec les proches.

Que ce soit dans la communauté d'accueil ou dans celle d'origine, le jeune migrant ne répond pas à ce qu'on attend de lui:

"The individual, as he progresses in the second language, becomes potentially more aware of his inadequacies and more conscious of the cultural implications of these inadequacies. The "new" community, on the other hand, raises its expectations from the individual to conform as he progresses towards greater proficiency in the second language. Greater acceptance of the values of the new language community may cause a reappraisal of those of the original language community on the part of the individual. The original community, on the other hand, still expects the individual to react towards the community as though he had not assimilated any of the values of another community". (16)

L'anomie correspond à un aboutissement évolutif : en effet, elle se manifeste beaucoup moins souvent au stade de l'enfance que chez les adolescents et les adultes. Ces derniers sont davantage confrontés aux deux systèmes linguistiques et réussissent très difficilement à concilier les anciens modèles linguistiques et les nouveaux comportements linguistiques.

Ce phénomène se produit surtout lorsque l'individu - et c'est le cas du jeune migrant - est entraîné assez loin dans le processus d'acculturation linguistique et ne peut plus revenir en arrière.

"the phenomenon of anomie (...) appears to manifest itself more when the individual has moved a considerable way towards becoming a bilingual at the point where he begins to move out of one linguistic cultural group and into another, thereby forcing him to readjust his accepted set of behaviour patterns in the light of new, totally different norms accepted in the other linguistic group". (17)

La solution à ce conflit prend bien souvent une voie unidirectionnelle : l'abandon de l'un ou l'autre idiome.

Cependant, en immigration, quelle que soit la variété choisie, sa maîtrise sera toujours limitée.

3. Avenir du système d'origine

L'usage linguistique de la seconde génération laisse entrevoir une érosion du système d'origine qui s'achèvera au cours des générations suivantes.

(16) BAETENS-BEARDSMORE, *Anomie*, p.12.
(17) BAETENS-BEARDSMORE, *Anomie*, p.12.

Pour la seconde génération actuelle, l'usage du dialecte s'éteindra avec la disparition des parents.

Le sous-standard italien connaît une phase de déclin de plus en plus grande, faute de circonstances d'emploi. Le standard, quant à lui, est pratiquement exclu des compétences linguistiques du migrant de la seconde génération.

La tendance va donc vers un monolinguisme constitué par la langue d'accueil. L'emploi de cette dernière connaît une expansion considérable, - il envahit tous les domaines de relations du migrant- mais la maîtrise en est assez pauvre. Cette maîtrise ne s'améliorera qu'avec la troisième génération qui sera entièrement monolingue.

L'évolution linguistique tracée par FISHMAN se vérifie donc à l'état de tendance générale dans les comportements linguistiques de la seconde génération immigrée en Belgique : trois générations suffiront pour éteindre la langue d'origine.

TROISIEME PARTIE : COMPORTEMENTS LINGUISTIQUES DE LA SECONDE GENERATION IMMIGREE EN BELGIQUE FRANCOPHONE

INTRODUCTION

I. Présentation de l'enquête

Cette enquête a été faite en 1976, pour le compte de deux organisations italiennes de Bruxelles :
l'I.P.A.S. (Istituto di Patronato per l'Assistenza Sociale), et le C.A.S.I.-U.O. (Centro di Azione Sociale Italiano - Università Operaia).

Les données fournies par le dépouillement du questionnaire ont été traitées en ordinateur.

1. Division interne

L'enquête a été effectuée auprès de 333 jeunes gens et jeunes filles de la seconde génération immigrée italienne dans la partie francophone de Belgique.
Elle a été réalisée à l'aide d'un questionnaire composé d'une partie commune (qui s'adresse à tous les interviewés) et de deux parties spécifiques, qui concernent respectivement les travailleurs et les étudiants.

1.1. La partie commune du questionnaire comporte dix sections:

- la première, intitulée "questions générales", donne des renseignements sur l'interviewé(e) :
  (lieu de naissance et de résidence, situation familiale, année d'arrivée en Belgique, activités professionnelles...)
- la deuxième et la troisième concernent la situation personnelle du père et de la mère :
  (activité professionnelle, degré d'instruction, intentions éventuelles de retour...)
- la quatrième détaille la situation des frères et soeurs de l'interviewé(e) :
  (situation professionnelle, nationalité actuelle, formation scolaire...)
- la cinquième section est consacrée à l'enfance de l'interviewé(e) :
  (qui le gardait si la mère travaillait, cursus scolaire accompli, les écoles spéciales éventuellement fréquentées...)
- la sixième section se rapporte aux problèmes de logement, aux biens de la famille immigrée;
- la septième section concerne la vie familiale, les loisirs, les intentions de retour du jeune migrant;
- la huitième concerne exclusivement la situation linguistique du jeune immigré de la seconde génération :
  (usage linguistique familial et extrafamilial, connaissances linguistiques acquises, vitalité d'origine...)
- la neuvième section passe en revue la vie sociale du migrant :
  (participation à des groupes ou associations culturelles, opinions politiques, vie civique...)
  et aborde le problème de l'identité;

- la dixième section touche à des problèmes particuliers tels que la morale et la religion.

1.2. <u>La partie spécifique</u> consacrée aux <u>travailleurs</u>, porte sur les points suivants :

- les études : retards scolaires éventuels et degré de formation professionnelle atteint;
- le travail : situation professionnelle hors du circuit familial ou dans une éventuelle entreprise familiale;
- les modalités de la vie de travail : chômage, grèves, accidents de travail, participation syndicale.

1.3. La <u>partie spécifique</u> consacrée aux <u>étudiants</u> passe en revue successivement :

- le type d'enseignement suivi : rénové ou traditionnel;
- le réseau d'enseignement fréquenté (professionnel, technique, humanités, supérieur, universitaire) et l'année atteinte;
- les sections et spécialisations poursuivies;
- les retards et les échecs scolaires;
- les projets en matière d'avenir scolaire et professionnel;
- les opinions sur la nécessité de la scolarité et sur l'école.

2. <u>Critères de choix</u>

Les critères de choix des interviewé(e)s sont les suivants :

2.1. le jeune migrant doit avoir entre 15 et 29 ans accomplis, être célibataire et avoir effectué une scolarité complète en Belgique. Il peut donc être né soit en Italie, soit en Belgique;

2.2. en ce qui concerne les parents, au moins un des deux conjoints doit être né en Italie;

2.3. l'interview se limite à une personne par famille;

2.4. le jeune migrant peut être de nationalité italienne ou naturalisé belge à condition qu'un des deux parents soit né en Italie.

3. Profil de l'échantillon

3.1. Localisation de l'enquête

L'enquête a été effectuée dans la partie francophone du pays, plus précisément dans les provinces suivantes : Brabant wallon et région bruxelloise, Namur, Liège et Hainaut.

3.2. Distribution par sexe et par statut

Les données de l'enquête révèlent, pour l'échantillon étudié, une légère dominance des hommes : 183 hommes (soit 55%) contre 150 femmes (soit 45%), ainsi qu'une proportion plus forte d'étudiants.
Les étudiants sont au nombre de 190 et atteignent un pourcentage de 57,4%, les travailleurs sont au nombre de 142 (42,6%).
En ce qui concerne le statut des interviewés, deux provinces méritent l'attention : la province du Hainaut, qui présente un excédent d'étudiants et la province de Namur où, au contraire, il y a une représentation majoritaire des travailleurs.
D'autre part, le chômage touche davantage la population féminine (60%) que la population masculine (40%).

3.3. Age et représentation par province

- l'âge des interviewés oscille entre 15 et 29 ans. D'une façon générale, la répartition s'opère comme suit :
  - 58,8% (soit 196 interviewé(e)s) ont entre 15 et 19 ans;
  - 33,6% (soit 112 interviewé(e)s) ont entre 20 et 24 ans;
  - 7,5% (soit 25 interviewé(e)s) ont entre 25 et 29 ans.

- Si nous envisageons la répartition de l'âge selon les provinces envisagées dans l'enquête, nous constatons que :
  - Dans la province de Namur, la moyenne d'âge est plus élevée que dans les autres provinces : 58% de la population a plus de 21 ans, contre 46% à Liège, 37,7% dans le Hainaut et 30% à Bruxelles.
  - La province de Liège détient en proportion la population la plus jeune de l'échantillon : 16,4% des interviewé(e)s ont entre 15 et 16 ans, contre 14,5% à Bruxelles, 12,9% à Namur et 12,3% dans le Hainaut.

La population du Hainaut se concentre surtout dans la tranche d'âge entre 19 et 20 ans. Cette tranche atteint 30% dans le Hainaut contre 19,4% à Namur, 17,3% à Liège et 16,2% à Bruxelles.

Les interviewé(e)s de la région bruxelloise sont principalement représentés dans la tranche de 17 et 18 ans; ce groupe y atteint 38% contre 19% dans le Hainaut, 20% à Liège et 9,7% à Namur.

3.4. Lieu de naissance

Sur les 333 personnes interrogées, 232 sont nées en Belgique, (soit 69,7% de l'échantillon) et 96 en Italie (soit 29,1%).

Parmi les interviewé(e)s nés en Italie, 60,4% sont nés en Sicile et en Calabre; 2,1% en Sardaigne; 27,1% dans le Sud (îles exclues); 6,2% proviennent du centre de l'Italie et 1,2% du Nord.

En ce qui concerne l'année d'arrivée des immigrés de la seconde génération nés en Italie, trois années semblent se dégager 1956-1957 et 1963.

3.5. Lieu de résidence

Le Hainaut détient la concentration la plus dense de la population étudiée.
En effet, 130 interviewé(e)s habitent la province du Hainaut (39% de l'échantillon); 110 habitent la province de Liège (soit 33%); 61 résident à Bruxelles (soit 18,3%); 31 à Namur (soit 9,3%) et 1 dans le Brabant Wallon (soit 0,3%).

Les chiffres officiels avancés par l'Institut National de la Statistique, lors du dernier recensement de 1971 donnent pour le Hainaut : 50,8%; pour Liège, 29,6%; pour le Brabant : 15,8%; pour Namur : 3,8%.

3.6. Statut socio-économique

Les catégories sociales représentées dans l'échantillon se répartissent comme suit :

- la catégorie ouvrière couvre 47,2% dont 9,9% sont au chômage. La frange ouvrière réellement au travail atteint donc 37,3%.
- la catégorie des employés représente 32,4%. Il faut noter toutefois que 14,8 % des interviewés se sont abstenus de répondre.

En ce qui concerne les secteurs d'emploi de la seconde génération, l'industrie et les transports absorbent 35,8% de la population occupée; les services 12,7%; la construction 3,5%; la sidérurgie, la mine et les carrières 5,6% et le commerce 8,5%.

3.7. Situation scolaire

Les résultats de l'enquête laissent entrevoir que le type d'enseignement suivi dans la plupart des cas est de type technique et professionnel.
En effet, sur l'ensemble de l'échantillon (333 personnes),

- 187 interviewé(e)s fréquentent ou ont fréquenté l'enseignement professionnel et technique inférieur, ce qui représente un pourcentage de 56,1%;
- 49 interviewé(e)s ont fait ou font leurs humanités, soit 14,7%;
- 41 interviewé(e)s sont parvenus à l'université ou dans l'enseignement supérieur (soit 12,3%);
- 16,8% n'ont toutefois pas donné de réponse.

Parmi les travailleurs (142 personnes interviewées), plus d'un cinquième ont commencé des études et interrompu le cycle avant d'obtenir un diplôme.

Pour les étudiants et en ce qui concerne les retards scolaires : le lieu de naissance crée une discrimination entre les jeunes migrants nés en Belgique et ceux nés en Italie. Dans le premier cas, l'enquête révèle que 43% accusent des retards scolaires dès l'école primaire, contre 65% dans le second cas.

La dimension du noyau familial joue également un rôle déterminant. Les deux tiers des enfants uniques terminent leur scolarité à l'âge normal tandis que les deux tiers des enfants issus de familles nombreuses accumulent les retards scolaires.

II. Les résultats de l'enquête

1. Prémisses

Avant d'en venir à la présentation des résultats, il convient de souligner ce qui détermine celle-ci, les conditions de l'enquête. En effet, l'objet de ce mémoire est loin d'être celui de la totalité de l'enquête.

Celle-ci touche à des domaines très différents et très (peut-être trop) nombreux. Ces domaines, en plus, sont quelquefois très éloignés les uns des autres. Tout ceci n'a donc fait qu'allonger le questionnaire, à tel point qu'il était franchement inutilisable.

Dès lors, il a fallu procéder à des "coupes sombres" dans ce questionnaire. Celles-ci ont été effectuées avec un profond souci d'équité et ont amputé chacun des domaines de parties que les différents chercheurs concernés considéraient comme capitales pour leur propre recherche. Il fallait cependant que l'ensemble soit supportable (du point de vue financier) pour les chercheurs et surtout (du point de vue de l'endurance et donc de la crédibilité des réponses) pour les interviewés.

Dans sa forme définitive, le questionnaire comportait une partie dite "commune" de 28 pages et deux parties spécifiques, l'une pour les interviewés travailleurs et l'autre pour les étudiants. Ces parties spécifiques étaient constituées respectivement de 10 et de 4 pages. En outre, les pages 5-6 qui demandaient des renseignements à propos des frères et soeurs de l'interviewé(e) devaient être remplies autant de fois qu'il y avait de frères et de soeurs. Le questionnaire-type comportait 5 fois les pages 5-6.

Chaque interviewé(e) recevait donc 46 pages à remplir s'il était travailleur ou 40 pages s'il était étudiant.

La partie de ce questionnaire qui avait trait aux comportements linguistique faisait partie du tronc "commun" soumis à tous les interviewés et occupait l'équivalent de trois pages. Cette partie linguistique était le 8e des chapitres du tronc commun et occupait exactement un peu plus d'un dixième de ses pages, traitement tout à fait équitable du point de vue de l'ensemble.

Il est certain cependant, qu'en trois pages, il n'est pas possible d'approfondir beaucoup le profil d'une personne. A titre d'exemple, le questionnaire qui en 1975-1976 avait servi de test pour celui-ci était cinq fois plus important. Il était consacré, dans ses premières pages, à quelques généralités sur l'interviewé et sa famille, mais tout le reste concernait exclusivement des questions socio-linguistiques. C'est dire que le questionnaire que ce travail commente n'était pas l'optimum. Il avait cependant d'autres avantages et des avantages de poids.

Ce questionnaire est très complet, dans son ensemble, en ce qui concerne les différents aspects qui constituent la personnalité du jeune immigré. Il était donc possible de tenter d'établir des relations entre des domaines de recherche très éloignés, ce qu'une enquête linguistique n'aurait pas permis. Ainsi plus d'une centaine de listings de croisement ont pu être établis.

D'autre part, un effort collectif (même si limité dans ses résultats pour chaque domaine) était la seule possibilité matérielle quant à la réalisation d'une enquête portant sur un nombre si élevé d'interviews (333) à travers les principales régions de la Belgique francophone; chacune de ces interviews prenait une heure et demie de travail. L'enquête test de 1975-1976 en demandait tout autant, mais pour un seul et même "interviewer". Ici, une équipe a conduit les interviews.

Enfin, cette enquête est la première enquête d'ensemble sur les jeunes immigrés en Belgique et une des plus complètes en Europe. L'avantage d'y participer valait largement l'inconvénient de devoir renoncer à certains aspects de recherche qui n'auraient pu être maintenus que dans un questionnaire exclusivement linguistique diffusé à très faible échelle.

2. Présentation

La présentation des résultats sera faite dans le cadre suivant : nous avons pu dégager trois groupes thématiques, qui seront traités dans leurs différents aspects.

Un premier chapitre donnera quelques axes très généraux sur le comportement de la seconde génération italienne en Belgique francophone. Il s'agira de confronter les différents comportements linguistiques entre eux.

Les deux chapitres suivants, quant à eux, confronteront des données linguistiques avec des données extralinguistiques.

Le deuxième chapitre s'attachera à l'étude de relations éventuelles entre le comportement linguistique et quelques données objectives qui concernent l'interviewé (son lieu de naissance, son travail etc.) tandis que le troisième cherchera à mettre en relation le comportement linguistique et des données subjectives c'est-à-dire des affirmations qui ne sont pas exactement contrôlables (sentiment d'identité, intention déclarée de retourner en Italie etc.).

Enfin, une annexe traitera de l'opposition entre l'usage informel et les usages plus formels de la langue.

CHAPITRE 1 : LES AXES GÉNÉRAUX DU COMPORTEMENT LINGUISTIQUE

I. Première génération et deuxième génération : une évolution?

Y-a-t-il une véritable évolution dans le comportement linguistique des immigrés italiens qui résident dans la partie francophone de la Belgique ? Si oui, dans quel sens va-t-elle ?

Dès le début, il faut préciser que nos réponses porteront uniquement sur les usages linguistiques à l'intérieur du noyau familial. L'enquête, en effet, ne nous donne aucune information sur l'usage de la première génération en dehors de ce contexte, ce qui exclut toute possibilité de comparaison avec la deuxième génération sur ce plan.

Nous examinons d'abord l'usage pour chaque langue séparément:

I.1. L'italien - tableau 1

	1.1. Italophonie des parents	1.2. Italophonie des enfants	Total
oui	132	97	229
non	189	224	413
total (1)	321	321	642
	x2 = 8,316	p = 0,01	

(1) des réponses obtenues sur 333 interviewé(e)s.

Les réponses concernent 321 cas pour chacune des questions, autant dire la presque totalité des interviewés.

Une première observation concerne la qualité de l'italien visé par la question. Il est certain que cette qualité (sur laquelle nous n'avons aucun renseignement direct) est loin de friser la perfection. Nous pouvons nous permettre une telle affirmation pour une série de raisons :

- le type de dialecte parlé par les interviewé(e)s et leurs parents est assez distant de l'italien standard (cf.I.2). Seule la scolarisation peut donc garantir la qualité de celui-ci.
- la scolarisation des parents est insuffisante pour permettre d'affirmer qu'ils pratiquent un "bon italien". Pratiquement, le degré de scolarisation est équivalent aux études primaires : il en est ainsi pour 77% des mères et pour 71,5% des pères (dans l'ensemble, ± 12% ont fait - et n'ont pas terminé nécessairement - des études secondaires). Encore faut-il préciser que un tiers environ des parents n'ayant fait que les primaires ne les ont même pas terminées (28,5% des pères et 36,6% des mères). Ce que nous savons de la qualité de l'enseignement primaire dans les zones agricoles il y a au moins 40 ans (81,8% des parents ont plus de 40 ans) ne permet certainement pas d'affirmer que nous ayons affaire ici à quelque chose de plus que "l'italien régional" (2).

- la scolarisation en italien des enfants est encore moins brillante. La majorité des interviewés font ou ont fait des études technico-professionnelles (67,5%); la qualité de l'enseignement linguistique dans les écoles techniques et professionnelles est connue. En outre, l'on sait où en est l'enseignement de l'italien dans l'école belge.

---

(2) DE MAURO, *Storia*, II,4 - III,5,9 - 48,49,50. (app.)

Personne ne s'étonnera dès lors d'apprendre que le nombre de personnes interviewées ayant suivi des cours d'italien à l'école est de 0 sur 333.

- Seuls les interviewés ayant suivi des cours d'italien dispensés par les Consulats italiens peuvent donc être considérés comme italophones.
  Leur nombre est de 163, un nombre qui est beaucoup moins significatif qu'il n'y paraît. Pour qui connaît les conditions de fonctionnement de l'enseignement consulaire (et de l'aveu des enseignants concernés aux-mêmes), il est clair qu'il faut plus ou moins trois ans de fréquentation pour que l'enfant soit "stabilisé" dans sa pratique de l'italien standard. Compte tenu de ces exigences, nous tombons de 163 cas à 114 (qui fréquentent depuis 2 <u>ou</u> 3 ans). Etant donné que le nombre de 163 élèves ou ex-élèves qui se déclarent enthousiastes quant à l'utilité des cours est de 101, nous croyons que les 97 italophones du tableau 1.2. sont crédibles. Ils sont capables de parler italien, en tous cas, un italien "potable".

Nous ne mettons donc plus en discussion la qualité potentielle de l'italien de cette petite centaine d'interviewés. Ce qui est en tous cas certain, c'est que ces personnes ont les moyens de juger si "ce qu'ils parlent" (ou que parlent leurs parents) est ou n'est pas différent de leur dialecte d'origine. D'autre part, les réponses aux différentes questions que nous aborderons au long de ce travail vont, elles aussi, dans ce sens.

Après cette première observation qui, si elle est assez longue, nous permet cependant d'établir un point important pour tout le reste de l'exposé, venons-en aux tableaux eux-mêmes.

Le tableau 1.1. appelle peu de commentaires. Pour cette génération d'italiens, le rapport entre italophones <u>déclarés</u>

et personnes qui ne se considèrent pas comme telles, retient grosso modo celui qui existe en Italie du Sud pour les gens du même âge (3).

Ici comme là-bas, le problème se pose de la correspondance entre l'italophonie déclarée et l'italophonie réelle, nous l'avons vu. Prenons donc ce nombre (132) pour un peu exagéré.

Le nombre de 97 pour la deuxième génération (tableau 1.2) est, quant à lui, plausible, ce qui est important pour le point I.3. A ce stade-ci, nous ne pouvons encore arriver qu'à la conclusion qu'entre la première et la deuxième génération, la perte d'italophonie semble se situer aux environs de 11% (10,9), ce qui semble être un peu exagéré. Le point I.3. pourra nous faire avancer dans l'analyse.

I.2. Le dialecte - Tableau 2

	2.1. dialectophonie des parents	2.2. dialectophonie des enfants	total
oui	204	169	373
non	116	145	261
total	320	314	634
	X 2 = 6,422	p = 0,02	

Quels dialectes ? La réponse nous est fournie indirectement par la région d'origine des parents. En rassemblant les parents en provenance de régions dont le dialecte est assez éloigné de l'italien standard, nous arrivons à 81,3% du total (12,9% proviennent du centre de l'Italie; 5,8% de Belgique ou d'autres pays).

(3) cfr. encore DE MAURO, *Storia*, parties citées à la note (2).

Il nous manque encore une donnée pour pouvoir nous prononcer sur les dialectes dans la famille des interviewés : le type de mariage intervenu entre les parents. A cet égard, les chiffres sont rassurants. En effet, 80,4% des mariages sont régionalement homogènes alors que 11,5% des mariages sont de nationalité mixte (et 8,1% interrégionaux). Du point de vue de la "pureté" du dialecte d'Italie, nous pouvons ajouter les 38 mariages mixtes aux 266 mariages interrégionaux: dans ces 38 cas, il n'y a pas rencontre-opposition entre deux dialectes d'Italie très différents. Nous arrivons ainsi à 304 cas sur les 331 (les renseignements manquent sur deux familles), ce qui fait 91,8%, chiffre que nous pouvons prendre comme taux d'homogénéité dialectale du point de vue des dialectes d'Italie (4).

Afin de ne pas alourdir l'exposé, nous nous limiterons au cas des pères en ce qui concerne la répartition de ces dialectes, étant donné que la situation des mères ne varie pas de façon significative.

(4) en ce qui concerne le versant belge, le wallon est pratiquement absent : 1 interviewé sur 333 déclare l'utiliser quelquefois (= 0,3% des interviewés).

Tableau 3 : répartition dialectale (parents)

région d'origine des pères nés en Italie		regroupement interrégional		équivalent mères
Sicile (5)	108	119	Sud+Iles	
Sardaigne	11			
Calabre	16			
Pouilles	21	86	= 205	
Basilicate	4		= 64,7%	66,5%
Campanie	12			
Abruzzes	33			
Ombrie	4			
Latium	11		Centre	
Marches	13		= 41	
Toscane	4		= 12,9%	14,1%
Emilie-Romagne	9			
Frioul-Vénétie Julienne	19			
Vénétie	38	60		
Trentin+ Haut Adige	3		Nord	
Lombardie	4		= 67	
Piémont	1	7	= 21,1%	18%
Ligurie	2			
Italie (non spécifiés)	4			
Total	317			

(5) impossible de préciser par région dialectale: pour des raisons socio-économiques, les regroupements de provinces effectués ne sont pas compatibles avec les regroupements qu'eût exigés la linguistique (ex.: Syracuse + Trapani).

Ici aussi, une autre remarque s'impose pour le tableau 2.1. : il y a probablement plus de dialectophones réels que de dialectophones déclarés (corollaire de ce que nous disions à propos du tableau 1). le nombre devrait donc être un peu trop faible : il y a probablement plus de 204 cas où les parents parlent dialecte à la maison.

Nous nous fierons plus au nombre de cas pour les interviewés (tableau 2.2.), ceci comme corollaire de ce que nous avions dit au sujet de la capacité des jeunes de distinguer entre italien et dialecte (cf.I.1.). A ce stade-ci, il faudrait donc conclure à une diminution de la dialectophonie, dans l'usage de la deuxième génération par rapport à celui de la première génération, de l'ordre d'environ 10%. (9,95)

I.3. Fidélité au système linguistique d'origine

Etant donné que nous n'osons pas proposer les chiffres indiquant l'italophonie et la dialectophonie comme absolument fiables en ce qui concerne les parents, nous ne pouvons pas trop nous avancer quant aux taux de diminution respectifs.

C'est pourquoi nous avons cherché à établir une moyenne en combinant les résultats des tableaux 1.1 et 2.1. d'une part et ceux des tableaux 1.2.et 2.2. d'autre part. Dans la mesure où les catégories "italien" et "dialecte" se fondent dans ce cas-ci, notre problème de confusion ne se pose plus. Ici, nous avons le taux exact de "fidélité aux origines" des deux générations.

Tableau 4

	4.1. Fidélité aux origines = it.+d.1e gén.	4.2. Fidélité 2ème génér.	Total
oui	336	266	602
non	305	369	674
Total (6)	641	635	1.276

La diminution dans la "fidélité" est de l'ordre de 10,5%. C'est là une donnée précise en elle-même et rassurante quant aux deux termes qui ont construit la moyenne : une fluctuation 10,9 - 10,5 - 9,95 n'est pas dramatique (une fluctuation du type 16 - 12 - 8, par exemple, l'aurait été quant à la fiabilité du 18 et du 8).

En conclusion, l'émigration-immigration provoque, en peu de temps - l'espace d'une génération, qui n'a même pas atteint sa maturité (58,8% des interviewés ont entre 15 et 19 ans)- une perte sèche énorme. D'un côté, 47,6% des parents abandonnent leur(s) idiome(s) d'origine, même dans le cadre familial. De l'autre côté, le passage parents-enfants provoque une détérioration ultérieure de 10%. Autrement dit, si tous ces gens de la première génération étaient restés en Italie, 100% d'entre eux auraient parlé italien ou dialecte et 100% de leurs enfants. Aujourd'hui, 47,6% des parents ont "lâché" et 58,1% des jeunes ne parlent plus l'idiome de la région où leurs parents sont nés.

Cependant, cette dégradation n'est pas encore achevée , et pas

(6) Ce tableau ne mentionne pas la valeur du X2. Il en sera de même pour tous les tableaux à venir, chaque fois que la valeur du X2 est tellement élevée qu'elle "sort à droite" (pour employer le jargon sociologique) du tableau repris par BLALOCK, *Statistica*, p.706 à FISHER-YATES, *Tables*.

seulement parce que certains jeunes changeront sûrement d'attitude entre 15 et 20 ans (inutile d'insister que c'est l'âge de crise par excellence). Beaucoup de ces jeunes parlent encore dialecte à la maison, parce que leurs parents sont en vie ! La mort des parents provoque une perte ultérieure que les mariages mixtes accentuent (35,3% des frères et soeurs mariés de nos interviewés ont fait des mariages mixtes !). Il faudrait réinterviewer nos jeunes gens quand leurs enfants auront 20 ans pour avoir une vue "stable" de ce que la deuxième génération devient. Notre diminution relative de 10,5% n'est qu'une amorce.

I.4. Le français

Tableau 5

	5.1.Francophonie 1ère génération	5.2. Francophonie 2e génération	Total
oui	148	309	457
non	180	17	197
Total	328	326	654

Il nous faut maintenant aborder le sujet de la qualité du français parlé dans les familles immigrées. Une fois de plus, notre enquête n'est pas de nature à pouvoir nous aider de façon directe.

Nous savons cependant que les parents ont dû apprendre le français "sur le tas". Ils n'ont reçu aucune préparation ni avant leur départ ni après leur arrivée; il a fallu qu'ils se débrouillent. Le résultat ne peut donc être très positif, d'autant plus qu'il serait exagéré d'affirmer que la formation qu'ils ont reçue (en grande majorité les primaires italiennes d'il y a 40 ans) était telle qu'ils soient aptes à l'apprentissage relativement aisé d'une langue étrangère.

Les sociologues s'accordent à désigner la famille et l'école comme facteurs de la socialisation de la jeunesse. Les socio-linguistes y ajoutent la T.V., capitale pour l'apprentissage linguistique. Dans le cas de la deuxième génération, ces trois facteurs se combinent d'une façon particulière.

En famille, le jeune immigré subit deux influences déstabilisantes par rapport au jeune Belge. La famille belge est un foyer francophone homogène. Dans le "pire" des cas, elle parle un français sous-standard (7) qui entre en conflit avec le français scolaire : il y a opposition entre deux pôles linguistiques constitués en blocs stables, l'un vécu comme "intérieur", l'autre comme "extérieur". La famille immigrée, elle, véhicule d'une part un dialecte d'Italie ou un italien plus ou moins conforme et d'autre part, un français, celui des parents, fait de tentatives et d'hésitations. L'affrontement avec l'école se fait donc en des termes bien différents et le résultat en est une "compétence" beaucoup plus restreinte et beaucoup moins sûre.

Le français des jeunes immigrés, c'est donc grosso modo, celui du niveau des technico-professionnelles et de Télé-Luxembourg, en tout cas à un premier contact superficiel. Apparemment, la différence entre le jeune immigré et le jeune Belge est minime.

La différence apparaît dès que l'on sort du registre typique école-copains-dancings : insuffisances lexicales, impossibi-

(7) pour la distinction standard/ sous-standard, cfr. DI FONZO, *Immigrée*, p.41, que nous avons citée à la section 1.1. du chapitre III de la première partie.

lité à sortir du modèle morphosyntaxique très restreint de l'argot écolier, redites et autocorrections (ou hypercorrections) très fréquentes, incertitude générale qui se traduit par un manque de capacité expressive en général. En résumé, si au départ, le produit linguistique semble être le même il apparaît bien vite que la différence réside dans de grandes difficultés de production. Ce qui, pour les jeunes autochtones, n'est qu'un registre parmi d'autres, est pratiquement le seul registre dans lequel les jeunes immigrés sentent qu'ils peuvent se risquer.

Si, sur le versant italien, le dialecte constitue encore un volet important de la situation linguistique de la deuxième génération, sur le versant français, il est pratiquement absent.

A Bruxelles, le problème ne se pose pas. Il n'est plus réaliste de parler de la présence d'un "dialecte bruxellois" dans le registre des jeunes qui habitent Bruxelles. Tout au plus, y rencontre-t-on quelques mots qui proviennent du bruxellois d'antan (ne discutons pas ici de ce que ce bruxellois était vraiment) dans un ensemble qui n'est que du français de type sous-standard.

En ce qui concerne la Wallonie, nous croyons pouvoir prendre les résultats de notre enquête comme représentatifs de la deuxième génération italienne.

La plupart des interviewés sont nés ici (69,7%) et la majorité (57,8%) sont arrivés avant 1960. Ils sont donc implantés depuis un temps assez long. Ils habitent pratiquement tous dans des agglomérations de type industriel. Ils reflètent grosso modo la distribution d'habitat de l'immigration sur le territoire francophone du pays (18,6% Brabant - 39% Hainaut - 33% Liège - 9,3% Namur). Seul, leur degré de scolarisation est légèrement différent de la moyenne : dans l'échantillon, il y a une sous-représentation, surtout au niveau des humanités et une nette sur-représentation pour le niveau universitaire et para-universitaire. Au niveau de l'opposition entre technico-professionnel et non technico-professionnel, la proportion n'est pas trop compromise, comme l'indique le tableau suivant.

Tableau 6

	6.1. notre enquête	6.2. dernier recensement (1971)
Techn.+ Prof.	56,1%	64,2%
Moyen.	14,7%	30,3%
Univ. + Para.	12,3%	5,5%
pas de réponse	16,8%	(source: INS)

Nous ne nous avançons donc pas trop en affirmant que du point de vue de la dialectophonie wallonne aussi, notre enquête reflète la situation de la deuxième génération italienne en Wallonie. Or, sur 333 interviewés, aucun ne déclare utiliser un dialecte wallon à la maison et 1 (=0,33%) déclare l'utiliser hors du contexte familial. En d'autre termes, le wallon est absent et au vu de sa vitalité parmi les jeunes autochtones, il n'est pas très probable qu'une amélioration sensible résulte d'éventuels mariages mixtes.

Compte tenu des réserves qualitatives émises plus haut, examinons maintenant la présence du français (ou en tout cas de ce que les interviewés vivent comme du français - et c'est bien cela qui est important pour notre enquête), au niveau de la première génération (tableau 5.1.). Il est tout de même assez impressionnant de noter que presque la moitié des parents utilisent le français au sein même des relations familiales. La raison n'est pas repérable dans notre enquête mais le contact avec de nombreuses familles immigrées nous permet d'émettre l'hypothèse que la volonté d'aider à une certaine promotion sociale des enfants en essayant de les accoutumer au français n'est pas étrangère à cet état de choses.

La deuxième génération, quant à elle, (tableau 5.2.) ne comprend presque plus d'individus qui ne parlent pas français en famille. Ici aussi, on peut émettre des réserves quant à la qualité de ce français, mais ce n'est pas tant cela qui est important : c'est bien plutôt le fait que la volonté de parler français est présente, même en famille. L'important, c'est le panorama de mentalité q'une telle situation nous offre.

Pour la moitié des parents, il n'est pas concevable de parler "étranger" à la maison. La maison, le foyer est donc intimement lié à un contexte d'avant, de Sicile ou de Calabre, en tout cas pas de Belgique. Le lien, tel qu'il est intériorisé, est assez fort pour ne pas permettre l'introduction (en tous cas avouée, en tous cas visible) de ce qui est <u>ici maintenant</u>. Parler ouvertement la langue "étrangère" chez soi, ce n'est pas possible ! Attitude typique de qui immigre à l'âge mûr; attitude qui crée chez le sujet un déchirement entre l'ici et le là-bas.

Nous ne voulons pas affirmer que la deuxième génération n'a pas de problèmes, bien au contraire et les preuves ne manquent pas sur le plan linguistique, ni sur d'autres plans (8). En tous cas, le problème d'identité n'est plus vécu en ces termes. Nous en voyons ici une confirmation sur le plan du comportement, qui s'ajoute à ce que d'autres questions nous ont permis de constater dans d'autres domaines. Ce qui est l'attitude linguistique (ou plutôt l'expression d'une mentalité entière dans le domaine du comportement linguistique) d'une bonne moitié (54,9%) des parents ne se rencontre plus, chez leurs enfants, que dans 5,2% des cas, dix fois moins.

Par rapport, à la fidélité au système linguistique d'origine (9), l'entrée du français dans la famille immigrée dans son ensemble est donc un phénomène encore plus massif : il investit une moitié des parents et presque la totalité de la deuxième génération.

I.5. Les rapports entre dialecte et français

Les pages précédentes, rappelons-le, ne nous donnaient de chiffres que sur la présence ou l'absence de telle ou telle variété linguistique dans les familles immigrées. Si, par exemple, le tableau 4 indiquait que le français était utilisé, il ne nous indiquait pas si le français était la <u>seule</u> langue utilisée.

Il convenait, pour étudier les rapports entre les langues, les combinaisons et les oppositions, d'opérer un choix.

---

(8) cfr. DASSETTO, *Ethique* et DASSETTO, *Identità*.

(9) terme par lequel nous désignons l'"italien" (standard et/ou sous-standard, le dialecte et la dynamique des rapports entre ces variétés (cfr. note (44) de la première partie)

Trois combinaisons pouvaient être testées (10) :

italien et dialecte - elle a été écartée d'emblée, parce que nous n'avions pas l'assurance de pouvoir nous fier à la distinction entre les deux variables de la part des interviewés (avec seulement un tiers des interviewés pouvant vraiment répondre à la question en connaissance de cause, il est trop risqué de s'aventurer dans quelque conclusion que ce soit). D'autre part, il est clair que le problème posé par l'é/immigration est plutôt celui de la rencontre entre langue d'origine et langue d'arrivée (on nous pardonnera de préférer ce terme, italianisant, à celui par trop ironique - ou même cynique - de "langue d'accueil").

- italien et français - la même remarque s'impose : nous avons vu plus haut (I.1.) que nous pouvions nous fier à la compétence, en matière d'italophonie, d'une centaine d'interviewés. Or, 132 interviewés déclarent que leurs parents parlent italien. Tout d'abord, nous ne pouvons pas nous fier à une trentaine de réponses mais en plus, il faudrait que les 100 autres interviewés ayant répondu positivement soient les mêmes 100 interviewés compétents, eux et seulement eux. Le risque est gros.

Nous avons vu également que si l'italien était indiqué par 30,2% des interviewés, le dialecte, quant à lui, recueillait 53,8% des "suffrages". Pour que cette proportion soit inversée, il faudrait un certain nombre de conditions qui ne se présentent pas : une réelle possibilité de scolarisation en italien (une récente directive du Marché Commun pourrait apporter un changement dans ce domaine...),

---

(10) Il était en effet impossible de combiner les 3 langues. Chaque langue visée était encodée en 9 variables selon que l'interviewé ne la parlait pas ou ne la parlait qu'avec tel ou tel type de personne. Il était possible à l'ordinateur de croiser 2 grilles de 9 variables sur un listing mais pour un croisement à trois termes, il eût fallu 9

une réelle présence de l'italien dans le contexte social belge (ce n'est pas pour demain), une telle agression de l'italien que le dialecte soit menacé (et là, les facteurs si bien décrits par DE MAURO dans *Storia* manquent totalement), sinon il y aurait simplement une coexistence des deux variétés pratiquement d'égal à égal. Poser ces trois conditions revient à demander l'impossible, surtout en contexte ouvrier - et plus précisément à une couche du monde ouvrier que des impératifs de survie économique confinent nécessairement dans une position de marginalisation, voire d'oppression politique, sociale et culturelle. En résumé, contrôler l'opposition entre italien et français aurait un sens dans le cas des enfants des fonctionnaires internationaux, mais pas dans celui de l'immigration, la vraie, celle qui comprend plus de 11.000.000 (et pas quelques milliers) de travailleurs peu qualifiés - nécessaires comme tels - en Europe et plus de 6.000.000 d'Italiens dans le monde depuis 1945 (26.000.000 depuis 1861).

- dialecte et français - du point de vue statistique, nous pouvons beaucoup plus tranquillement nous fier aux affirmations des interviewés sur le dialecte que sur l'italien. Le nombre et la proportion des dialectophones sont plus importants. Enfin du point de vue d'une perspective d'avenir, il est plus probable que l'opposition qui sera celle de demain se maintienne en termes de dialecte/français qu'il n'est possible qu'elle passe à italien/français. N'oubliions pas non plus qu'il s'agit de variétés parlées en famille et non à l'extérieur, la famille étant le "contexte propice par excellence" pour la pratique du dialecte.

---

listings à chaque fois, ce qui aurait en plus comporté un éparpillement sur un nombre trop élevé de possibilités et (vu le nombre d'interviewés : 333) un nombre trop élevé de cases vides (possibilités non rencontrées), ce qui aurait été fâcheux pour les calculs de X2 et de signification.

Dans tout le reste du travail, nous testerons chaque fois l'opposition dialecte/français pour avoir une bonne vue de la dynamique linguistique <u>à l'intérieur</u> du cercle familial.

Tableau 7 : confrontation de francophonie et de dialectophonie en famille

	7.1. Parents	7.2. Enfants	Total
français et dialecte	75	157	232
uniquement dialecte	127	11	138
uniquement français	69	139	208
ni franç. ni dialec.	47	6	53
Total	318	313	631

La première chose que l'on observe, c'est la diminution radicale de la proportion de dialectophonie exclusive : de 39,9% chez les parents à 3,5% chez les jeunes. A cela répond une augmentation de la proportion des"bilingues", de 23,6% des parents à 50,1% de leurs enfants. Cette évolution nous paraissait prévisible. Nous dirions même que c'est là une solution debon sens et qui répond parfaitement à la situation même dans laquelle vivent les immigrés. Ceux-ci portent en eux une variété linguistique (et une culture) et en recontrent une autre; le maintien de la première et l'acquisition de la deuxième nous semble une solution d'équilibre et, du point de vue théorique, la base même d'une heureuse évolution dans l'avenir. La condition d'un enrichissement linguistique et culturel n'est-elle pas l'égalité entre les deux variétés (et cultures) en présence ?

Le tableau 7 nous montre une bonne proportion (21,7%) des parents qui ne parlent que français avec leurs enfants. La raison en est probablement la volonté (plus ou moins consciente) d'aider leurs enfants à s'acclimater linguistiquement. Notre expérience nous permet d'affirmer qu'il n'est pas rare de rencontrer chez des parents immigrés la volonté explicite de créer les conditions linguistiques à une meilleure intégration de leurs enfants au milieu belge et ce, pour des raisons évidentes d'ascension sociale.

Il n'est pas étonnant, dès lors, de voir augmenter ce groupe des francophones exclusifs lors du saut de génération. Ce qui est plus préoccupant, c'est la dimension du phénomène : 44,4% ce qui en fait le seul groupe concurrentiel par rapport aux bilingues. Si l'on tient compte que le français est la variété "forte", étant donné sa position socio-culturelle, il semble possible d'affirmer que cette proportion est destinée à augmenter. Toute une génération pourrait ainsi aboutir à une francophonie pure et simple, ce qui pourrait ne pas être la meilleure solution quant à son équilibre personnel. Ces jeunes risquent, en effet, de vivre deux composantes culturelles dans un seul registre linguistique, ce qui ne peut manquer de créer des contradictions graves, qui contribuent, avec d'autres facteurs, à créer les conditions pour une crise d'identité.

Nous touchons ici du doigt ce que les psychologues et les sociologues spécialisés dans le domaine de l'immigration affirment de plus en plus souvent, c'est-à-dire que la personnalité, le profil psychosociologique de la deuxième génération est nettement caractérisé par des aspects de crise : des personnalités <u>en crise</u> (ce que l'expérience américaine a déjà complètement révélé) qui risquent de constituer un facteur <u>de</u> crise (probablement plus nette demain en Europe que dans les Etats-Unis de l'époque, d'autres facteurs anomiques venant s'ajouter à ceux que la presque défunte Little Italy avait connus en son temps).

1.6. Conclusions

En plusieurs étapes, nous avons pu cerner de façon de plus en plus précise la situation de la deuxième génération à l'heure actuelle et nous avons pu, en combinant ces chiffres à quelques autres données, nous hasarder à esquisser quelques vagues traits d'un profil futur.

Il est apparu tout d'abord que la fidélité au système linguistique d'origine est bien compromise : le taux de perte lors du passage de génération est de 10% environ. En plus, ces 10% font basculer la balance : l'abandon, de minoritaire qu'il était chez la première génération, devient majoritaire chez la seconde.

L'entrée du français dans les foyers immigrés est un phénomène plus que massif : il arrive à toucher 45% des parents et atteint 94,8% des jeunes dans leur pratique intrafamiliale.

Aujourd'hui le problème de l'usage éventuel de deux variétés se pose en termes d'alternance français/dialecte. Il faudrait des facteurs extérieurs à une échelle politiquement et économiquement impensable pour renverser cette situation.

Une analyse des résultats en fonction d'une éventuelle alternance français/dialecte donne cependant une information de plus : si l'italien est actuellement dans une position peu brillante, le dialecte pourrait ne pas être promis à un avenir meilleur. On semble s'acheminer vers une situation où la francophonie sera non seulement totale (100% des sujets) mais exclusive (100% des situations).

Conclure à la lumière de ces seuls chiffres, à une menace pour l'équilibre socio-culturel d'une génération entière serait absurde. On est cependant autorisé a relever un élément du comportement linguistique qui pourrait aller dans le même sens que les conclusions que d'autres disciplines adoptent progressivement et qu'il convenait de signaler.

II. Que parle la deuxième génération en s'adressant à ses parents ?

Les commentaires de la section I ont comporté quelques longueurs. Celles-ci étaient nécessaires à la précision des termes dans lesquels le problème du comportement linguistique de la deuxième génération est envisagé par l'ensemble de notre recherche. Nous ne reviendrons plus sur ces éléments, qui valent cependant pour tout le reste de l'exposé.

Les conclusions auxquelles la section I nous permettait d'arriver, laissaient en fait ouverte une question très importante. S'il est vrai qu'à l'heure actuelle, 44,4% des jeunes immigrés utilisent uniquement le français au sein même de la famille, qu'en est-il pour l'avenir ? Cette proportion ne serait-elle pas destinée à augmenter ? Jusqu'ici nous n'avons émis qu'une hypothèse en réponse à cette question.

Il serait tout aussi intéressant de voir qui utilise quelle langue avec ses parents. Est-il vrai, comme le signalent beaucoup de théoriciens en sociolinguistique, que les femmes ont un comportement linguistique plus conservateur que les hommes ? Nous tenterons de répondre à ces deux questions dans la section II.

II.1. Qui parle italien ?

Tableau 8

	8.1. Les fils	8.2. Les filles	Total
oui	51	36	87
non	123	111	234
total	174	147	321
	x2 = 0,918	p = 0,4	

Nous nous trouvons ici devant un des cas où les valeurs de X2 et de p nous poussent à admettre ce que les statisticiens appellent l'hypothèse nulle (11). En d'autres termes, il ne semble pas que le sexe de l'enfant ait une quelconque influence sur la variété employée pour s'adresser à ses parents, du moins si nous nous basons sur les résultats pour l'italien. Voyons ce qu'il en est pour les autres variétés.

II. 2. Qui parle dialecte ? Qui parle français ?

Tableau 9 : dialectophonie

	9.1. Les fils	9.2. Les filles	Total
oui	101	66	167
non	68	79	147
Total	169	145	314
	x2 = 6,342	p = 0,02	

(11) cfr. BLALOCK, *Statistica*, p.27. Pour tous les problèmes de statistique, il a été fait appel à cet ouvrage. Des compléments utiles ont été retirés de FERRAROTTI, *Trattato*.

Tableau 10 : francophonie

	10.1. Les fils	10.2. Les filles	Total
oui	104	112	216
non	73	37	110
total	177	149	326
	x2 = 9,780	p = 0,01	

Ce qui est vrai pour l'italien, nous le voyons clairement, ne l'est pas pour les deux autres variétés, où le rapport entre variété choisie et sexe du locuteur est clair.

Là où (tableau 9.1.) 59,8% des fils s'adressent à leurs parents en dialecte, seulement 45,5% (tableau 7.2.) des filles assument le même comportement. La disproportion est nette. La majorité des garçons utilisent le dialecte tandis que la majorité des filles (une majorité toutefois plus faible) le rejettent. Soulignons encore une fois que deux facteurs devraient cependant pousser à la dialectophonie : il s'agit de conversations en famille et avec la <u>première génération</u> .

A qui arrive-t-il le plus souvent de parler la variété "nouvelle"? Aux filles (tableau 10.2.) : 75,2%. Chez les garçons, 58,8% seulement utilisent le français. Il semble donc bien que les filles soient à la fois :

- celles qui utilisent le moins la variété de conservation;
- celles qui utilisent le plus la variété d'innovation.

Le fait que le sexe n'intervienne pas dans le choix de l'italien serait-il justement lié à l'absence de connotation de celui-ci en termes de vieux/nouveau ? Après tout, il était socialement aussi éloigné du dialecte à l'époque où les parents sont partis qu'il ne l'est aujourd'hui du français pour leurs enfants en Belgique.

II.3. Choix entre français et dialecte dans la conversation avec les parents

Tableau 11

	11.1. Situation globale: 7.2.	11.2. avec les parents	Total
+F+D	157	82	239
-F+D	11	84	95
+F-D	139	124	263
-F-D	6	6	12
Total	313	296	609

Par rapport aux statistiques globales, celles qui se rapportent aux conversations avec les parents présentent trois différences très claires :

- moins ce cas de "bilinguisme" : 27,7% contre 50,1%
- moins de francophones exclusifs : 41,9% contre 44,4%
- moins de dialectophones exclusifs : 28,4% contre 3,5%

On parle donc moins le français avec ses parents; il est également moins fréquent que l'on utilise tantôt le français et tantôt le dialecte. En d'autres termes, la disparition des parents risque bien d'entraîner à première vue, une diminution du dialecte qui est beaucoup plus lié à cette génération. La section suivante devrait nous donner une vue plus précise sur ce point.

II.4. Conclusions

Aux deux questions que nous nous posions , nous répondons dans l'ordre inverse. Dans le cas du dialecte et du français, il existe clairement un rapport entre le sexe du locuteur et le choix de la variété parlée. Ce choix, quant à lui, va dans un sens précis. Les filles sont plus ouvertes quant à l'adoption de la variété nouvelle et abandonnent plus facilementle dialecte d'origine.

Nous avons également un élément de réponse en ce qui concerne l'avenir des deux variétés dans la famille immigrée. En comparant les usages avec les parents à une statistique qui embrasse l'usage global (=indépendamment de la génération à laquelle on s'adresse), nous avons constaté que le dialecte est très lié à la première génération. La section suivante complètera cette réponse.

III. Que parlent les jeunes entre eux, en famille et au-dehors?

III.1. Le choix linguistique à la maison

III.1.1. L'italien - Tableau 12

	12.1. Les garçons	12.2. Les filles	Total
oui	29	19	48
non	145	128	273
Total	174	147	321
	x2 = 0,888	p = 0,5	

Encore une fois, aucun lien ne peut être établi entre le sexe du locuteur et le choix de la variété en ce qui concerne l'italien. Cette situation est donc la même, quelle que soit la génération à laquelle les interviewés s'adressent : l'italien a un statut de "pas dans le coup" dirait-on en argot. Cependant, l'observation la plus importante qu'il convient de faire est que l'italien est sujet à une baisse sensible lors du passage de génération. Prenons le cas des garçons.

Tableau 13 : italophonie des garçons par génération destinataire

	13.1. avec leurs parents (8.1)	13.2. avec frères et soeurs (12.1)	total
oui	51	29	80
non	123	145	268
Total	174	174	348
	X2 = 6,978	p = 0,01	

La proportion d'italophonie baisse presque de la moitié. Nous croyons qu'il ne faut y voir qu'une confirmation du fait qu'une bonne partie (environ les 2/3) de nos interviewés ne font pas toujours la distinction entre l'italien et le dialecte (si comme nous l'avons dit, la première génération est surtout dialectophone et que l'"italophonie" diminue de moitié quand cette première génération n'est pas en cause, on peut s'interroger sur "l'italophonie") et aussi du fait que l'absence de la première génération ne laisse plus tellement d'occasion de parler une des deux variétés d'origine.

III.1.2. Le dialecte - Tableau 14

	14.1. Les garçons	14.2. Les filles	total
oui	35	18	53
non	134	127	261
total	169	145	314
	x2 = 3,858	p = 0,05	

La conclusion s'impose : encore une fois, les garçons apparaissent comme plus conservateurs que les filles. Un garçon sur cinq parle dialecte avec ses frères et soeurs, ce qui n'est le cas que pour une fille sur neuf environ. Cependant, ce qui frappe surtout, c'est de nouveau le saut de génération.

Tableau 15 - dialectophonie des garçons par génération destinataire

	15.1. avec les parents (=9.1)	15.2 avec frères et soeurs	Total
oui	101	35	136
non	68	134	202
total	169	169	338

Tableau 16 - dialectophonie des filles par génération destinataire

	16.1. 1e généréation (=9.2)	16.2.2e génération (=14.2)	Total
oui	66	16	84
non	79	127	206
total	145	145	290

Le changement de génération de l'interlocuteur provoque une baisse, chez les garçons, de 59,8% à 20,7% (de 3 sur 5 à 1 sur 5) tandis que chez les filles, elle va de 45,4% à 12,4% (d'un peu moins de la moitié à 1 sur 9).

Nous avons vu que, indépendamment de l'interlocuteur, les garçons sont toujours plus conservateurs. Ici, il apparaît qu'il faut ajouter un autre élément qui va dans le même sens : le saut de génération provoque une plus grande baisse de dialectophonie chez les filles.

En résumé, le passage de génération provoque pour le système linguistique dit "d'origine" une perte sévère.

III.1.3. Le français

Tableau 17

	17.1. Les garçons	17.2. Les filles	Total
oui	159	131	290
non	18	18	36
Total	177	149	326
	x2 = 0,282	p = 0,5	

Par rapport à ce que nous avions vu quand il s'agissait pour l'interviewé de s'adresser à ses parents, nous voyons apparaître ici quelque chose de neuf. Voici qu'il nous est impossible d'établir une différence de comportement entre les deux sexes, ce qui était déjà le cas pour l'italien.

Nous n'avancerons cependant pas la même hypothèse explicative. L'italien nous semblait devoir son statut à un sentiment de distance. Aussi éloigné du statut de dialecte que de celui du français, il est un peu "extérieur" aux nécessités immédiates de la vie, tandis que le dialecte est réellement nécessaire au sein de la famille (communication avec les parents, ou en tous cas, partie intégrante de leur passé et de leurs souvenirs) et que le français est nécessaire au-dehors.

Ces deux variétés intimement liées à la vie de l'individu ne calquent-elles pas leurs statuts respectifs sur les structures respectives des sociétés de référence ?

La société "dialectale", c'est la Sicile des parents, caractérisée par une forte scission entre hommes=maîtres d'une part et femmes=soumises d'autre part.

La société "francophone", c'est la Belgique, une société où les statuts de la femme et de l'homme sont beaucoup plus similaires (quand des grands-parents siciliens viennent rejoindre leurs enfants et petits-enfants en Belgique, leur jugement est d'ailleurs toujours identique et toujours catégorique : ici, ce sont les "femmine" qui dominent !).

Ce "parallélisme" entre inégalité (ou égalité) des sexes dans la société d'une part et différence ou absence de différence dans l'usage linguistique d'autre part, pourrait sembler une hypothèse osée. Cependant du point de vue de la mentalité (liberté de sortir, argent de poche, "affranchissement" général par rapport aux parents, mode etc.), il est très clair que ce sont les filles de la seconde génération qui essaient le plus de "devenir comme les Belges" le plus vite possible : elles y ont, en fait, objectivement intérêt. La "mentalité linguistique" pourrait bien rejoindre la mentalité tout court !

Ici encore, vu qu'il n'y a pas de différenciation par sexe, nous prendrons le cas des garçons pour essayer de mesurer l'effet du passage de génération.

Tableau 18

	18.1.1e gén. (=10.1)	18.2.2e gén.(=17.1)	Total
oui	104	159	263
non	73	18	91
Total	177	177	354

Il y a augmentation de la francophonie et bien d'un tiers; on passe de 6 sur 10 à 9 sur 10. La francophonie semble donc s'acheminer clairement vers un état de <u>francophonie totale</u> (100% des sujets).

III.1.4. Choix entre français et dialecte dans la conversation avec frères et soeurs

Tableau 19

	19.1.1e gén. (11.2)	19.2. 2e gén.	total
F+D	82	44	126
-F+D	84	9	93
+F-D	124	233	357
-F-D	6	6	12
total	296	292	588

La situation ici aussi, change radicalement. L'usage exclusif du dialecte fait une dégringolade spectaculaire. Au moins pouvait-on espérer voir s'augmenter la proportion de "bilinguisme" : c'eût été un repli progressif. Il n'en est absolument rien. Le "bilinguisme" lui aussi, diminue presque de moitié. Le français passe de moins de la moitié des cas à 8 cas sur 10. C'est là une confirmation de ce que nous avions déjà constaté (III.1.c.) mais c'est une image plus exacte de la profondeur du phénomène. Non seulement on s'achemine vers une francophonie totale mais on frise la <u>francophonie exclusive</u> et sans concurrence.

III.1.5. Conclusions sur le comportement linguistique au sein de la famille

Cette section nous a permis d'arriver à des conclusions sur plusieurs points. Tout d'abord, il est assez clair que l'équation femme=conservatisme linguistique ne va pas de soi. Elle avait été "lancée" à propos de situations de colonisation de tribus de l'Amérique et du Pacifique. Elle semble s'adapter beaucoup moins à une situation de migration.

Une deuxième conclusion importante concerne le passage de génération. Ce passage a des effets qu'il n'est pas exagéré de qualifier de désastreux sur le statut des variétés d'origine.

Enfin, le type d'entrée - ou plutôt d'invasion - du français dans les foyers immigrés a été précisé. Cette entrée est massive dès maintenant mais elle risque d'aboutir à une francophonie totale et exclusive au niveau de la deuxième génération.

III.2. Le choix linguistique en dehors du contexte familial

Une fois que nous sortons du contexte familial, il est impossible d'établir une comparaison entre le comportement vis-à-vis de la première génération et celui vis-à-vis de la deuxième.

En effet, la question qui se rapportait au comportement linguistique à l'extérieur de la famille était ainsi formulée : "Que parles-tu hors de chez toi, avec des copains qui connaissent ton dialecte?". Il y a donc là une double restriction :

- la première génération est exclue;
- la question ne vise que des situations favorables à la dialectophonie (l'on a mis, en quelque sorte, tous les atouts du côté du dialecte).

Le tableau suivant nous donne une situation très détaillée :

Tableau 20 : variétés utilisées hors de chez soi

dialecte	61 = 19,5%	262 = 83,7%
français	177 = 56,5%	
italien	24 = 7,7%	39 = 12,5%
D + I	3 = 0,9%	
I + F	16 = 5,1%	
D + F	20 = 6,4%	
D + I + F	12 = 3,8%	
total	313	

Ce tableau entre trop dans les détails pour être très opérationnel, on le voit. Il nous donne cependant quelques précisions utiles. On y voit, tout d'abord, que la proportion d'italophonie est minime : 7,7% d'italophones exclusifs déclarés, 6% de "bilingues" qui parlent italien et 3,8% de "trilingues". Ces chiffres sont probablement même un peu "gonflés" par la confusion entre italien et dialecte chez les deux tiers des jeunes. A notre avis, il serait risqué de conclure à une italophonie effective maximale (exclusive ou en "bilinguisme") de plus de 13%.

Le dialecte se défend mieux (encore faut-il à nouveau signaler que nous lui avons choisi les circonstances les plus favorables possibles - ce qui doit avoir des retombées également au niveau de l'italophonie) : 19,5% de dialectophonie exclusive et presque 10% de dialectophonie "partagée". Le dialecte est donc potentiellement présent dans un tiers des cas.

Le français est présent dans 225 cas (=71,9%) dont 177 (=56,5% la majorité absolue) de francophonie exclusive : une proportion impressionnante. On est en droit de se demander quel raz-de-marée aurait provoqué une question du type : "Que parles-tu hors de chez toi ?" sans précisions sur les connaissances linguistiques des interlocuteurs.
Un regroupement ultérieur nous permet de mesurer la proportion de monolinguisme par rapport au plurilinguisme. Le résultat est que 83,7% des interviewés se déclarent monolingues (67,6% d'entre eux se disent francophones) contre 16,3% de plurilingues. Les chances d'"enrichissement culturel", encore une fois, apparaissent comme bien minces et ce que les sociolinguistes considèrent comme l'optimum pouvant résulter de situations comme celle-ci, le trilinguisme, prend des allures d'utopie (3,8% avec l'éternelle hésitation sur l'italien).

Enfin, un autre type de regroupement nous renseigne sur la fidélité aux variétés d'origines :

Tableau 21 : Fidélité aux variétés d'origine hors du contexte familial

D + I + D/I	88 = 28,1%
D/F + I/F + D/I/F	48 = 15,3%
F	177 = 56,5%
total	313

La proportion de "fidélité" est de 28,1%. Plus de la moitié des interviewés sont passés complètement du côté du français (56,5%) et seulement 15,3% vivent actuellement une solution intermédiaire (peut-être une solution d'équilibre).

Voyons enfin si le sexe du locuteur exerce une influence sur son comportement linguistique hors de chez lui.

Tableau 22

	22.1. Garçons	22.2. Filles	Total
variété d'origine	53	35	88
origine et arrivée	32	16	48
français	86	91	177
total	171	142	313
	x2 = 6,538	p = 0,05	

A l'extérieur, comme à l'intérieur, la fille est la plus

prompte à abandonner non seulement les variétés d'origine en elles-mêmes mais même quand elles se combinent avec le français. La francophonie exclusive touche à peine la moitié des garçons, mais presque les deux tiers des filles.

En conclusion, il faut relever surtout la continuité de la tendance "francophile" chez les filles et la grande majorité de monolinguisme en général. A l'extérieur aussi, c'est manifestement le français qui l'emporte dans les conversations des jeunes italo-belges entre eux (12).

IV. Quelles formes prennent les échanges linguistiques dans la famille immigrée

Jusqu'ici, nous avons pu évaluer la présence des différentes variétés linguistiques dans la famille immigrée, nous avons déterminé avec quelle génération les jeunes interviewés parlaient le plus quelle variété, nous avons pu nous prononcer quant au lien qui existe entre le choix linguistique et le sexe du locuteur et nous avons pu faire quelques déductions quant à l'avenir des variétés dans l'usage intrafamilial surtout.

L'angle d'approche que nous prenons maintenant est différent. Il s'agit de se faire une idée de ce qui se passe concrètement lors d'une conversation : quand X parle à Y une variété A, quelle variété Y va-t-il employer dans sa réponse ? Le choix d'une variété déterminée provoque-t-il automatiquement une réponse dans cette même variété ? Si tel n'est pas le cas, y-a-t-il une différence entre les trois variétés de ce point de vue ?

---

(12) A première vue, le français ne semble pas l'emporter aussi nettement dans l'usage familial. Il convient cependant de tenir compte du fait que que le tableau 19 ne tient compte que de deux des trois variétés (ce qui y apparaît comme F pourrait tomber sous I/F au tableau 20), ce qui pourrait altérer, quoique <u>très</u> légèrement, les proportions. Il faut tenir compte aussi, encore une fois, de la formulation de notre question qui

IV.1. L'italien: différences entre générations interlocutrices

Tableau 23

	23.1. 1e gén.	23.2. 2e gén.	Total
+P+R	74	39	113
-P+R	55	5	60
-R+P	11	7	18
-P-R	175	265	440
Total (13)	315	316	631

Les résultats ne peuvent être plus significatifs. Cependant, ils sont encore plus "parlants" quand on les représente visuellement sous la forme baptisée par P. VAN MOLLE du nom de "ghigliottina linguistica" (14).

Voyons ce que cette représentation donne pour les deux tableaux 23.1. et 23.2.

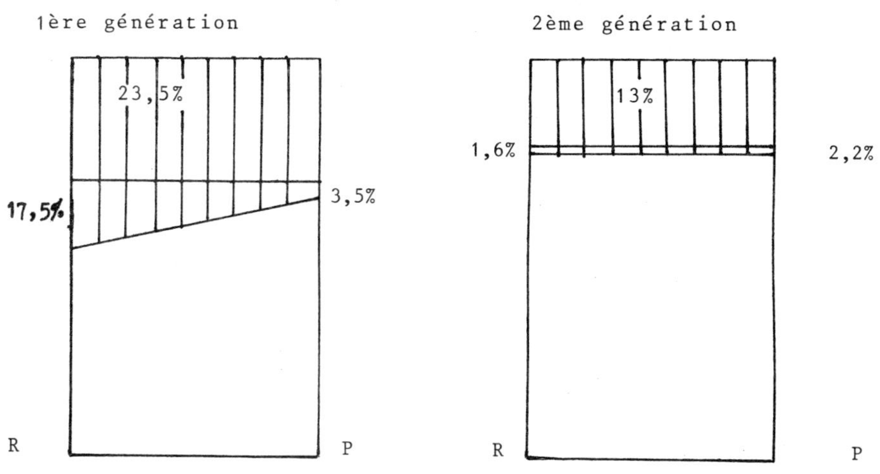

favorise délibérément les variétés d'origine. Une formulation plus générale de la question aurait probablement "réajusté" les proportions.

(13) +P+R = je parle et je reçois une réponse dans la variété choisie
-P+R : on me parle en..., mais je ne réponds pas dans cette variété;
-R+P : je parle...mais je ne reçois pas la réponse dans cette variété;
-P-R : je ne parle ni ne reçois cette variété

(14) CASI-UO, *Fabbrica*, p.33

Le côté gauche de chaque figure regroupe les pourcentages de "réception" (R). Le côté droit (P) indique les cas où l'on parle la variété en question. Dans la conversation avec la première génération, la guillotine se dessine clairement. Cependant, voyons d'abord si la figure réapparaît dans le cas du dialecte avant de nous risquer dans un commentaire : étant donné que la possibilité de confusion entre italien et dialecte existe ici comme ailleurs, il est préférable de ne pas discuter des deux cas séparément.

IV. 2. Le dialecte : différences entre générations interlocutrices - Tableau 24

	24.1. 1e gén.	24.2. 2e gén.	Total
+P+R	144	43	187
-P+R	36	6	42
-R+P	4	10	14
-P-R	109	250	359
Total	293	309	602

Une transposition en figure donne le résultat suivant :

1ère génération

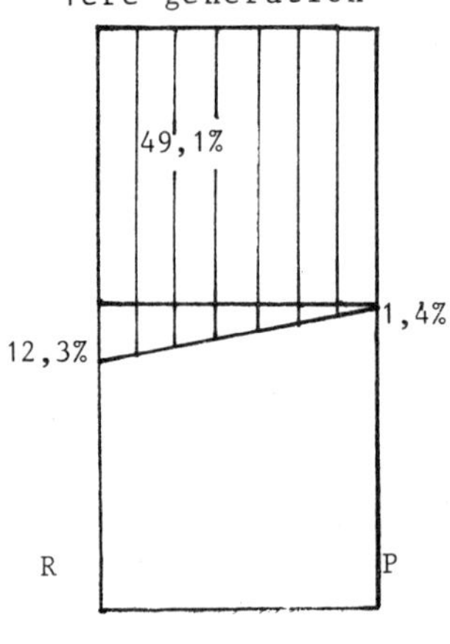

2ème génération

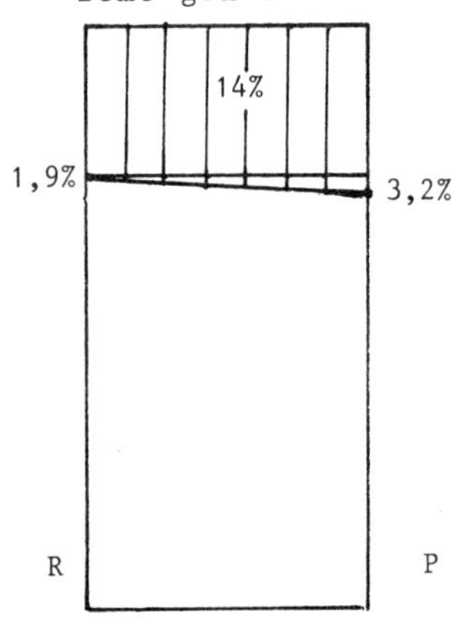

A nouveau, la guillotine se dessine clairement dans la figure qui représente les conversations avec la première génération; même l'angle de coupe est presque identique. A part une différence dans l'importance proportionnelle - due aux positions de départ - de l'italophonie et de la dialectophonie (ce qui était plutôt le propos des sections précédentes), il y a donc un parallélisme dans la nature du phénomène: celui de la perte de vitesse du système linguistique d'origine. Un parent qui s'adresse à ses enfants en dialecte n'a que 8 chances sur 10 de s'entendre répondre en dialecte. Un parent qui utilise l'italien se voit répondre en italien dans 6 cas sur 10 environ.

Par contre, au niveau des gens du même âge, ce phénomène n'existe pratiquement pas : telle variété d'adresse implique la même variété de réponse. Voyons si, dans le cas du français, le phénomène se reproduit.

IV.3. Le français : différences entre générations interlocutrices - Tableau 25

	25.1. 1e gén.	25.2.2e gén.	Total
+P+R	138	285	423
-P+R	9	3	12
-R+P	76	3	79
-P-R	101	33	134
Total	324	324	648

Dans le cas des conversations entre première et deuxième génération, on pouvait s'y attendre, nous retrouvons la guillotine, avec la seule différence que le couperet est inversé et que son angle est un peu plus aigu. Il n'y a que 7 chances sur 10 pour qu'un père qui s'entend répondre en français ait commencé la conversation en français. En ce qui concerne la première génération, la règle est donc la suivante : si les parents entament une conversation dans une des variétés d'origine, ils ne reçoivent de réponse dans la même variété que dans une partie des cas. Le fait qu'ils n'entament pas la conversation en français ne signifie pas qu'ils n'en reçoivent pas en retour.

1ère génération

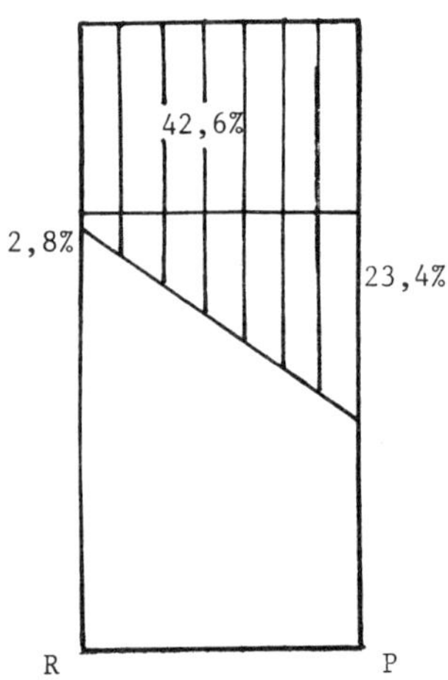

2ème génération

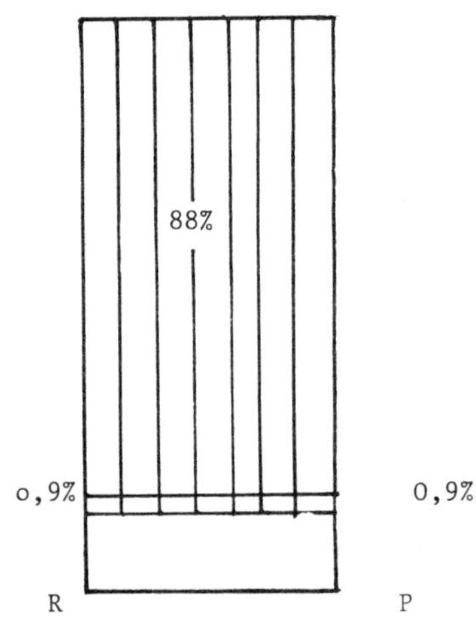

IV.4. Conclusions

En ce qui concerne les conversations entre générations, on peut donc dire que celles-ci ne se poursuivent pas toujours dans la variété dans laquelle elles ont commencé. En plus, chaque fois qu'un changement intervient, il tourne à l'avantage du français.

Les conversations entre jeunes nous ramènent au même phénomène que précédemment. Il est tout à fait clair qu'une conversation se poursuit dans la variété qui l'a commencée. De ce point de vue, il y a donc une remarquable stabilité.

Dès lors, ce sont de nouveau les proportions qui attireront notre intérêt. Aussi bien pour l'italien que pour le dialecte, il est frappant de constater que la possibilité d'avoir une conversation dans ces variétés n'est envisagée que par une proportion restreinte de nos interviewés (une proportion qui se situe aux environs de 13% - 14%). Décidément, nos jeunes préfèrent le français : celui-ci recueille 88% d'adhésions.

On peut en conclure deux choses. Tout d'abord, il semble bien que l'évolution va dans le sens d'une juxtaposition cloisonnée de registres. De là à conclure à une spécialisation par registre, il n'y a qu'un pas que les données de notre enquête ne nous permettent pas explicitement de franchir mais que notre expérience avec de jeunes immigrés nous encourage au contraire à franchir. Ensuite, le français encore une fois, se dégage comme la variété principale dans le choix linguistique du jeune immigré italien socialisé en Belgique.

IV.5. Comparaison avec une autre enquête

Nos résultats se trouvent confirmés par ceux obtenus dans le cadre d'une autre enquête, celle qui a donné lieu à la publication de "La fabbrica degli europaria" de la part du CASI-UO. Il s'agissait là d'un milieu encore plus prolétarien que celui dans lequel a été faite notre enquête (un milieu frisant le sous-prolétariat). Les interviewés dans cette enquête, fréquentaient tous les écoles <u>primaires</u>. L'enquête fut faite en 1975.

Nous reproduisons ici la page 33 de la <u>Fabbrica</u>. A la lecture des guillotines, il faut tenir compte des éléments suivants :

1) contrairement aux nôtres, ces guillotines portent les enfants à gauche et les parents à droite.
2) le décomposage de l'échantillon est différent : là où nous avons pris chaque langue séparément, la Fabbrica divise les résultats des monolingues de ceux des bilingues et les prend globalement (f+d+i = 100%)
3) dans chaque figure, la hauteur en millimètres correspond au pourcentage. Ainsi, dans la guillotine des monolingues les enfants parlant français constituent (56 millimètres=) 56% des enfants monolingues.

L'important,c'est que ces guillotines confirment le sens des nôtres :

- le dialecte et l'italien sont en perte sèche,
- le dialecte reste mieux que l'italien, seulement parce qu'il occupe plus de "place" dans la famille au départ (non parce qu'il régresse moins),
- le français est en progrès massif partout (nous ne pouvons pas établir de comparaison de pourcentages, étant donné que la <u>Fabbrica</u> classe différemment son échantillon).

En outre, ces figures confirment nos conclusions I.6. quant au fait que le "bilinguisme" de l'avenir dans les familles italiennes est un bilinguisme d'alternance français/dialecte.

V. <u>Cohérence entre usage intrafamilial et usage extrafamilial</u>

Nous terminons ce premier chapitre consacré aux axes généraux du comportement linguistique en essayant de voir si le comportement linguistique des interviewés au sein de leur famille a une incidence sur le comportement à l'exté-

33.

Un lingua che non si parli in casa e tutti i giorni, diventa, di fatto, una lingua mezzo morta. Una lingua artificiale che serve agli adulti per ordinare una birra o per prendere la multa e ai figli per parlare di lavagne, di penne e di inchiostro o per mandare al diavolo qualche compagno.

La scuola belga insegna ai bambini solo la lingua che usano i belgi. Sembrerebbe normale se tale scuola non fosse pagata anche con le tasse degli stranieri e non finisse per mettere i figli in condizione di non conoscere più la lingua del padre e della madre. Quando entrano in dialogo gli adulti infilano un binario ed i giovani ne infilano un altro. La destinazione è l'incomprensione. La tavola che segue descrive la Babele in cui soggiorniamo ogni giorno. Da una parte abbiamo le lingue parlate dai figli, dall'altra quelle che parlano i genitori. Il divario configura un noto strumento di condanna. Appare chiaramente inoltre il progresso colonizzatore del francese.

LA GHIGLIOTTINA LINGUISTICA

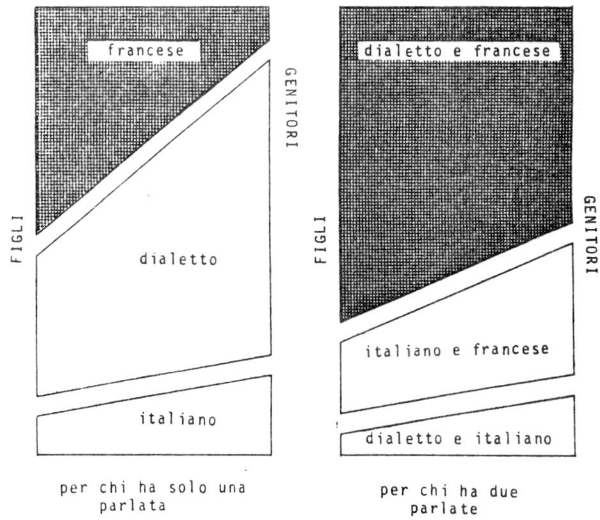

rieur. Un sujet qui choisit l'italien chez lui en fera-t-il autant dehors ? Y-a-t-il, en somme, une certaine stabilité dans l'usage du système linguistique d'origine des jeunes immigrés chaque fois que leur interlocuteur connaît leur dialecte d'origine ?

V.1. L'italien

Tableau 26

+D+M	57 = 20,1%
-D+M	25 = 8,8%
+D-M	95 = 33,4%
-D-M (15)	107 = 37,7%
total	284

Les usages cohérents l'emportent donc: ils totalisent 57,7% des cas (20,1% + D+M et 37,7% -D-M). Si l'on prend toutefois le total des jeunes qui parlent italien à la maison, on voit que 30,5% écartent cette variété une fois qu'ils sortent de chez eux. Ils disposent d'une variété standard et <u>préfèrent ne pas l'utiliser</u> ! A ce stade, il nous est impossible de déterminer si ces jeunes ont recours au français (par une sorte de sentiment d'infériorité de tout ce qui est italien vis-à-vis de ce qui est belge) ou au dialecte (choisi "parce qu'il fait plus intime").

Les 95 cas de jeunes qui n'utilisent pas l'italien chez eux mais qui y ont recours hors de chez eux, pourraient s'expliquer par un souci de standardisation. Peut-être préfèrent-ils jouer aux puristes et ne pas employer une variété qui est

(15) M= à la maison; D = dehors

dialectale et donc "sentie", inférieure, ridicule, etc. Après tout, ce ne serait là qu'une influence de plus de l'idéologie (16) scolaire en matière de "langue"; la chasse au non-conformisme a fait d'autres victimes que celles-là. Il est cependant étrange qu'une dépréciation du dialecte, dans le contexte de l'immigration, aboutisse à l'italophonie plutôt qu'à la francophonie.

Voyons si la situation du dialecte peut nous apporter quelques éléments supplémentaires.

V. 2. Le dialecte

Tableau 27

+D+M	90 = 34,2%
-D+M	51 = 19,4%
+D-M	19 = 7,2%
-D-M	103 = 39,2%
Total	263

Ici aussi, les usages cohérents l'emportent : 73,4%. Par rapport au total de ceux qui parlent dialecte à la maison, le volume de l'abandon est ici de 36,2%. Cet abandon relativement plus important pourrait aller dans le sens d'une dépréciation du dialecte dans certains groupes de la population immigrée. Il est dommage que notre échantillon n'ait pas été assez important pour permettre de "croiser" la cohérence avec le niveau d'études. Peut-être y aurions-nous vu une relation. Il aurait cependant fallu un échantillon bien plus

(16) Qu'il s'agisse bien de cela, les écrits de DE MAURO et de bien d'autres l'ont démontré. Le lecteur trouvera toute une série d'indications dans ce sens in RENZI, *Lingua*.

important pour obtenir un résultat sûr dans ce sens. (17)

Cependant, nous n'avons pas encore répondu à la question "pour quelle variété Y abandonne-t-on une variété X ?" C'est ce que nous allons essayer de faire à l'aide des tableaux suivants.

V.3. Pour quelle variété abandonne-t-on l'italien ?

Tableau 28 - usage "extérieur" de qui parle italien à la maison : monolinguisme/plurilinguisme

uniquement dialecte	19 = 20,2%
uniquement italien	12 = 12,8%
uniquement français	41 = 43,6%
solutions "mixtes" (18)	22 = 23,4%
total	94

Qui parle italien à la maison n'est donc italophone exclusif que dans 12,8% des cas au dehors. Par contre, 43,6% des italophones chez eux ne parlent que le français dehors. Enfin, 20,2% préfèrent parler uniquement dialecte entre amis : voici une première précision sur le nombre de ceux qui trouvent le dialecte "plus intime".

Nous pouvons cependant aller un peu plus loin en procédant à un regroupement différent, qui nous permettra de mesurer les "poids" respectifs du français et de l'italien dans le registre "extérieur" de qui parle italien à la maison.

(17) N'oublions pas que les tableaux 26 et 27 sont déjà le fruit d'un croisement et que la question portant sur les études comportait, elle aussi, 4 catégories. Il aurait fallu plus de 1000 interviews pour pouvoir compter sur un résultat.

(18) c'est-à-dire D+I, D+F; I+F; D+I+F.

Cette fois-ci, nous ferons donc la somme des cas où la variété choisie est présente en situation de monolinguisme <u>et</u> en situation plurilingue. Ainsi, nous voyons que l'italien totalise (19) 30 cas sur 94, c'est-à-dire 31,9% des cas, alors que le français (20) arrive à 59 cas (=62,8%). Autrement dit, quand un jeune parle italien en famille, il y a une chance sur trois qu'il utilise l'italien hors de chez lui, ou exclusivement, ou en combinaison avec d'autres variétés. Par contre, il y a deux chances sur trois que ce même jeune utilise le français.

V.4. Pour quelle variété abandonne-t-on le dialecte ?

Tableau 29 - usage "extérieur" de qui parle dialecte à la maison : monolinguisme/plurilinguisme

uniquement dialecte	47 = 28%
uniquement italien	8 = 4,8%
uniquement français	79 = 47%
solutions "mixtes"	34 = 20,2%
Total	168

Parmi les jeunes qui parlent dialecte chez eux, 28% sont dialectophones exclusifs hors de chez eux. La proportion de francophones exclusifs monte ici à 47% et les italophones exclusifs ne représentent que 4,8% des cas.

Par rapport aux résultats pour l'italien (et sans prendre en considération la différence initiale en chiffres absolus : 94 italophones - 168 dialectophones), nous notons immédiatement une différence et une similitude. La cohérence entre usage intrafamilial et extrafamilial est beaucoup plus grande dans le cas du dialecte : 12,8% pour l'italien contre

(19) catégories I, D+I, I+F, D+I+F.

(20) catégories F, D+F, I+F, D+I+F.

28% pour le dialecte. En somme, on ne prend aucun risque en affirmant que le dialecte est plus profondément ancré dans la personnalité linguistique des jeunes de la deuxième génération que ne l'est l'italien.

Cependant, comme dans le cas des italophones, nous constatons ici aussi que l'usage à l'extérieur est surtout orienté vers le français. Nous arrivons même à une proportion légèrement supérieure dans le cas des dialectophones : 47% au lieu de 43,6%. Encore faut-il voir d'où provient cette légère augmentation.

Le nombre plus élevé de francophones exclusifs n'est pas le résultat d'une moindre cohérence, nous l'avons vu (le dialecte a une cohérence de 28%). L'on note ici une légère diminution des solutions "mixtes" mais surtout une proportion très basse de l'italophonie : 4,8%.

On peut donc déjà affirmer que le comportement est très différent entre le dialectophone et l'italophone; essayons cependant une comparaison.

italophone	dialectophone
cohérence : 12,8%	plus du double : 28%
sw O : 20,2%	5 fois plus faible : 4,8%
sw F : 43,6%	47%

Dans le bilan ci-dessus, sw O indique le "switching" (c'est-à-dire le passage d'une variété à une autre, dans la terminologie, devenue classique, de la sociolinguistique américaine) qui donne la préférence à l'autre variété dite "d'origine"; sw F indique le "switching" vers le français. Les résultats, cette fois, parlent clairement : ce qui se passe entre "variétés d'origine" se passe quasiment en vase clos, puisque ces variétés totalisent dans chaque cas environ 33%. La différence de proportion du français provient donc d'une différence dans les solutions "mixtes". Ce n'est donc pas de ce côté-là que viendront les résultats les plus spectaculaires.

Ce qui est spectaculaire, au contraire, c'est le "switching" entre variétés dites "d'origine". Si 20,2% des italophones parlent dialecte dehors , seulement 4,8% des dialectophones passent à l'italien. Autrement dit, si l'italien apparaît assez "étranger" à nos dialectophones, il apparaît tout aussi étranger à beaucoup de ceux qui parlent italien à la maison ! On est en droit de se demander si beaucoup de jeunes ne doivent pas parler italien chez eux, parce que leurs parents le veulent. Nous connaissons en tous cas des familles qui envoient leurs enfants "a scuola d'italiano dalla maestra del Consulato" par souci de préserver un lien avec l'Italie mais qui une fois que leurs enfants "connaissent l'italien" (en tous cas aux yeux des parents) adoptent un comportement étrangement triomphaliste. En fait, leurs enfants parlent une langue qu'eux-mêmes n'ont jamais parlée ! Le lien qui a été "préservé" avec l'Italie est en vérité un lien que les parents n'ont jamais eu.

Ces parents sont souvent ceux qui parlent le plus de retourner en Italie (et il n'est pas toujours clair si cette Italie-là est bien la Sicile) et qui estiment dès lors que la connaissance de "lu talianu" pourrait être utile à leurs enfants pour se faire une place au soleil meilleure que celle que les parents eux-mêmes ont eue. Il apparaît en tous cas de nos résultats que le plaisir qu'éprouvent les jeunes à devoir parler "standard" n'est pas évident. Il est dès lors assez normal que dès que ces jeunes rencontrent à l'extérieur (situation où ils ne sont pas surveillés) d'autres jeunes qui parlent leur dialecte, ils "switchent" vers ce dialecte. La seconde génération, de par son comportement, ne semble pas tellement considérer l'italien comme étant lié à ses origines. Parler de l'italien comme "variété d'origine" n'est donc pas du tout aussi rigoureux qu'il ne pourrait sembler à première vue : c'est plutôt la variété standard du pays d'où la seconde génération est originaire ou d'où sont originaires ses parents (21).

A la question "pour quelle variété abandonne-t-on les variétés d'origine (avec la réserve que nous venons d'émettre sur ce terme) ?" la réponse est donc : le français dans le cas du dialecte, le français ou le dialecte dans le cas de l'italien (de ceux qui "lâchent" le dialecte comme variété exclusive, 65,3% choisissent le français et 6,6% l'italien; de ceux qui lâchent l'italien comme variété exclusive, 50% prennent le français et 23,3% le dialecte).

Si, pour finir, nous voulons mesurer le poids du dialecte par rapport au français, comme nous l'avons fait pour l'italien (V.3), nous voyons que le dialecte totalise 76 cas sur 168, c'est-à-dire 45,2% contre les 65,5% du français (110 cas sur 168). Par rapport à l'italien, la situation ne change pratiquement pas pour le français : il y a 2 chances sur 3 qu'un dialectophone parle français dehors ou exclusivement , ou en combinaison avec d'autres variétés. Par contre, il y a une chance sur deux (et non sur 3) qu'il utilise son dialecte.

---

(21) Le même problème se pose pour les autres nationalités : le migrant vient nécessairement de zones en dépression, presque toujours de zones rurales où la langue standard n'est pas tellement connue ou utilisée. La chose va même quelquefois plus loin, comme quand on enseigne l'arabe à des enfants berbères originaires du Maroc en étant persuadé de leur donner l'exceptionnelle opportunité de parfaire leurs connaissances en "langue d'origine".

V.5. Et ceux qui parlent français chez eux ?

Nous complèterons ce panorama par l'examen des variétés qu'utilisent hors de chez eux les jeunes qui parlent français à la maison.

Tableau 30 : usage "extérieur" de qui parle français à la maison : monolinguisme/bilinguisme.

uniquement dialecte	53 = 18,2%
uniquement italien	21 = 7,2%
uniquement français	167 = 57,4%
solutions "mixtes"	50 = 17,2%
Total	291

Qui parle français chez lui, dans 57,4% des cas, le parle également dehors - et en usga exclusif ! En effet, 17,2% de ces jeunes l'alternent avec d'autres variétés. Seuls, 7,2% auront recours à l'italien alors que 18,2% opteront quand même pour le dialecte : en comparant cette dernière proportion avec celle des 20,2% des italophones (cfr.V.3) nous pouvons donc affirmer qu'un jeune sur cinq considère que "tout de même, ça fait plus intime" de parler dialecte avec des copains. Le dialecte a donc, pour ces jeunes - et leur nombre n'est pas à négliger - un statut de signe de "in-group-solidarity", selon la terminologie anglo-saxonne.

Il est clair que le poids du français est encore plus important : 73,5% des jeunes qui le parlent chez eux le parlent dehors !

V.6. Conclusions

Nous avons vu, tout d'abord, que si le comportement des jeunes est "cohérent", il l'est plutôt dans la négativité : qui ne parle pas une certaine variété chez lui, ne la parle pas au-dehors. Parmi les variétés d'origine, c'est le dialecte qui a un peu plus de chances de ne pas être utilisé dehors par qui le parle chez lui, mais la différence avec l'italien n'est pas tellement significative.

Cependant, le dialecte a beaucoup plus de chances que l'italien de persister à l'extérieur du contexte familial comme variété <u>exclusive</u>. En plus, qui parle italien chez lui a nettement tendance à choisir le dialecte au-dehors, avec des interlocuteurs qui connaissent ce même dialecte, alors que les dialectophones ne choisissent pratiquement jamais l'italien (même pas 5 sur 100). L'italien a clairement un statut de langue sentie comme standard alors que le dialecte semble dans 20% des cas avoir une teinte de solidarité de groupe.

Quoi qu'il en soit, le français sort vainqueur de cette série de résultats. Il occupe la moitié du registre de qui parle les variétés d'origine chez lui et l'emporte de loin dans la cohérence : l'italien reste variété exclusive dans 12,8% des cas, le dialecte dans 28%, le français dans 57,4%. Enfin, nous voyons encore une fois que les variétés fortes sont le français et, en moindre mesure, le dialecte.

CHAPITRE 2 : COMPORTEMENT LINGUISTIQUE ET SITUATION SOCIALE

Dans le premier chapitre, nous avons essayé de confronter entre eux les différents comportements linguistiques de nos interviewés. C'était la comparaison la moins risquée (par rapport au troisième chapitre) et c'était le chapitre qui, étant donné le peu de renseignements disponibles dans la littérature, était le plus neuf: ces deux raisons expliquent sa longueur relative.

Dans les chapitres qui vont suivre maintenant, nous allons essayer de confronter les données linguistiques avec des données de société (deuxième chapitre) ou de mentalité (troisième chapitre), pour vérifier ensuite si le comportement de nos interviewés en des circonstances formelles ou informelles correspond à des hypothèses que la socio-linguistique a depuis longtemps formulées et qu'elle a vérifiées dans d'autres contextes.

Cette fois encore, nous commencerons par l'hypothèse la moins risquée : le lien entre langue et société. Nous prendrons en examen, dans ce chapitre, la correspondance entre des comportements linguistiques et certaines données de société.

IV. Choix linguistique et lieu de naissance

Nous l'avons dit tout au début de ce chapitre, notre groupe d'interviewés est homogène quant à la scolarisation : tous les interviewés ont été entièrement scolarisés en Belgique. Cependant, tous n'y sont pas nés et la période préscolaire (à peu près 6 ans) peut avoir été passée en Belgique ou en Italie.

Nous allons maintenant tenter de mesurer si cette période de socialisation préscolaire a un poids et lequel.
Il nous semblait, en effet, que 6 ans (au maximum) en Italie ou en Belgique étaient, surtout à cet âge, importants dans la vie d'un être humain, même si la grande période de socialisation, l'école, avait suivi ces 6 ans. Il y a une grande différence entre les deux sociétés et en plus, une famille qui doit encore émigrer n'est pas du tout le même "tissu" social qu'une famille qui a déjà parcouru le processus d'émigration-immigration. Un enfant de parents italiens né en Sicile et un enfant né à Bruxelles n'auront donc connu ni les mêmes circonstances de société (extrafamiliales) ni les mêmes circonstances familiales.

VI.1. Usage intrafamilial

V.1.1 L'italien - tableau 31

	nés en Italie	nés en Belgique	Total
parlent italien	27	70	97
ne le parlent pas	64	159	223
total	91	229	320
	x2 = 0,026	p = 0,99	

Encore une fois, il nous faut adopter l'hypothèse nulle : pour le cas de l'italien, il n'y a aucun rapport entre le lieu de naissance et le choix linguistique. Si la situation est la même pour le dialecte et le français, il nous faudra conclure qu'il n'y a aucune relation entre le lieu de naissance (et la socialisation préscolaire) et le choix de la variété.

VI.1.2. Le dialecte et le français

Tableau 32

	nés en Italie	nés en Belgique	Total
F	48	167	215
D + F	25	18	43
D	5	3	8
Total	78	188	266

Ici cependant, le rapport est évident. Quand on leur propose le choix entre français et dialecte pour l'usage familial, 88,8% des jeunes Italiens nés en Belgique préfèrent le français, alors que 9,6% optent pour une solution "mixte". Le dialecte exclusif ne représente que 1,6% des cas.

Les jeunes nés en Italie préfèrent, quant à eux, le français dans 61,5% des cas. Ils adoptent une solution intermédiaire dans 32,1% des cas et le dialecte exclusif dans 6,4%. La leçon que nous devons en tirer est claire : la socialisation préscolaire en Italie détermine fortement l'usage linguistique en émigration. Si, d'une part, elle n'arrive pas à provoquer une dialectophonie exclusive (bien que 6,4% par rapport à 1,6% soit significatif, cette proportion, prise en elle-même, ne laisse pas beaucoup d'espoir), cette socialisation renforce tout de même le pôle dialectal, puisque son "poids" (22) est de 38,5% chez ceux qui sont nés en Italie, contre 11,2% chez les jeunes nés en Belgique.

Cependant, il est clair, encore une fois, que le français l'emporte et que l'italien est étranger à l'immigré de la deuxième génération.

VI.2. Usage extrafamilial

Tableau 33

	nés en Italie	nés en Belgique	Total
D/I/D+I	29	59	88
DF/IF/DIF	17	31	48
F	46	131	177
Total	92	221	313
	x2= 2,350	p = 0,5	

Encore une fois, l'hypothèse nulle doit être admise : il n'y a pas de rapport entre l'usage linguistique "extérieur" et le lieu de naissance.

VI.3. Conclusion

En ce qui concerne le rapport entre le lieu de naissance et l'usage linguistique, nous arrivons donc assez rapidement à une conclusion. Celle-ci est très détaillée, mais ne comporte pas de surprise, si on la compare aux résultats que nous avons obtenus ailleurs.

---

(22) selon la formule utilisée au point V.

Du point de vue intrafamilial, il apparaît que l'italien, une fois de plus, a un statut "extérieur" : les hypothèses émises dans des points précédents sur le statut "étranger" de l'italien dans la famille immigrée se confirment donc. Toujours du point de vue de l'usage en famille, il se confirme d'autre part que le choix entre le dialecte (qui apparaît de plus en plus comme seule variété d'origine) et le français a un rapport avec la socialisation préscolaire. Ici se dégage de plus en plus clairement que, lorsque nous parlons de "variété d'origine", il s'agit bien d'une variété personnellement connue de l'immigrant; ce n'est que pour les variétés réellement connues par la deuxième génération (dialecte et français) qu'une certaine différence de comportement apparaît dans l'usage intra-familial. L'italien, qui était aussi étranger à l'enfant de 2 ans en Sicile qu'il le fut plus tard à l'enfant de 10 ans en Belgique, est insensible à la variable "naissance".

En ce qui concerne l'usage extérieur (celui qui n'est pas influencé par les relations primaires), il n'y a pas de différences significatives entre qui est né en Belgique et qui est né en Italie. Nous constatons ici le pouvoir de la socialisation secondaire qu'exerce l'école, en même temps que la coupure entre première et deuxième génération : ce ne sont plus les parents et leur passé qui ont prise sur les jeunes, c'est la Belgique. En même temps, nous voyons cependant que ces jeunes ne sont pas devenus de petits Belges: leur registre linguistique diffère, dans une bonne moitié des cas, de celui des Belges. L'assimilation suit cependant son cours.

VII. Choix linguistique et type de profession

Une de nos hypothèses de départ était qu'il y a un lien entre le statut socio-professionnel et l'usage linguistique. Nous aurions voulu, pour vérifier cette hypothèse, comparer l'usage des ouvriers à celui des employés de notre échantillon.

Malheureusement, notre catégorie "employés" est trop peu étoffée en elle-même; aussi, les "croisements" de cette catégorie avec les variables linguistiques donnaient-ils des chiffres absolus trop bas pour qu'on puisse en tirer des conclusions valables. Ainsi, par exemple, le nombre d'employés ayant répondu à la question qui concernait l'usage intrafamilial du point de vue de l'alternance français/dialecte n'est pas plus élevée que 34, chiffre qui ne permet pas une comparaison statistique menant à des conclusions valables. Tout au plus peut-on faire une tentative d'analyse de tendance .

Cependant, le problème principal n'est pas encore celui-là. En effet, notre échantillon, qui ne comportait que 142 travailleurs au total, comportait 46 employés, ce qui équivaut à 32,4% du total. Cette proportion n'est pas du tout représentative de la population italienne immigrée en Belgique. Le recensement de 1971 donnait pour ceux-ci les résultats suivants : 0,5% de cadres, 19,2% d'employés, 80,1% d'ouvriers et 0,2% "sans réponse". Notre échantillon donne 32,4% d'employés (pas de cadres), 47,2% d'ouvriers et 14,8% "sans réponse". Même en assimilant cette dernière catégorie à celle des ouvriers (ceux qui ont eu "honte" de nous dire leur profession n'étaient sûrement pas des employés, même subalternes, parce qu'en immigration, un petit employé est un "Monsieur"), on ne résoud pas le problème : la proportion d'employés reste nettement trop élevée.

Regardons-les de plus près, ces employés. Ils ont parcouru des études qui ne sont pas si éminemment différentes du niveau technico-professionnel parcouru par la majorité des ouvriers, en tout cas du point de vue de l'éducation linguistique : ils sont commis de commerce, dactylos, aide-comptables, petites secrétaires, assistantes sociales (une profession particulièrement bien vue chez certains vieux immigrés, qui ont l'impression que quand leur fille sera assistante sociale (=une sorte de magicienne), les portes du paradis s'ouvriront enfin pour eux) ou aide-infirmières.

En somme,nous avons ici la confirmation de ce que nous affirmions dans notre introduction : si au niveau de la première génération, l'immigration est un phénomène composé massivement d'ouvriers non qualifiés, au niveau de la seconde génération, on n'assiste qu'à une amélioration apparente et qui en réalité correspond au léger décalement des exigences du monde économique. La Belgique se tertiarise et a besoin d'un surplus de dactylos et d'électriciens : la seconde génération immigrée les fournira; pour le balayage du métro, on trouvera toujours bien un jeune Arabe de première immigration. Rien d'étonnant donc qu'à part quelques "coiffeuses" (d'ailleurs en chômage ou derrière un comptoir de magasin de chaussures), toutes les jeunes immigrées que nous connaissons sont dactylos.

Etant donné que les niveaux culturels (et surtout au niveau de la "cultura linguistica", comme aime l'appeler la socio-linguistique récente en Italie) des "employés" de notre échantillon - et en cela ils sont bel et bien représentatifs de la deuxième génération immigrée - et des ouvriers sont très semblables, on ne s'étonnera donc pas de ce que même des tableaux qui cherchaient à donner une indication de tendance n'aient rien donné (le test du X2 oblige chaque fois à admettre l'hypothèse nulle) :

Tableau 34 : Types de profession et usage de l'italien chez soi

	ouvriers	employés
ne le parlent pas	46 (42,5)	29 (32,5)
le parlent	13 (16,5)	16 (12,5)

Tableau 35 : Type de profession et alternance français/ dialecte chez soi

	ouvriers	employés
F	35 (37,2)	26 (23,8)
D	18 (15,8)	8 (10,2)

Tableau 36 : type de profession et choix italien/dialecte/ français hors de chez soi

	ouvriers	employés
D/I/ID	16 (16,8)	13 (12,2)
DF/IF/DIF	12 (9,9)	5 (7,1)
F	33 (34,3)	26 (24,7)

Ces tableaux portent, pour chaque croisement, les chiffres obtenus (fo) suivis de ceux auxquels on aurait pu s'attendre (fe) et qui figurent entre parenthèses. Il en sera de même, par la suite, dans tous les tableaux qui tenteront de donner des indications de tendance. Ceux-ci sont facilement reconnaissables au fait qu'ils ne portent jamais aucun total.

Jusqu'au point VI compris, nous avons classé les réponses concernant l'alternance français/dialecte en trois catégories (F, D+F,D) qui rendaient compte du monolinguisme ou du bilinguisme. Cela se justifiait dans le premier chapitre par la nécessité où nous nous trouvions de distinguer les comportements monolingues des autres, et au point VI, cela offrait l'intérêt de permettre de mesurer si la socialisation en Belgique dès le plus jeune âge formait des individus plutôt bilingues ou plutôt francophones.

A partir d'ici, une classification différente a été adoptée. Nous avons, en effet, cherché une classification qui soit moins un constat statistique qu'une vue sur les dynamismes en cours et leurs aboutissements vraisemblables à l'avenir. Les lettres F et D, à partir du tableau 35, ne représentent donc plus respectivement l'usage exclusif du français et l'usage exclusif du dialecte (du moins dans les statistiques qui concernent l'alternance français/dialecte en famille).

Les réponses ont en effet été regroupées de la façon suivante :

F = 1) français exclusivement, avec la première comme deuxième génération,

2) dialecte avec la première génération, français avec la deuxième,

3) dialecte et français avec la première génération, français avec la deuxième.

D = 1) dialecte exclusivement, avec la première comme la deuxième génération,

2) dialecte avec la première, dialecte et français avec la deuxième,

3) dialecte et français avec les deux générations.

La catégorie F regroupe donc tous les cas où le français l'a déjà emporté ou est sur le point de l'emporter (ou bien parce que le dialecte s'éteindra avec la première génération, ou bien parce que le français est déjà en train d'envahir les conversations avec la première génération). La catégorie D comprend tous les cas où le dialecte a de meilleures chances de subsister encore pendant un certain temps, parce qu'il reste la seule des deux variétés parlées en famille ou bien parce qu'il a autant de place que le français dans les conversations avec la deuxième génération.

Nous croyons que ce genre de classement s'adapte mieux à ce que nous voulons mesurer à partir du point VII : la correspondance entre des données de société ou de mentalité et la vitalité des deux variétés les plus importantes du registre linguistique des immigrés italiens de la deuxième génération.

Dans le cas présent, cependant, cette nouvelle classification ne peut encore prouver son efficacité. Le tableau 35 donne des résultats comparables à ceux des deux autres, des résultats auxquels nous pouvions nous attendre, si notre hypothèse sur le peu de différence en éducation linguistique entre nos "cols blancs" (un blanc un peu bleuâtre) et nos "cols bleus" est exacte. Il n'y a, en effet, aucune différence de comportement linguistique entre ces deux catégories en ce qui concerne notre échantillon.

Voyons si cette absence de différence n'est pas confirmée au niveau des études. Si elle l'était, notre hypothèse sur l'éducation des futurs "cols bleus" et "cols blancs" s'en trouverait renforcée.

VIII. Choix linguistique et type d'études

Ici aussi, une difficulté s'est posée dès le début. Nous aurions voulu comparer les résultats selon 3 types d'études : les technico-professionnelles, les humanités, les études supérieures (universitaires ou para-universitaires). Cela s'est avéré impossible : le nombre d'universitaires et le nombre de lycéens était trop réduits pour que nous obtenions plus de 50 réponses (seuil statistique) à nos questions pour chacune de ces catégories.

Dès lors, il aurait fallu regrouper des catégories pour arriver à une statistique acceptable. Cependant, nous nous retrouvons devant une difficulté qui est en rapport direct avec celle que nous avons rencontrée dans la section précédente. Peut-on décemment regrouper, dans notre échantillon, (et plus généralement, dans le cas de la seconde génération italienne immigrée en Belgique) les catégories "humanités" et "études supérieures" ? Plusieurs facteurs nous poussent à répondre par la négative : tout d'abord, quand un enfant immigré arrive à faire les humanités, il va presque toujours en "modernes", et le niveau linguistique des humanités modernes n'est pas aussi fondamentalement différent de celui des techniques que ne l'est le niveau des gréco-latines. Ensuite, quelques données que nous avons tirées préalablement de notre enquête viennent ajouter d'autres réserves : 20% des travailleurs qui ont répondu qu'ils avaient fait les humanités n'y ont même pas passé assez de temps pour obtenir le diplôme des moyennes inférieures. En plus, presque <u>tous</u> les autres ont abandonné avant la fin des études. D'autre part, les étudiants, par définition, n'ont pas encore terminé non plus. Nous devrions donc regrouper tous ces gens avec les "technico-professionnelles". L'ennui, c'est que le groupe des "supérieures" ne permet pas de confrontation statistique : il n'arrive jamais à 50 unités.

Par acquit de conscience, nous avons donc vérifié le contraire de l'hypothèse émise ci-dessus. Nous avons regroupé "humanités" et "supérieures" comme si le fossé passait entre ces catégories d'une part et les "technico-professionnelles" de l'autre (et non, comme nous venons de l'affirmer par déduction ci-dessus, entre "technico-professionnelles" + "humanités" d'une part et "supérieures" de l'autre; au moins, pourrons-nous essayer de vérifier cette affirmation, ce qui n'est pas sans intérêt). Nous précisons immédiatement que dans le groupe "humanités" + "supérieures" que nous avons ainsi constitué, la majorité allait aux "humanités".

Ayant constitué nos deux catégories, nous avons effectué des comparaisons statistiques pour les comportements linguistiques qui figurent au tableau 37 dans la colonne "usage vérifié".

Tableau 37

croisement	usage vérifié	X2	g	P
1	italien en famille	0,647	1	0,5
2	dialecte en famille	3,233	1	0,1
3	français en famille	0,929	1	0,5
4	alternance F/D en famille	0,219	1	0,7
5	italien dehors	0,637	1	0,5
6	dialecte dehors	0,441	1	0,7
7	alternance I/D en dehors	1,180	3	0,8
8	choix I/D/F dehors	4,702	2	0,1

La plupart des résultats sont sans appel. Seuls, le croisement 2 et le croisement 8 donnent un p = 0,1. Certains sociologues acceptent un tel niveau de risque (23) comme niveau-limite. Dans notre travail, nous avons toujours suivi BLALOCK (Statistica, p. 207) qui indique 0,10 comme niveau auquel on ne rejette plus l'hypothèse nulle.

Nous nous voyons d'autant plus autorisé à admettre l'hypothèse nulle dans les deux cas qu'ils sont non seulement des cas-limites en eux-mêmes mais qu'ils se perdent parmi 6 autres cas où aucun doute n'est permis. Nous pouvons ainsi affirmer que la limite de formation et donc de comportement linguistique ne passe en tout cas pas entre les "technico-professionnelles" et les "humanités" (= "modernes" en immigration).

Il apparaît donc assez clairement que la "frontière d'éducation" ne passe pas par où on le croirait après une sommaire déduction. La seule chose qui nous reste à faire, c'est de tenter de dresser des tableaux de tendance, comme nous l'avons fait à la section VII. Ici aussi, nous nous sommes limités à trois variables :

Tableau 38 : type d'études et usage de l'italien chez soi

	techn.prof.	humanités	niveau supérieur
ne le parlent pas	53 (56,6)	19 (15,7)	13 (12,8)
le parlent	124 (120,4)	30 (33,3)	27 (27,2)

(23) ainsi DASSETTO et POZZO dans DASSETTO, *Identità* , tableau 3 de la page 27. Cet article se base sur la même enquête que la nôtre; sa lecture peut donc être utile pour compléter, dans d'autres domaines, le portrait-robot d'une deuxième génération italienne en Belgique francophone que nous traçons ici du point de vue socio-linguistique.

Tableau 39 : type d'études et alternance français/dialecte chez soi

	techn.prof.	humanités	niveau supérieur
F	117 (118,3)	34 (32,8)	24 (24)
D	31 (29,7)	7 (8,2)	6 (6)

Tableau 40 : type d'études et choix italien/dialecte/français hors de chez soi

	techn.prof.	humanités	niveau supérieur
D/I/ID	54 (48,6)	10 (12,7)	8 (10,8)
DF/IF/DIF	22 (27)	8 (7)	10 (6)
F	100 (100,5)	28 (26,3)	21 (22,3)

Ces tableaux, par définition, ne peuvent donner aucune indication sur l'immigration italienne en Belgique. Leur destination n'est que de donner éventuellement une indication sur une tendance de notre échantillon. Cependant, même à ce niveau, aucun lien ne se dégage entre les différents types d'études et le comportement linguistique (le X2 pousse à admettre l'hypothèse nulle).

Il ne faut certainement pas en tirer de conclusions quant à la non-viabilité de l'hypothèse sur le rapport entre éducation et comportement linguistique, mais bien plutôt y voir une confirmation de ce que l'éducation linguistique impartie aux fils et aux filles d'immigrés est à peu près toujours du même niveau, puisque dans les études comme dans leur travail, ils se retrouvent presque toujours dans les mêmes secteurs.

IX. Comportement linguistique et occupation actuelle

La distinction entre étudiants et travailleurs nous offre de meilleures possibilités statistiques que les deux distinctions précédentes (VII et VIII). Voyons donc s'il y a une différence de comportement linguistique entre ceux qui sont encore aux études et ceux qui, depuis quelques temps déjà, n'y sont plus.

IX.1. Comportement en famille

IX.1.1. L'italien - Tableau 41

	étudiants	travailleurs	total
ne le parlent pas	129	95	224
le parlent	59	38	97
TOTAL	188	133	321
	x2 = 0,294	p = 0,7	

La différence occupationnelle ne semble donc jouer aucun rôle dans le comportement linguistique, en tout cas si tous nos résultats sont semblables à celui que nous venons d'obtenir pour l'italien en famille.

IX. 1.2. Alternance français/dialecte

Tableau 42

	étudiants	travailleurs	total
F	134	82	216
D	23	28	51
total	157	110	267
	$x2 = 4,903$	$p = 0,05$	

Le tableau 42 nous montre que la proportion du français est bien plus nette dans le cas des étudiants : 85,4% contre 74,5%. Essayons de bien interpréter ces données. Nous ne croyons pas qu'il faille affirmer que la situation des travailleurs (74,5%) préfigure celle des étudiants quand ces derniers auront, eux aussi, quitté l'école depuis quelque temps (le cas des travailleurs serait alors la préfiguration du niveau de la stabilisation des étudiants). En effet, notre échantillon est homogène en ce qui concerne l'âge des interviewés travailleurs et celui des étudiants. Les travailleurs ne constituent donc pas la population la plus âgée de notre échantillon. Par conséquent, il s'agit de gens chez qui la scolarisation s'est arrêtée plus tôt et non pas de gens qui, il y a quelques années ont quitté l'école à l'âge qu'ont maintenant nos interviewés étudiants.

Nous sommes donc bien en droit de conclure que la durée de la scolarisation a une influence nettement perceptible sur la progression de l'usage du français au sein même de la famille.

Pour le dialecte, la situation est tout aussi claire : la scolarisation a une forte incidence sur la répugnance à utiliser la "malerba dialettale"; le dialecte est en bonne position de résistance chez 14,6% des étudiants, alors qu'il l'est chez 25,5% des ouvriers, presque le double !

IX.2. Comportement hors du contexte familial

IX.2.1. Alternance dialecte/italien - Tableau 43

	étudiants	travailleurs	total
-D -I	63	22	85
-D +I	50	24	74
+D -I	25	21	46
+D +I	29	28	57
total	167	95	262
	x2 = 10,202	p = 0,02	

La différence de statut entre étudiants et travailleurs a donc une influence sur le choix qu'opère l'immigré entre les variétés "d'origine" dans les conversations qu'il a hors de chez lui.

Les étudiants ont plus tendance à écarter les variétés "d'origine" (37,7% contre 23,1%). Ils choisissent plus souvent l'italien que les travailleurs (29,9% contre 25,3%) et parlent moins souvent le dialecte (15% contre 22,1%). Cependant, la chose la plus frappante est qu'ils prennent nettement soin de ne pas "mélanger" les deux variétés (D+I = 17,4% chez les étudiants et 29,5% des travailleurs). La phobie antidialectale des enseignants a sûrement porté ses effets.

IX. 2.2. Choix entre italien, dialecte et français

Tableau 44

	étudiants	travailleurs	total
D/I/ID	50	38	88
DF/IF/DIF	27	21	48
F	103	74	177
Total	180	133	313
x2 = 0,081		p = 0,98	

Ce tableau jette une étrange lumière sur le précédent. Ici, aucun des deux groupes ne semble avoir plus tendance que l'autre à écarter les variétés d'origine.

Faut-il en conclure que la réponse du tableau 43 n'était qu'une "pose" de la part des étudiants, qui auraient répondu d'une façon aux deux questions du questionnaire qui nous ont permis d'établir le tableau 43 et d'une façon différente à la question qui a donné lieu au tableau 44 ? C'est une possibilité.

Nous croyons cependant qu'il faut tenir compte de la formulation de cette dernière question : "que parles-tu hors de chez toi avec quelqu'un qui connaît ton dialecte ?" (24) Cette question est restrictive. Il serait donc plus pertinent de conclure que l'étudiant a un type de comportement "formel"

(24) Les deux questions dont les réponses nous ont permis de constituer le tableau 37 ne faisaient, quant à elles, aucune allusion à des circonstances restrictives.

(avec des inconnus) et un autre "informel" (avec les copains, avec les gens qu'il connait depuis toujours et dont il sait qu'ils parlent son dialecte) : subtilité ignorée, semble-t-il, des travailleurs.

IX.3. Conclusions

Dans cette section, nous avons "croisé" le niveau d'occupation (étudiants/travailleurs) de nos interviewés avec leur usage en famille et avec celui qu'ils adoptent au dehors.

L'usage familial ne révèle aucune différence de comportement entre étudiants et travailleurs en ce qui concerne l'italien. Etant donné que nous avons obtenu des résultats pour tous les autres cas et compte tenu de ce que nous avions déjà pu conclure dans d'autres cas (par exemple, à la section VI.3), nous pouvons affirmer que l'italien prouve ici, une fois de plus, son statut : il ne fait pas partie du bagage culturel que la première génération a transmis à la seconde. Dès lors, sa place dans les relations primaires, est restreinte (cfr. chapitre I) et son "comportement" est anormal par rapport aux deux autres variétés naturellement acquises (ou bien reçues des parents ou bien du contexte belge). Le côté artificiel de l'italien apparaîtra encore plus clairement dans l'usage "externe", où nous le verrons être adopté dans des circonstances bien particulières.

Au niveau de l'usage familial, nous voyons que le dialecte est plus nettement perdant dans le cas des étudiants, où le français assume dès à présent une position telle qu'il est possible d'affirmer que les étudiants, dans 20 ans, seront probablement francophones exclusifs. Du côté des travailleurs, il est tout aussi clair quel sera l'avenir, mais les délais seront plus longs.

L'usage extrafamilial révèle une distinction que nous rencontrons pour la première fois dans les résultats de notre enquête, celle entre l'usage formel et l'usage informel, "(...) intendendo cioè per uso formale quello meglio rispondente alle norme di correttezza ed eleganza vigenti in una certa comunità sociolinguistica e per informale l'uso meno aderente a tali norme" (25). Les indications que nous trouvons dans nos résultats semblent indiquer que les étudiants possèdent un registre linguistique "extérieur" qui comprend une différenciation selon le caractère formel/informel des circonstances.

Cette explication se trouve confirmée par le fait que les étudiants ont soin, beaucoup plus que les travailleurs, de ne pas mélanger dans leur usage extérieur, les deux variétés dites "d'origine".

A ce stade-ci, il semblerait qu'une distinction entre formel et informel ne se rencontre pas chez les travailleurs. D'autres statistiques nous permettent cependant de nuancer quelque peu une telle affirmation.

IX.4. Annexe : la "promotion sociale"

Nous avons en effet tenté d'établir un lien entre l'usage linguistique et la promotion sociale chez les travailleurs. Par "promotion sociale", nous entendons les efforts effectifs entrepris par les travailleurs pour améliorer leur situation.

A première vue, nous nous attendions à une différence dans la francophonie. Malheureusement, ici comme ailleurs, le nombre d'interviewés nous a joué des tours : il n'y avait que 142 travailleurs en tout. Sur ces 142, le nombre de personnes qui n'avaient rien fait pour améliorer leur situation ne montait pas au-delà de 46 ! "Malheur" statistique ou simplement indication de ce que les immigrés italiens ne sont pas aussi

(25) DE MAURO, *Thamus*, p.109.

"fainéants" que d'aucuns le disent ?
Toujours est-il qu'une comparaison entre ceux qui avaient fait quelque chose et les autres s'avérait impossible, sinon au niveau d'une indication de tendance.

Nous avons alors confronté l'usage intérieur et l'usage extérieur des travailleurs qui avaient essayé de "monter". Pour le dialecte comme pour le français, nous n'avons obtenu aucun résultat. Mais voilà que la comparaison donnait un résultat pour l'italien :

Tableau 45 : usage de l'italien chez eux et dehors de la part de travailleurs ayant cherché à améliorer leur situation

	chez eux	hors de chez eux	total
le parlent	22	50	72
ne le parlent pas	63	29	92
total	85	79	164

Ce comportement paraîtrait inexplicable (dans les relations de travail, il est nécessaire de parler le français) si l'on ne tenait pas compte du fait que beaucoup d'employés immigrés travaillent dans des filiales de maisons <u>italiennes</u> et que les travailleurs manuels travaillent ou pour de petits patrons italiens ou pour des compagnies belges, mais alors sous des contremaîtres italiens; et s'ils sont candidats contremaîtres ils parlent italien pour se distinguer des autres. Il pourrait cependant simplement s'agir d'une correspondance entre un niveau culturel plus élevé (dont attesterait la connaissance de l'italien) et un désir de mobilité sociale. Le fait que l'on parle moins italien en famille pourrait être une concession envers les parents.

Une partie des travailleurs semble donc bien posséder un registre différencié selon les circonstances formelles ou informelles. Disons simplement que la notion de formalité est un peu différente dans leur cas. Il ne s'agit pas toujours (comme pour les étudiants et les employés) de s'adapter aux circonstances extérieures : il peut y avoir des cas où on crée des "distances".

Un tel mécanisme n'est pas inconnu de la sociolinguistique et il faut ajouter que les comportements individualistes et profondément arrivistes ne manquent pas en immigration; ils sont inversément proportionnels au nombre de "places au soleil" qui sont disponibles.

Retournons, cependant, à ce stade, à la recherche d'une indication de tendance au niveau de nos interviewés :

Tableau 46 :"promotion sociale"et italien chez soi

	n'ont rien fait	ont fait quelque chose
ne le parlent pas	15 (13)	22 (24)
le parlent	31 (33)	63 (61)

Tableau 47 : "promotion sociale" et alternance français/ dialecte chez soi

	n'ont rien fait	ont fait quelque chose
F	30 (31,3)	52 (50,7)
D	12 (10,7)	16 (17,3)

Ces deux premiers tableaux donnent des X2 tellement bas que l'on peut admettre l'hypothèse nulle. Il en va d'une tout autre façon pour le troisième.

Tableau 48 : "Promotion sociale" et choix italien/dialecte/ français hors de chez soi

	n'ont rien fait	ont fait quelque chose
D/I/ID	13 (13)	25 (25)
DF/IF/DIF	8 (19,8)	50 (38,2)
F	24 (12,3)	12 (23,7)

Nous nous trouvons, cette fois-ci, devant un tableau où le X2 est de 27,582 ! Il a donc une forte signification (à g =2, p = 0,001 correspond à un X2 de 13,815). La tendance présente chez nos interviewés n'affecte pas l'usage exclusif des variétés d'origine dans les conversations qui se déroulent hors du contexte familial (comme elle n'affecte pas l'usage en famille). Ce qui différencie les deux groupes, c'est que ceux qui n'ont rien fait pour améliorer leur sort parlent beaucoup plus massivement le français exclusif que prévu et ont moins tendance que prévu à mélanger les trois variétés présentes en immigration. Par contre, ceux qui ont fait quelque chose comptent justement les "trilingues" comme groupe principal !

Les "immobiles" dans notre échantillon ont donc tendance à éviter de parler les trois variétés en même temps : ou bien ils se replient sur les variétés d'origine (ce qui, du moins du point de vue linguistique, correspondrait alors au comportement d'"accomodation" cfr.1.2.1. du chapitre II de la première partie), ou bien ils se trouvent tout à fait "de l'autre côté" et adoptent le français comme variété exclusive (l'"assimilation", cfr. 1.2.2.1. du chapitre II de la première partie).

Sans vouloir exagérer la portée de la tendance relevée dans notre échantillon, faisons simplement remarquer qu'elle a quelque chose de logique : ce sont en effet les résignés, repliés sur des souvenirs de Sicile et les candidats à l'assimilation (ceux qui sont "déjà bien contents comme ça") qui sont les plus susceptibles de ne rien faire pour améliorer leur sort.

Si l'argument de la connaissance de l'italien comme (un des) paramètre(s) d'un niveau culturel un peu plus élevé (cfr. supra, dans le commentaire au tableau 45) est exact, il est également compréhensible que les catégories qui se sentent plus "stables" ont moins peur d'utiliser les trois variétés et que, d'autre part, ceux qui connaissent peu ou pas l'italien évitent de l'utiliser.

CHAPITRE 3 : COMPORTEMENT LINGUISTIQUE ET MENTALITÉ

Cette partie cherchera à voir si un lien peut être établi entre le comportement linguistique et des faits de mentalité. Il ne s'agit plus maintenant de comparer les comportements linguistiques entre eux ou à ce que les individus font (travail, études, démarches pour améliorer leur sort), mais à ce que les gens pensent. Nous avons mené nos explorations le long de trois axes : le sentiment d'identité, les intentions de retour en Italie (rémigration), les opinions morales et religieuses.

X. Comportement linguistique et sentiment d'identité

A notre avis, il allait de soi qu'il devait exister un lien entre le sentiment d'identité et l'usage linguistique : il devait y avoir une différence de comportement global et plus spécifiquement linguistique entre celui qui se dit, se veut et se vit Belge et celui qui reste Sicilien de façon consciente et voulue.

La première chose à faire était de consulter les résultats de l'étude de F. DASSETTO et R. POZZO sur le sentiment d'identité chez les interviewés de notre enquête. Nous citons ici les conclusions des deux auteurs :

"Il cambiamento del riferimento nazionale e l'acquisizione di refirimenti belgi puo essere correttamente interpretato solo se lo si iscrive nella strategia personale che il giovane formula a partire dalla sua posizione sociale. Strategia di fuga per la ragazza o strategia di accomodamento per coloro che anno frequentato degli studi superiori.
Si direbbe cosi che il riferimento identitario non si collega più a dimensioni proprie del processo migratorio (regione di origine, durata di emigrazione), ma soltanto alla posizione che il giovane ha nella struttura sociale del paese di arrivo ed al suo progetto personale.
A tal proposito è apparsa ancora una volta la discrimante tracciata dal sistema scolastico. Anche dal punto di vista del riferimento identitario nazionale troviamo una specificità di coloro che frequentano il settore scolastico tecnico-professionale, i quali tendono più degli altri, ad un riferimento nazionale italiano. L'interpretazione di questo fenomeno è ambivalente. Se da un lato potrebbe essere considerato in modo positivo, como sintomo di appartenenza o almeno di non rifiuto della propria classe e della propria matrice sociale, dall'altro pero potrebbe essere interpretato come incapacità a situarsi nella propria nuova posizione e come sintomo di una emarginazione. Delle inchieste più approfondite dovrebbero mettere in luce il senso di tale riferimento. Globalmente, in ogni modo, è impossibile per l'insieme della popolazione intervistata parlare di una assimilazione pura e semplice e di un trapianto che non ha lasciato tracce". (26)

Cette conclusion révèle déjà une ambiguïté profonde dans le comportement de la seconde génération; d'un côté, ces jeunes se comportent "comme des Belges" et de l'autre, ils se réfèrent en forte proportion à l'Italie : " Infatti, globalemente non c'è che il 12% che fa riferimento all'Italia in termini culturali mentre c'è il 56,5% che fa riferimento in termini statali". (27)

Un autre élément qui a son importance est le fait que sur les

---

(26) DASSETTO, *Identità*, p.35-36

(27) DASSETTO, *Identità*, p. 24.

références spécifiques en termes d'identité, l'incidence la plus forte est celle du projet personnel (individuel, cfr.IX. 4) et non celle du processus migratoire.

Enfin, les auteurs indiquent le type d'études effectuées comme un facteur prépondérant dans la structuration d'un sentiment d'identité chez le jeune immigré de la deuxième génération.

Où pouvons-nous situer nos résultats par rapport à ceux de F. DASSETTO et R. POZZO ? Nous n'avons pas pu tirer de conclusions sur le rapport entre le type d'études et le comportement linguistique. Nous avons cependant établi un rapport entre la scolarisation et l'usage linguistique (respectivement VIII et IX). La signification de telles conclusions est que si, d'une part, l'école comme phénomène global a une influence sur le comportement linguistique, ce dernier, d'autre part, ne repose pas sur des bases scolaires assez différenciées du point de vue linguistique (éducation linguistique en technico-professionnelles et modernes) pour montrer de grandes différences entre les différentes composantes de notre échantillon. Ces différences existent (IX) mais elles sont loin de se manifester toujours, de façon claire et immédiate.

Sur le plan du comportement linguistique, il y a donc une assez grande uniformité chez nos interviewés de ce point de vue. Maintenant que nous pouvons confronter, pour la première fois, nos données avec des données culturelles, de mentalité en général, nous voyons que 12,2% des interviewés se définissent comme Italiens, 62,8% comme Belges et Italiens et 19,2% comme intégrés dans la société belge. Là aussi, nous avons donc une constitution largement majoritaire d'un groupe de gens qui ou se sentent déjà intégrés

(1 sur 5) ou qui sont sur la ligne de passage (3 autres sur 5) : cela correspond assez bien à ce que nous disions jusqu'ici sur le statut du français et du dialecte : dans la majorité des cas, ils coexistent , mais un "groupe de tête" de nos interviewés a déjà rejoint la francophonie pure et simple.

Retournons maintenant à notre intention de confronter le comportement linguistique avec le sentiment d'identité. Le deuxième terme de la comparaison , le sentiment d'identité, nous l'avons appris de l'article de F. DASSETTO et R. POZZO, a quelque chose d'ambigu. D'un côté, on se dit plus orienté vers l'Italie et de l'autre vers la Belgique. On ne peut tirer de véritables conclusions que dans le cadre de la "strategia personale" de chaque individu. Il est prévisible que sur le plan de l'ensemble, la confusion qui résultera de tels comportements strictement individuels ne peut pas porter à des conclusions significatives. N'oublions pas que ce que nous voulons faire est un peu "vicieux" : les interviewés ont reçu les questions séparément (section 8 du questionnaire = langue et lecture; sections9-10 ss = identité) et n'ont certainement pas établi de rapport entre elles. Nous les prenons un peu au piège : "Vous vous différenciez de façon peu claire du point de vue de l'identité, voyons si vous êtes au moins cohérents entre ce que vous dites être et ce que vous parlez".

L'opération a quelque chose de ce que don Milani appelait "inchiodare i bugiardi con le loro parole".
Et c'est bien de cela en effet qu'il s'agit. Nous avons contrôlé systématiquement toutes les variables linguistiques en fonction des autodéfinitions d'identité et en fonction de 4 catégories: "Belge", "belgo-italien ou italo-belge",

"Italien" - inconcluants (qui regroupent les "né belga né italiano", "non so chi sono" et "altro" de la page 23 de DASSETTO, *Identità*). Voici le tableau des résultats obtenus (souvent nos première et quatrième catégories étaient trop minces pour permettre une confrontation).

Tableau 49

croisement	usage vérifié	x2	g	p
1	italien en famille	1,013	2	0,7
2	dialecte en famille	0,804	2	0,7
3	français en famille	1,436	2	0,5
4	alternance f/d en famille	3,697	1	0,1
5	italien dehors	1,848	1	0,2
6	dialecte dehors	2,995	1	0,1
7	alternance i/d dehors	3,633	3	0,5
8	choix i/d/f dehors	4,901	2	0,1

Notre commentaire sera le même que celui du tableau 34 : il n'est pas permis d'établir un lien entre l'affirmation d'identité et le comportement linguistique (ici aussi, les 3 cas-limites de p = 0,1 sont entourés de 5 cas sans appel).

En d'autres termes, pour la première fois, nous avons cherché une correspondance entre ce que les jeunes interviewés disent être et une manifestation culturelle (l'usage linguistique) permettant de voir si leur comportement est en accord avec ce qu'ils se disent. Le résultat est négatif.

L'équivoque possible sur les termes dans l'affirmation de

F.DASSETTO et R. POZZO : "Appare (...) in parte smentita (...) l'affermazione corrente secundo la quale la seconda generazione si definisce sopra tutto como disgregazione, negazione, incertezza di appartenenza" peut donc être évitée. Si "si definisce" se réfère aux jeunes eux-mêmes, il est exact que ceux-ci ont été rapides à cocher telle ou telle case du questionnaire. Par contre, si "si definisce" équivaut à "on définit (objectivement)", l'affirmation incriminée ne nous semble pas tellement démentie. Pour avoir quelques éléments d'appréciation de plus, nous allons tenter deux autres confrontations.

XI. Intention de retour en Italie et comportement linguistique

Nous avons demandé aux interviewés s'ils avaient l'intention de rester en Belgique ou s'ils voulaient retourner s'établir en Italie. Sur les 333 jeunes, 141 (42,4%) ne savent vraiment pas quoi répondre, 145 (43,5%) veulent rester en Belgique et 47 sont décidés à retourner en Italie (14,1%). L'indécision, la difficulté à se situer émergent encore une fois clairement de ses résultats : 42,4% d'indécis !

En ce qui concerne le comportement linguistique, nous nous trouvons encore une fois devant la difficulté classique : nous n'arrivons pas à 50 unités dans un de nos groupes. Dès lors, il est impossible de tirer des <u>conclusions</u> de nos données. Tout au plus, pourrions-nous y relever quelques <u>tendances</u> mais nous ne nous hasarderons pas trop loin.

Cette fois encore, les trois tableaux qui suivent portent pour chaque croisement, les chiffres obtenus (fo) suivis de ceux que l'on aurait pu attendre (fe); ces derniers se trouvent entre parenthèses.

Tableau 50 : Italien à la maison

	veulent retourner en Italie	entendent rester en Belgique
ne le parlent pas	27 (32,9)	104 (98,1)
le parlent	20 (14,1)	36 (41,9)

Tableau 51 : alternance français/dialecte à la maison

	veulent retourner en Italie	veulent rester ici
F	28 (31,3)	99 (95,7)
D	11 (7,7)	20 (23,3)

Il y aurait donc tendance, chez les jeunes interviewés, à parler plus italien et dialecte quand ils ont le projet de retourner s'établir en Italie. Cela n'empêche d'ailleurs pas le français de "faire un score" qui est plus du double de celui du dialecte (2 contre 11), ce qui jette une lumière bien particulière sur tout le contexte : ces jeunes qui veulent absolument retourner sont fortement francophones, même chez eux...

Tableau 52 : choix italien/dialecte/français au dehors

	veulent retourner en Italie	veulent rester ici
D/I/ID	15 (11,6)	33 (36,4)
DF/IF/DIF	8 (5,8)	16 (18,2)
F	21 (26,6)	89 (83,4)

A ce niveau-ci, il n'y a même pas de quoi parler de tendances: le comportement est pratiquement le même (le X2, ici, pousse à admettre l'hypothèse nulle).

La plus grande prudence est donc exigée. Disons que dans notre échantillon, il y aurait une indication de tendance à ce que les variétés "d'origine" soient un peu plus utilisées dans le contexte familial par ceux qui entendent retourner en Italie. C'est une <u>tendance</u> chez <u>nos</u> interviewés, mais c'est insuffisant pour tirer des conclusions au niveau de la deuxième génération.

Pour avoir une idée plus claire sur l'existence, au sein de la deuxième génération, d'un lien entre la mentalité et le comportement linguistique, il ne nous reste plus qu'à étudier leurs réactions face à des problématiques morales ou religieuses.

XII. <u>Idéologie et comportement linguistique</u>

La sociolinguistique a quelquefois tenté d'établir un lien entre la "mentalité", l'idéologie et l'usage linguistique. Ainsi, l'on a vu mettre en rapport provincialisme culturel et purisme, féminité et conservatisme linguistique, appartenance à des sectes religieuses et conservatisme linguistique (mais est-on bien certain qu'il s'agisse là d'un phénomène idéologique et non d'appartenance de groupe ?), "gauchisme" et tendance au verbiage (le terme de "sinistrese" ayant été lancé il y a quelque temps déjà par T. de MAURO pour qualifier le langage des"gauchistes"italiens).

La caractéristique principale de toutes ces mises en rapport est que les deux variables citées sont très souvent médiatisées. La langage est un reflet de la société, c'est certain, comme il est tout aussi certain qu'il contribue à donner une certaine forme à la société. Cependant, à part quelques cas assez transparents, il est difficile de mettre en rapport de façon immédiate la langue et une variable idéologique, si celle-ci n'est pas un aspect de tout un ensemble de comportements, ce qui prouve bien que le rapport se situe entre la langue et cet ensemble et non pas entre la langue et les parties de l'ensemble.

Un exemple pourra éclairer notre propos : le provincialisme compte beaucoup d'aspects conservateurs. Quelqu'un qui est "provincial" sera donc probablement religieusement formaliste, moralement et politiquement conservateur, linguistiquement puriste, lecteur de certaines choses et pas d'autres, peu tenté par "l'aventure", contre les "hippies", etc...
Le purisme linguistique et le conservatisme moral d'un tel personnage ont donc à "voir" l'un avec l'autre puisqu'ils découlent tous les deux du provincialisme - manifestation à son tour de la "périphérie" culturelle. Mais peut-on en conclure directement que conservatisme moral et purisme sont nécessairement toujours en rapport ? Certainement pas et en tout cas, pas dans les mêmes termes.

La même chose pourrait se dire du "gauchisme" en Italie.
Le jeune "gauchiste" présente un ensemble de caractéristiques qui relèvent souvent de la marginalisation de la jeunesse : dès lors, il réunit l'apathie du chômeur, un complexe oedipien prononcé, la manie des clans (= besoin d'appartenance à quelque chose, d'être "in"), le besoin de s'affirmer (habillement, verbiage, violence etc.). En conclurons-nous qu'il y a un rapport entre complexe d'Oedipe et verbiage ?

De là que l'exemple devenu classique de J. FISHMAN, les juifs de Mea Shearim, est devenu aussi l'exemple classique de la prudence dont il faut user.

Oui, ces gens parlent de façon différente, mais ils rasent le crâne de leurs femmes, ils interdisent aux bus de traverser le quartier le jour du Sabbat, ils lapident d'éventuels touristes, etc. Soyons donc prudents et voyons ce que l'on peut comparer !

Il faut donc ou avoir affaire à des groupes à cohésion extrême (des groupes qui se veulent marginalisés), ou bien comparer des phénomènes d'ensemble (le comportement majoritaire) avec la variable "langue".

Toutes ces réserves pour en venir au fait que l'usage linguistique des immigrés de la deuxième génération peut être discuté dans son ensemble, (par exemple au niveau d'une conclusion générale du Chapitre I de la IIe partie) et comparé à la mentalité dans son ensemble, mais difficilement à des positions de détail.

Ainsi, il est frappant de constater que d'une part, une grande partie des jeunes interviewés se définit comme culturellement belge et que la majorité de ces mêmes interviewés évolue vers la francophonie. Le fait que la moitié de nos jeunes préfèrent fréquenter des dancings où il y a des Belges plutôt que des dancings où il n'y a que des immigrés, pourrait, quant à lui, être une manifestation de "belgicisation", mais le rapport avec la langue passe à travers la belgicisation. Il y a un parallèle entre le fait que la scolarisation provoque une plus grande francophonie et une plus grande "ouverture" morale mais l'"ouverture" envers l'avortement peut difficilement être comparée, seule et directement à l'usage linguistique.

Nous avons remarqué (cfr. supra III 1.1 et III 1.2.) que les filles étaient moins conservatrices que les garçons en matière linguistique. Ces filles apparaissent moins conservatrices également du point de vue de l'identité (28). En matière d'opinions morales et religieuses, la différence apparaît de façon beaucoup plus nuancée (29).

---

(28) cfr. DASSETTO, *Identità*.
(29) cfr. DASSETTO, *Ethique* : article basé sur les données de la même enquête que la nôtre.

Nous ne nous étonnerons donc pas des conclusions de F. DASSETTO et A. BASTENIER qui ont cherché à établir une comparaison entre opinions morales et pratique religieuse : "La liaison entre pratique religieuse et opinions éthiques est pratiquement inexistante, sauf dans le cas de l'avortement" (30). (L'avortement est justement un des cas très fortement connotés).

Nul ne s'étonnera donc non plus des résultats que nous avons obtenus en comparant l'usage linguistique aux opinions morales et religieuses, une comparaison dont nous venons d'expliquer ci-dessus, de façon théorique, le caractère hasardeux. Le tableau 53 donne les résultats de ces comparaisons.

Tableau 53

croisement	opinion	variable linguistique	X2	g	P
1	relations sexuelles	f/d chez soi	0,795	1	0,5
2	des filles	i/d dehors	3,952	3	0,3
3	avant le mariage	d/i/f dehors	2,308	2	0,5
4	opinion positive ou	f/d chez soi	0,533	1	0,5
5	négative sur la	i/d dehors	4,696	3	0,2
6	religion	d/i/f dehors	2,055	2	0,5
7	opinion pour	f/d chez soi	0,137	1	0,8
8	ou contre l'avor-	i/d dehors	3,532	3	0,5
9	tement	d/i/f dehors	2,118	2	0,5

(30) DASSETTO, *Ethique*, p.141.

Malgré le choix de trois opinions fortement marquées sur :

- le fait qu'une jeune fille ait des relations sexuelles avant le mariage,
- une affirmation contre la religion
- l'avortement,

qui étaient donc susceptibles de diviser très fortement les interviewés, aucun résultat significatif n'a été obtenu dans la comparaison avec des variables linguistiques.

Nous pourrons donc conclure, cette fois après constatation de facto, que, comme nous le disions en introduction à cette section, le risque est grand à comparer directement des variables linguistiques et des variables dépendantes d'autres domaines.

En conclusion à ce chapitre, nous pouvons remarquer que, dans le domaine de la mentalité, il est difficile de tracer de la deuxième génération italienne immigrée en Belgique francophone un portrait aux contours bien précis. Les deux articles d'analyse sociologique des données de notre enquête montrent une grande prudence et l'impossibilité de trouver beaucoup de cohérence dans les attitudes des jeunes immigrés.

Le croisement avec les variables linguistiques montre une fois de plus quelles proportions cette incohérence peut prendre, surtout si l'on tient compte du caractère médiatisé qu'une telle relation éventuelle prend toujours.

La seule chose qui apparaît, c'est le grand contraste entre les opinions très tranchées des parents (opinions calquées sur celles qui étaient en vigueur en Sicile à l'époque de leur jeunesse et qui, souvent, ne correspondent plus à la Sicile d'aujourd'hui) et le "flou" chez les jeunes qui, s'ils affirment quelque chose, n'en tirent presque jamais les conséquences.

L'analyse socio-linguistique se révèle ici comme un des thermomètres sociaux" possibles : elle nous montre comment ces jeunes, qui hésitent et se contredisent quelquefois, se coulent très souvent dans un moule de grisaille uniforme. Faut-il vraiment s'en étonner, si l'on comprend à quel point l'immigration désarçonne le modèle du Sud d'hier et n'offre aux jeunes immigrés, comme "modèle nouveau", que cette jeunesse européenne si souvent qualifiée de "bof generation".

Annexe : usage informel et usage formel

Cette annexe concerne les résultats du croisement de variables linguistiques d'usage informel avec la question "que parlerais-tu à "Ciao amici"?

Etant donné que "Ciao amici" est une émission de télévision (RTBF, samedi après-midi) pour les immigrés italiens et que la télévision est vécue par les classes subalternes en général et par les immigrés comme une réalité à prestige très élevé, nous avons pris cette question pour tenter d'avoir une idée de l'usage de la deuxième génération dans des circonstances expressément très formalisées. A la différence de ce que nous disions à la section IX.2.2. et à la IX. 3. il ne s'agit pas ici d'une évaluation de l'interviewé quant au caractère plus ou moins formel des circonstances; ici, ces circonstances sont très formelles et s'imposent d'elles-mêmes.

Nous avons comparé l'usage externe des interviewés à cet usage tout aussi externe mais très formalisé.

Tableau 54 : italien hors de chez soi et usage à "Ciao amici"

	parlent italien	ne le parlent pas	total
I	52	31	83
D	7	15	22
F	75	83	158
IF	15	1	16
total	149	130	279

Ceux qui parlent italien le choisissent en usage exclusif dans 34,9% des cas où les circonstances sont très formalisées; 10,1% le font alterner avec le français, ce qui donne une "présence" de l'italien dans 45% des cas, une petite moitié. Le français, quant à lui, est présent dans 60,4% des cas et recueille 50,3% des cas en usage exclusif. Le dialecte exclusif représente 4,7% des cas.

Quelle est la différence dans l'usage de ceux qui ne parlent jamais italien ? Le dialecte fait une "remontée" mais n'est tout de même utilisé que dans 11,5% des cas. L'italien tombe de 10% environ puisqu'il se retrouve à 23,8%. C'est le français en usage exclusif qui l'emporte de loin : 63,8% et l'alternance français/italien tombe à 0,8%.

Les non-italophones ont donc moins recours à l'italien; ils utilisent le dialecte dans des criconstances très formelles mais seulement dans un cas sur dix. La grande majorité, on s'y attendait, reflue en bloc vers le français et personne ne se hasarderait à faire alterner les deux variétés standard.

On voit clairement le caractère un peu "crispé" qui transparaît de ces résultats : beaucoup se réfugient dans la francophonie, parce qu'ils se sentent trop incertains en italien; ceux qui se hasardent à parler italien ont besoin de "bien tenir leurs esprits" : pas de mélanges ! Le comportement des italophones démontre à cet égard plus de désinvolture. Il y a une distribution plus équilibrée des résultats et le groupe IF (= ceux qui "switchent" sans peine) arrive à représenter un cas sur dix. C'est cependant le pourcentage élevé de francophonie qui frappe : n'oublions pas que "Ciao amici" est un programme pour immigrés italiens !

Tableau 55 : dialecte hors de chez soi et usage à "Ciao amici"

	parlent dialecte	ne le parlent pas	total
I	32	46	78
D	15	7	22
F	57	91	148
IF	3	9	12
total	107	153	260
	x2 = 8,193	p = 0,05	

Du point de vue de la dialectophonie, la différence ne se situe pas au niveau de l'italien, puisque les dialectophones l'utilisent dans 29,9% des cas et les non-dialectophones dans 30,1% des cas. Qui parle dialecte hors de chez lui, le reprend dans des circonstances "officielles" dans 14% des cas (les non-dialectophones dans 4,6% = un tiers !). Les dialectophones confirment ici aussi leur hésitation plus grande à "mélanger" italien et français (2,8% contre 5,8%). Cependant, le français l'emporte, encore une fois, de loin :

53,3% des dialectophones l'utilisent dans des circonstances formelles à caractère "italien" et 59,5% des non-dialectophones, ce qui donne respectivement une "présence" (un "poids" si l'on préfère) de 56,1% et de 65,4% !

Tableau 56 : comparaison entre usages formels des italophones et des dialectophones

	italophones	dialectophones	total
I	52	32	84
D	7	15	22
F	75	57	132
IF	15	3	18
total	149	107	256
	x2 = 11,486	p = 0,01	

En comparant le comportement des dialectophones à celui des italophones, nous assistons une fois de plus, à la "bataille en champ clos". Les différences se situent surtout au niveau de l'alternance entre "variétés d'origine". D'autre part, les dialectophones se manifestent, une fois de plus, par l'insécurité relative, sous forme d'hésitation à mélanger les variétés. Cette comparaison ne fournit donc qu'une simple confirmation; elle n'apporte rien de bien nouveau. Voyons plutôt le résultat du croisement entre formalisation et choix entre dialecte, français et italien.

Tableau 57 : usage formel et choix dialecte/italien/français hors de chez soi

	D/I/ID	DF/IF/DIF (32)	F	Total
I	36	(15)	42	78
D	11	(4)	10	21
F	35	(18)	115	150
IF	3	(7)	5	8
total	85		172	257
X2 = 16,167 p = 0,01				

La colonne DF/IF/DIF n'atteignant pas 50 unités, nous ne la prenons pas en considération. Nous comparons donc la fidélité extrême au système d'origine à "l'infidélité" extrême.

Le seul pôle qui résiste, chez les francophones, est celui de l'italien (42,3% des D/I/ID contre 24,4%); encore faut-il préciser que ce pôle s'affaiblit à peu près de 40%. Le dialecte tombe à moins de la moitié et le français arrive à une "présence" de 7 cas sur 10.

Conclusion

Si l'on met le jeune italien de la deuxième génération immigrée en Belgique francophone "au pied du mur" en exigeant de lui un choix linguistique dans des circonstances très formelles, il y a grosso modo <u>au moins</u> 2 chances sur 3 qu'il ait recours au français. Cette proportion ne diminue que légèrement dans le cas où le jeune en question parle italien hors de chez lui dans des circonstances informelles. Chez les italophones comme chez les francophones, le dialecte en circonstances formelles, tombe à des niveaux très bas; même les dialectophones le choisissent assez rarement.

Une fois de plus, nous remarquons la véritable poussée du français mais ce que nous remarquons aussi, c'est une relative "solidarité" entre variétés standard contre le dialecte dans des circonstances formelles : l'éducation scolaire a porté ses fruits.

CONCLUSIONS GENERALES

1. Rappel

Nous ne ferons ici qu'une brève synthèse des conclusions que le lecteur trouvera in extenso à la fin des sections I à XII et à la fin de l'annexe de la IIIe partie. Nous regrouperons ces différentes conclusions et ne prendrons en examen que celles qui sont valables pour la deuxième génération italienne immigrée en Belgique francophone. Les tendances propres à notre échantillon ne se retrouveront donc pas ici.
A ce niveau des très grandes lignes du comportement linguistique de la deuxième génération italienne en Belgique francophone, nous relèverons donc les faits suivants :

Axes généraux du comportement linguistique

1.1. Dès le départ, il se confirme que la migration provoque l'abandon progressif du système linguistique de départ et que la variété "d'accueil" entre rapidement et de façon massive jusque dans les familles immigrées, arrivant à toucher 45% des parents et 94,6% des jeunes dans l'usage intrafamilial.

A l'heure actuelle, il y a une alternance de variétés linguistiques dans la famille immigrée. Cette alternance se pose

en termes de dialecte et de français.
Il y a cependant des éléments qui indiquent que cette situation ne durera pas et que l'évolution portera à une francophonie qui risque d'être totale et exclusive.

1.2. Le dialecte, en effet, apparaît comme très lié à la première génération : il est nettement plus utilisé avec les parents qu'entre frères et soeurs. En examinant le registre des variétés parlées entre jeunes en lui-même, il devient clair que le dialecte (et les variétés "d'origine" en général) est promis à un avenir bien sombre;
Dans les conversations avec les parents comme dans celles entre gens de la deuxième génération, que ce soit en famille ou au dehors, les filles sont très nettement moins conservatrices : elles rejettent plus facilement le dialecte et adoptent plus rapidement le français.
Un autre fait important - et qui n'est pas encourageant - est que la deuxième génération immigrée en Belgique francophone ne semble pas évoluer vers le bilinguisme ou le plurilinguisme comme on aurait pu l'espérer. L'évolution amorcée est de caractère monolingue; il se confirme que ce monolinguisme sera francophone.

1.3. Une des caractéristiques de la situation linguistique des familles immigrées est le caractère "mixte" de certaines conversations.

Il résulte de notre enquête qu'il s'agit surtout des conversations entre générations. Dès que l'on ne continue pas une conversation dans la variété linguistique initiale d'origine, le "switching" se fait en direction du français.

Les conversations entre jeunes sont, quant à elles, assez "stables" : ils les continuent dans la variété initiale , ce qui permet de penser qu'il y a une spécialisation des registres (telle variété pour tel sujet de conversation). Il faut cependant relever que 88% des conversations se passent en français.

1.4. L'alternance des variétés linguistiques en dehors du cercle familial se pose , elle aussi, en termes de dialecte et de français. D'autre part, la moitié de ceux qui parlent une des variétés "d'origine" en famille ont tendance à l'abandonner une fois qu'ils sortent de chez eux.

Le "profil" des variétés d'origine qui se précise petit à petit à travers ce chapitre est le suivant : le dialecte est le véritable pôle de résistance du système linguistique d'origine. Il a une sorte de statut (plus ou moins implicite) de marque de "in-group-solidarity". L'italien, lui, a un statut "d'étranger" dans la famille immigrée :il est la langue standard de "là-bas", avec tout ce que cela représente au sein d'une population qui, au moment du départ, ne l'utilisait pas comme variété utilitaire.

Comportement linguistique et situation sociale

1.5. La socialisation préscolaire montre son importance pour le choix linguistique des jeunes immigrés. Selon qu'ils sont nés en Belgique ou arrivés d'Italie, ils parleront plutôt français ou plutôt dialecte chez eux. Cette différence n'agit pas sur l'italien, qui confirme son statut "extérieur".

La socialisation préscolaire n'influence cependant pas la vie "publique" ; hors de chez eux, les jeunes adoptent grosso modo les mêmes usages linguistiques, quel que soit leur lieu de naissance. L'influence des parents (socialisation primaire) est ici dépassée par celle de l'école (socialisation secondaire).

Il ne faut cependant pas en conclure que nous avons affaire à de petits Belges : l'usage des jeunes immigrés diffère de moitié de celui des Belges.

1.6. La seconde génération immigrée à un caractère très homogène au point de vue de sa fonction économique, nous l'avons dit dans l'introduction de ce travail; cela suppose une répartition sur des échelons bien particuliers de la hiérarchie du travail. Cela suppose aussi une répartition sur des niveaux d'études qui confèrent un niveau culturel - et plus spécialement de culture linguistique - assez homogène. Il nous fut, dès lors, impossible d'établir une différence entre "cols bleus" et "cols blancs" d'une part et d'autre part entre les différents niveaux scolaires (d'autant plus que peu d'immigrés finissent les études secondaires entreprises).

1.7. La scolarisation comme phénomène global a pourtant une incidence sur le comportement linguistique des jeunes immigrés. On voit que plus ils sont scolarisés, plus ils abandonnent le dialecte et plus ils adoptent le français.

Cette première constatation s'accompagne d'une autre : il y a des indications dans le sens d'une capacité de "switching" en fonction du caractère formel ou informel de la conversation chez les étudiants (elle existe, en moindre mesure, également chez les travailleurs qui ont essayé d'améliorer leur sort) et ce en fonction de leur propre évaluation spontanée de la situation.

Comportement linguistique et mentalité

1.8. Le chapitre qui a donné le moins de résultats a bien été celui là. On peut d'ailleurs comprendre pourquoi. Les affirmations que font les jeunes immigrés en matière "d'opinions sur" des questions de mentalité, sont dès le prime abord, très vagues ou inconcluantes. Si l'on compare les variantes sociologiques qui se rapportent à de telles affirmations, les choses deviennent encore plus floues mais si on exige d'eux d'être cohérents également du point de vue du comportement linguistique, on s'enfonce dans l'épais brouillard que constitue en fait l'ensemble de la deuxième génération en ce qui concerne sa "culture" propre, dans le sens le plus gramscien du terme.

Nos résultats sont donc uniformes : négatifs sur toute la ligne. Un tel, qui s'affirme Italien, parle tout autant le français qu'un autre qui se dit Belge. Un troisième, qui "sans l'ombre d'un doute" retournera vivre en Italie, aurait toutes les peines du monde à y parler autre chose que le français. Enfin, nous n'avons obtenu aucune indication dans le sens d'une relation éventuelle entre conservatisme moral et conservatisme linguistique.

L'usage formalisé

1.9. Si l'on parvient à "coincer" un jeune immigré italien de la deuxième génération devant une caméra bien officielle de la RTBF pour une émission italienne, que parlera-t-il dans des circonstances aussi formelles ? Français, dans 2 cas sur 3 ! Sinon, plutôt italien que dialecte. Faut-il y voir une échelle des valeurs (français = le plus "chic", dialecte = le moins "chic".) ?

2. Et nos hypothèses ?

Aux pages 34 et 35 de ce travail, nous énoncions les hypothèses qui allaient orienter notre travail. Ces hypothèses étaient des "projections", dans ce sens qu'elles déduisaient l'existence de certains types de correspondances sociolinguistiques en immigration de leur simple existence dans d'autres situations.

Pour voir la valeur d'une telle déduction, contrôlons cas par cas :

2.1. Assimilation = abandon de la langue maternelle (p.34)

Nous avons constaté dans quelle mesure ces jeunes étaient en voie d'assimilation. L'article de F. DASSETTO et R. POZZO a confirmé que si la deuxième génération se <u>veut</u> encore en grande partie italienne, de facto la balance, du point de vue culturel, est déjà en train de basculer de l'autre côté. Nos jeunes immigrés italiens scolarisés ici en Belgique n'ont pas encore fini de parcourir le chemin de l'assimilation; ils sont déjà en grande majorité francisés du point de vue linguistique (cfr. conclusions 1.1., 1.4., 1.9). La relation <u>existe</u> dans le cas de la deuxième génération italienne immigrée.

2.2. Le niveau d'instruction et le statut social encouragent l'abandon de la langue maternelle (p.34)

Nos conclusions 1.6 et 1.7 ne nous permettent pas une réponse sans nuances. Vu le caractère homogène (bas) de l'éducation linguistique reçue par presque tous les étudiants ou travailleurs immigrés de la deuxième génération, il est difficile de relier tel type bien spécifique d'études ou de métier à tel comportement linguistique. Cependant, d'un point de vue global, la durée de scolarisation est liée à l'abandon du dialecte et à l'adoption du français. Quand il existe donc des conditions diversifiées dans ce domaine, la relation <u>existe</u> dans le cas de la deuxième génération italienne immigrée.

2.3. L'étudiant parlera plus souvent français que le travailleur (p. 35)

Hypothèse confirmée par la conclusion 1.7. qui établit également que l'étudiant semble avoir plus de "dextérité" linguistique. La deuxième génération italienne en Belgique connaît donc une telle différenciation.

2.4. Projet de retour et usage linguistique (p.35)

Est-ce le lien qu'il est impossible d'établir ? N'est-il pas plutôt difficile de démontrer que ce fameux projet de retour est autre chose qu'une vélléité qui ne porte pas à conséquence ?

2.5. Usage linguistique et comportements idéologiques (p.35)

L'hypothèse, en elle-même, était risquée. Malheureusement, il est impossible de se faire une opinion quant à sa validité. Les affirmations des jeunes immigrés dans le domaine idéologique sont tellement floues, mouvantes et indécises, qu'il est difficile de les qualifier d'intériorisées.

2.6. Indifférence et comportements inattendus (p.35)

La deuxième génération italienne immigrée en Belgique n'échappe pas au phénomène de toute la jeunesse européenne qui va à la recherche de ses propres contours, tellement ceux-ci sont vagues. Il semble que la différence réside dans le fait que les jeunes immigrés ne "vont" même pas : quant à leurs opinions, ils "flottent" et quant à leur comportement linguistique, ils se laissent porter par la vague de l'assimilation

3. Le "modèle américain", ici aussi ?

A première vue, il semblerait bien que tout ce que nous illustrons au point 3.2.2.2. de notre introduction, de la situation aux Etats-Unis s'applique parfaitement à la deuxième génération italienne immigrée en Belgique francophone.

Si nous en restons strictement aux conclusions que nous permettent nos données, nous devons affirmer, en effet, que la deuxième génération italienne immigrée en Belgique francophone est en train de perdre son système linguistique d'origine et de passer progressivement à la langue d'arrivée. C'était exactement cela que "Language Loyalty in the United States" constatait pour les Etats-Unis.

Nous croyons cependant que la conclusion de tout travail scientifique a le devoir, d'une part, de réinscrire ses résultats dans la totalité du domaine du réel dont elle a cherché à préciser une partie et, d'autre part, de poser les interrogations qui ont surgi pendant la recherche, afin de faire de ces questions et des résultats atteints, le tremplin pour d'autres recherches.

A cet égard, nous voudrions souligner les points suivants :

- notre étude, comme celle de "Language Loyalty in the United-States", se base sur les informations que les gens fournissent au sujet de leurs propres comportements, ce que la sociolinguistique appelle des "language claims". Ceci nous donne une idée exacte des intentions des gens, de la façon dont ils "se vivent". L'importance d'une telle étude est donc capitale. Cependant, une autre approche sociolinguistique devra la compléter : l'étude du produit fourni, pour confronter ces données subjectives avec l'objectivité des variétés (et des variétés internes).

- la comparaison avec les "immigrants" américains appelle à une grande prudence. Il y a une différence énorme entre ces "immigrants" et les immigrés actuels en Belgique. Non seulement l'époque est différente (avec tout ce que cela comporte à l'heure actuelle, où l'accélération historique est une donnée vitale pour toute recherche scientifique), mais les conditions sociales ne sont pas du tout les mêmes.
Les "immigrants" américains étaient tous des candidats-citoyens, des sujets politiques et sociaux (il y avait, à cette époque,"de la place pour tout le monde" dans l'économie américaine).
Les immigrés, ici, versent dans des conditions de non-existence politique et de marginalisation sociale fonctionnelle (il y a, aux Etats-Unis, des immigrants de cette époque qui sont marginalisés, mais ils ne sont pas structurellement marginalisés).

Dès lors, si nous voulons comparer des situations historiques comparables, ne vaut-il pas mieux comparer nos immigrés avec les Noirs américains ? Cependant, là aussi, la différence d'époques joue son rôle. Il vaudrait mieux faire la comparaison avec des situations sociologiquement comparables et actuelles, mais où les études, à cette échelle, manquent encore : - les Puertoricains
- les Chicanos.

Enfin, il ne faut pas perdre de vue le fait que la langue n'est qu'un thermomètre social. Elle ne peut que s'inscrire dans l'ensemble des éléments qui déterminent un phénomène. Elle ne permet pas de tirer des conclusions hâtives du genre : les jeunes immigrés abandonnent l'italien et le dialecte et adoptent le français, donc ils sont en passe de devenir de parfaits francophones.
("Tous candidats à l'Académie Française", nous disait derniè-

rement un jeune qui était juste "passé" en français) et de s'intégrer parfaitement dans le cadre social de notre Belgique.
Ce seraient là des conclusions du type de celles que le "monde de l'enseignement" belge prend trop souvent, avec une insouciance que,par un "understatement" nous qualifierons de "préoccupante". La différence entre la première et la seconde génération est que celle-ci comprend mieux les ordres et qu'elle est mieux entrée dans le circuit de la consommation "culturelle" (les pères achetaient des disques de Claudio Villa; maintenant, on entend aussi Plastic Bertrand dans les familles immigrées). Substantiellement, le jeune "baragouine" mieux en "français"; cela lui donne, pour une courte période, une bonne conscience qui sert à la "Paix Sociale", mais cela ne dure pas. En plus, si politiquement, il n'a pas le droit à la parole, il faut ajouter qu'il ne saurait ni quoi dire, ni comment, dans le cas hypothétique où on la lui donnerait; l'effort éducatif est complètement à faire, mais cela coûterait très cher.

Il faudra un jour qu'une société entière se rende compte que le seul "langage" qui puisse sortir d'une détresse anomique si profonde est une violence qui n'a d'égal que celle avec laquelle la société a produit l'anomie.

Il est vrai que "clockwork orange", c'est de la littérature, mais faut-il toujours des Newark pour qu'un homme ait le droit d'être un homme ? ...

ANNEXES

1. QUESTIONNAIRE GÉNÉRAL
2. QUESTIONNAIRE TRAVAILLEURS
3. QUESTIONNAIRE ETUDIANTS

1. QUESTIONS GENERALES

1.1. Sexe M F

1.2. Lieu de naissance.................... Province.........

1.3. Date de naissance - Mois .... Année ....

1.4. Si tu n'es pas né en Belgique, en quelle année es-tu venu ? ....

1.5. Dans quelle commune habites-tu ? ....

1.6. Parmi tes frères et soeurs, es-tu :

fils unique
le premier
le deuxième
le troisième
.... (spécifier le quantième)

1.7. Que fais-tu actuellement ?

tu étudies
tu travailles
tu travailles et tu étudies à temps partiel
tu es en mutuelle
tu es en chômage
autre (spécifier).........................

1.8. Y-a-t-il des personnes de ta parenté qui sont allées travailler en Belgique, dans d'autres pays (Allemagne, Suisse...) ou ailleurs en Italie ?

	en Belgique (spécifier où)	dans d'autres pays (spécifier où)	en Italie (spécifier où)
- grands-parents			
- oncles-tantes			
- cousin(e)s			
- autres (spécifier)			

1.9. Ton père et ta mère

- en quelle année se sont-ils mariés ? ....

2. TON PERE

Voici quelques questions sur ton père

2.1. Lieu de naissance .... Province ....

2.2. Année de naissance ....

2.3. Nationalité actuelle ....

2.4. Nationalité à la naissance ....

2.5. S'il est en vie est-il :

marié divorcé

séparé veuf

autres (spécifier).............

2.6. Si ton père est décédé :

- en quelle année?...........................

- par quelle cause ? ....

....

2.7. Si ton père n'est pas né en Belgique, en quelle année est-il arrivé en Belgique ? ....

2.8. Si ton père n'est pas né en Belgique, a-t-il été dans d'autres pays (Allemagne, Suisse, ...) ou ailleurs en Italie avant de venir en Belgique ?
Lesquels ? ....

2.9. Quel diplôme a-t-il eu ou bien quelle a été la dernière année d'école fréquentée ? ....
....

2.10. Que fait ton père <u>actuellement</u> ?

il travaille

retraité, pension de vieillesse

retraité maladie-invalidité

en mutuelle

en chômage

autres (spécifier)..................

2.11. <u>S'il travaille</u>, quel est son travail actuel et dans quel secteur travaille-t-il ? (voir la liste!)

Travail : ....

Secteur : ....

2.12. <u>S'il ne travaille pas</u>, quel a été son dernier travail et dans quel secteur travaillait-il ? (voir la liste)

Travail : ....

Secteur : ....

2.13. Peux-tu me dire quel a été son premier travail en Belgique et dans quel secteur travaillait-il ? (voir la liste) ?

Travail : ....

Secteur : ....

2.14. Que faisait-il en Italie avant d'émigrer ?

Travail : ....

Secteur : ....

2.15. Pourquoi ton père est-il venu en Belgique ? (indique celle - et une seule - que tu crois la raison principale)

il était sans travail

il avait un travail irrégulier

il avait un travail régulier mais il ne gagnait pas assez

il avait des ennuis politiques

autres (spécifier)..............................

2.16. Certains migrants veulent retourner en Italie, d'autres pensent rester en Belgique. Quelle décision a prise ton père ? (une seule réponse)

est rentré définitivement en Italie

n'a pas l'intention de rentrer (sauf pour les vacances)

a le projet de rentrer

il voudrait rentrer mais il est tenu ici par la famille

je ne sais pas ce qu'il veut faire

autres (spécifier).................................

2.17. Quand ton père doit écrire des lettres en italien et en français à des parents , ami ou quelqu'und'autre (propriétaire...) normalement :

	en italien	en français
- il écrit lui-même		
- il se fait aider		
- il la fait écrire par quelqu'un		
- il n'écrit jamais		

3. TA MERE

Voici quelques questions sur <u>ta mère</u>

3.1. Lieu de naissance .... Province ....

3.2. Année de naissance ....

3.3. Nationalité actuelle ....

3.4. Nationalité de naissance ....

3.5. Si ta mère est en vie, est-elle

mariée | divorcée

séparée | veuve

autres (spécifier)

3.6. Si ta mère est décédée :
- en quelle année : ....
- par quelle cause : ....
....

3.7. Si ta mère n'est pas née en Belgique, en quelle année est-il arrivée en Belgique ?............

3.8. Si ta mère n'est pas née en Belgique, a-t-elle été dans d'autres pays (Allemagne, Suisse...) ou ailleurs en Italie avant de venir en Belgique ? Lesquels ?
....
....

3.9. Quel diplôme a-t-elle eu ou bien quelle a été la dernière année d'école fréquentée ? ....
....

3.10. Que fait ta mère actuellement ?
elle travaille
retraitée, pension de vieillesse
retraitée, maladie-invalidité
en mutuelle
en chômage
autres (spécifier)

3.11. Si elle travaille, quel est son travail actuel et dans quel secteur travaille-t-elle ? (voir la liste)
Travail ....
Secteur ....

3.12. Si elle ne travaille pas, quel a été son dernier travail et dans quel secteur travaillait-elle (voir la liste) ?
Travail ....
Secteur ....

3.13. Peux-tu me dire quel a été son premier travail en Belgique et dans quel secteur travaillait-elle ? (voir liste)

Premier travail ....

Secteur ....

3.14. Que faisait-elle en Italie avant d'émigrer ?

Travail ....

Secteur ....

3.15. Certains migrants veulent retourner en Italie, d'autres pensent rester en Belgique. Quelle décision a prise ta mère ? (une seule réponse)

rentrer définitivement

n'a pas l'intention de rentrer (sauf pour les vacances)

a le projet de renter

elle voudrait rentrer mais elle est retenue ici par la famille

je ne sais pas ce qu'elle veut faire

autres (spécifier)

3.16. Quand ta mère doit écrire une lettre en italien ou en français à des parents, amis ou quelqu'un d'autre (propriétaire...) normalement :

	en italien	en français
-Elle écrit elle-même		
-Elle se fait aider		
-Elle la fait écrire par quelqu'un		
-Elle n'écrit jamais		

4. TES FRERES ET SOEURS

Ci-après tu trouves des questions pour tes frères et soeurs vivants. Réponds pour chacun en commençant de l'aîné(e) au cadet. Evidemment, tu ne dois pas parler de toi.

4.1. Combien de frères et soeurs vivants êtes-vous en famille (y compris toi-même) ?.................

4.2. Y-a-t-il des frères et soeurs qui sont décédés ?

oui non je ne sais pas

Si oui, combien ....

4.3.1. Sexe : homme femme

4.3.2. Lieu de naissance : ....

4.3.3. Année de naissance : ....

4.3.4. Ton frère (soeur) est-il (elle) :

célibataire

marié

divorcé

séparé

veuf

autres (spécifier)............................

4.3.5. Nationalité actuelle : ....

4.3.6. S'il (elle) a changé de nationalité :

- en quelle année l'a-t-il (elle) changée........
- pourquoi l'a-t-il (elle) changée ....

4.3.7. S'il (elle) est marié(e) :

- en quelle année s'est-il (elle) marié(e) ? ....
- combien d'enfants ont-ils : ....
- il est marié avec :

Belge francophone

4.3.7. Belge néerlandophone
Belge d'orine italienne
Italien (ne)
Etranger(e) (Espagnol(e), grec etc.)
Autres (spécifier)................................

4.3.8. Quel diplôme a-t-il (elle) eu ou bien quelle a été la dernière année d'école fréquentée ? ....
....

4.3.9. Que fait ton frère (ta soeur) actuellement ?
aux études. Quoi ? ....
au travail
en mutuelle
au chômage
autres (spécifier)..............................

4.3.10 S'il (elle) travaille, quel est son travail actuel, dans quel secteur travaille-t-il (elle) (voir liste)?
Travail ....
Secteur ....

4.3.11 S'il (elle) ne travaille pas, quel a été son dernier travail ? dans quel secteur ? (voir liste)
Travail ....
Secteur ....

4.3.12 Ton frère (soeur) s'il (elle) vit en famille et s'il (elle) travaille, à qui donne-t-il (elle) la paye ?
....

4.3.13 Combien donne-t-il (elle) ?

tout, sauf l'argent de poche
une partie pour participer aux frais de la maison
rien, il garde tout
je ne sais pas
autres (spécifier)................................

5. ENFANCE

5.1. Quand tu étais petit (jusqu'à 6 ans) et que tu vivais en Belgique, ta mère avait-elle un travail ?

Je ne sais pas
Non, elle s'occupait seulement du ménage
Oui, hors de la maison à temps plein
Oui, hors de la maison à mi-temps ou à heures
Oui, un travail payé à la maison (ex. couture etc.)
Autres (spécifier)..............................

5.2. Si tu as répondu OUI à la question précédente, qui te gardait d'habitude pendant les heures de travail de ta mère ?

Frères et/ou soeurs
Grands-parents, tante ou quelqu'un de ta famille
Amis
Crêche ou école gardienne
Personne
Autres (spécifier)..............................

5.3. Quand tu as fréquenté l'école primaire, s'il t'est arrivé de doubler peux-tu me dire en quelle année et combien de fois ?

	doublé		combien de fois
1ère année primaire	oui	non	
2ème année primaire	oui	non	
3ème année primaire	oui	non	
4ème année primaire	oui	non	
5ème année primaire	oui	non	
6ème année primaire	oui	non	

5.4. En quelle année as-tu terminé l'école primaire?......
En quelle année as-tu commencé l'école primaire?......

5.5. As-tu fréquenté pendant un certain temps les écoles spéciales ?

non, jamais
oui, pendant un an
oui, pendant plusieurs années

5.6. Si tu as fréquenté les écoles spéciales dans le temps dans quel niveau d'enseignement les as-tu fréquentées?

école gardienne
école primaire
école professionnelle
école technique
autres écoles (spécifier)........................

6. LOGEMENT PROPRIETE

6.1. Avec qui vis-tu ?

Je vis seul
Je vis hors de la famille en semaine et je rentre normalement le week-end
Je vis avec mes parents, frères et soeurs
Je vis près d'autres parents (cousins, oncles etc)
Je vis avec des amis
Autres (spécifier)...........................

6.2. Avec ta famille actuelle, y-a-t-il d'autres personnes qui cohabitent ? (par exemple : cousins, oncles, tantes, grands-parents etc...)

oui non

Si OUI, qui ? ....
....

6.3. Habites-tu :

dans une maison unifamiliale
dans un appartement
dans une chambre
autres (spécifier)............................

6.4. Dans l'immeuble où tu habites, y a-til une autre famille de ta parenté ?

oui non

6.5. Quelqu'un de ta parenté habite-t-il près de chez toi, à moins de 5 minutes à pied environ ?

oui non je ne sais pas

6.6. La maison où tu habites appartient-elle

à tes parents
à toi
à quelqu'un de ta famille ou de ta parenté
à un Italien
à un étranger (Espagnol, Grec...)
à un privé Belge
à une société belge (mines, agence...)
à la commune
à une société de logements sociaux
autres (spécifier).........................

6.7. Pour le logement, combien payes-tu si tu habites seul(e) ou combien paient tes parents (si tu habites en famille)

- pour loyer........FB par mois
- pour rachat.......FB par mois
- pour prêt hypothécaire (banque, notaire)........FB
- rien parce que la maison nous appartient
- je ne sais pas

6.8 Avant d'émigrer, ton père ou ta mère possédaient en Italie :

	rien	eu en héritage	acheté	je ne sais pas
maison ou appartement				
terrain				
petit commerce ou atelier artisanal				

6.9. Après avoir émigré, ton père ou ta mère ont-ils acheté en Italie ou en Belgique quelques propriétés ?

	rien	acheté avec leurs moyens		acheté avec l'aide d'un institut public (commune,...)		je ne sais pas
		I	B	I	B	
maison ou appartement						
terrain						
petit commerce ou atelier artisanal						

6.10. S'ils ont acheté quelque chose, en quelle année l'ont-ils acheté ? ....

6.11. Après avoir émigré (ou bien au moment d'émigrer) ton père ou ta mère ont-ils vendu :

	rien	en Italie	en Belgique	je ne sais pas
maison ou appartement				
terrain				
petit commerce ou atelier artisanal				

6.12. Est-ce que tes parents envoient de l'argent en Italie?

non jamais
oui, pour acheter des maisons ,des terrains...
oui, pour le placer dans une banque
oui, pour aider quelqu'un (parents, oncles...)
autres (spécifier)..............................

6.13. Si tes frères est soeurs résident <u>en Belgique</u>, peux-tu me dire <u>combien</u> d'entre eux ont acheté <u>en Belgique</u>?

- maison ou appartements ...... Frères ou soeurs
- terrains ...... Frères ou soeurs
- petit commerce ...... Frères ou soeurs

6.14. Si tes frères et soeurs résident en Belgique, peux-tu me dire combien d'entre eux ont acheté en Italie :

- maison ou appartement .... Frères ou soeurs
- terrains .... Frères ou soeurs
- petit commerce .... Frères ou soeurs

6.15. Est-ce que tu possèdes <u>en Italie</u>

	rien	eu en héritage	acheté ou épargné
une maison ou un appartement			
terrain			
un commerce ou un atelier artisanal			
des épargnes			

6.16. Est-ce que tu possèdes <u>en Belgique</u>

	rien	eu en héritage	acheté ou épargné
une maison ou un appartement			
terrain			
un commerce ou un atelier artisanal			
des épargnes			

6.17. D'après toi actuellement en Belgique est-il plutôt facile ou plutôt difficile d'acheter une maison, un appartement, un terrain ou de faire des épargnes

	C'est plutôt facile	C'est plutôt difficile	Je ne sais pas
acheter une maison ou appartement			
un terrain			
faire des épargnes			

6.18. Dans ta famille, avez-vous des voitures

non
oui, moi personnellement
oui, mon père ou ma mère
oui, mes frères et soeurs
autre (spécifier).......
....

marque et type	achetée nouvelle	achetée d'occasion

6.19. Si tu as une voiture, l'as-tu achetée

à crédit au comptant

6.20. As-tu une moto ou un vélomoteur ? non oui

Si oui, quelle marque ?.........................

quelle cylindrée ? ....

6.21. Peux-tu me dire parmi les objets suivants lesquels tu possèdes personnellement (c.à.d les objets qui n'appartiennent pas à tes parents, mais que tu as achetés ou que tu as eus en cadeaux) ?

petit transistor
transistor de qualité (plus de 2.000 FB)
télévision blanc et noir
télévision en couleurs
enregistreur ou musicassette simple
auto-radio
tourne-disques simple
tourne-disques stéréo
appareil photographique simple
appareil photographique professionnel (ou de plus de 3.000 FB)
enregistreur ou musicassette de qualité
autres (spécifier)
rien

6.22. Combien es-tu disposé en général à dépenser pour une paire de chaussures ? ....

7. VACANCES CONGES FETES VIE FAMILIALE

7.1. Les trois dernières années, es-tu parti en congé ou en vacances

1973	1974	1975	
			pas de vacances
			seul
			avec tes parents
			avec des amis italiens
			avec des amis belges
			avec des amis belges et italiens
			autres (spécifier)

7.2. Pendant les trois dernières années, où es-tu allé pour tes congés ?

1973	1974	1975	
			chez moi (pas de vacances)
			en Belgique
			en Italie
			autres pays

7.3. Il y a plusieurs façons de passer les congés : on peut aller à l'hôtel, chez la famille etc. Comment as-tu passé la plus grande partie de tes trois derniers congés annuels ?

1973	1974	1975	
			pas de vacances (resté chez moi)
			hôtel, pension, demi-pension
			maison ou appartement loués
			chez des amis
			chez quelqu'un de la famille
			camping
			roulotte
			autres (spécifier)

7.4. En dehors de la province où tu habites, quelles grandes villes ou régions as-tu déjà visitées ?

En Belgique ....

....

En Italie ....

Ailleurs ....

7.5. Est-ce tu irais exprès en Italie à l'occasion du mariage ou de l'enterrement de quelqu'un de ta parenté (père, mère, frères, soeurs...)

	mariage	enterrement
- père et mère		
- frères et soeurs		
- cousin(e)s		
- oncles, tantes		
- autres (spécifier)		

7.6. Est-ce que tes parents iraient exprès en Italie à l'occasion du mariage ou de l'enterrement de quelqu'un de leur famille (leurs frères et soeurs, leurs parents, leurs fils...)

	mariage	enterrement
- leurs père ou mère (tes grands-parents)		
- leurs frères et soeurs (tes oncles et tantes)		
- leurs enfants (tes frères et soeurs)		
- leurs neveux (tes cousin(e)s)		
- leurs cousins		
- autres (sépcifier)		

7.7. Est-ce que quelques parents à toi qui vivent en Italie sont venus exprès en Belgique à l'occasion du mariage ou de l'enterrement de quelqu'un de la famille (père, mère, frères, soeurs...) ?
- à l'occasion d'un mariage; qui ? ....
- à l'occasion d'un enterrement; qui ? ....

7.8. Qu'as-tu fait au cours des deux dernières semaines? Peux-tu me dire comment tu l'as fait, si seul, avec des Italiens, des Belges, avec la famille etc.

	NON	OUI seul	OUI avec des Belges	OUI avec des Italiens	OUI avec des immigrés non-italiens	OUI avec famille, parents, fiancé
-rendu ou reçu visite						
-pratiqué un sport						
-assisté à un match						
- tricot, couture						
-cinéma						
-dancing						
-regardé Ciao Amici						
-écouté programme radio belge pour italiens						
-écouté le journal parlé						
-écouté des disques italiens (tourne-disques, juke-box)						
-écouté des disques français ou anglais						
-allé à la messe en français						
-allé à la messe en italien						
-entretien de voiture, moto,...						
-promenade						
-écouté la radio italienne (R.A.I.)						
-autres (spécifier)						

7.9. En général , combien dépenses-tu en week-end normal ?

rien

au-dessous de 200 francs

entre 200 et 500 francs

entre 500 et 1000 francs

au dessus de 1000 francs

7.10. Peux-tu sortir le soir avec des ami(e)s ?

non, d'habitude je ne peux pas sortir le soir

oui, mais je dois demander la permission (et dire éventuellement) le lieu et l'heure approximative du retour

oui, d'habitude je peux sortir sans dire où je vais et l'heure du retour

oui, je peux faire ce que je veux

autres (spécifier)

7.11. Certainsmigrants veulent rentrer en Italie, d'autres pensent rester en Belgique. Qu'est-ce que tu penses faire ?

Je pense rentrer en Italie dans les prochaines années

je veux rester en Belgique

je voudrais aller dans un autre pays

je ne sais pas encore quoi faire

autres (spécifier)

Pourquoi ? ....

....

7.12. Si tu veux rentrer en Italie, dans quelle région voudrais-tu aller ? ....

Si tu veux rentrer en Italie, que penses-tu faire ?

chercher du travail

ouvrir un commerce (magasin, café)

travailler dans une place que quelqu'un m'a trouvée là-bas

autres (spécifier) ....

8. LANGUES LECTURES

8.1. Est-ce qu'il t'arrive d'acheter un journal ou une revue ? Si oui, indique le(s) titres et si tu l'achètes régulièrement, assez souvent ou de temps à autre.

Titre	Acheté régulièrement	Acheté assez souvent	Acheté de temps à autre

8.2. Sans tenir compte de ce que tu as lu pour l'école, qu'est-ce que tu as lu au courant du dernier mois ? Indique aussi le titre

rien
journal sportif belge. Quoi ? ....
journal sportif italien. Quoi ? ....
quotidien italien. Quoi ?.........................
quotidien belge ou français. Quoi ?...............
revue italienne d'information. Quoi? ....
revue belge ou française d'information. Quoi?......
....
romans-photos italiens (Bolero,Grand-Hotel)........
romans-photos belges ou français. Quoi ? ....
bandesdessinées belges ou françaises. Quoi ?.......
....

bandes dessinées italiennes (Diabolik, topolino)...
....
policiers, science-fiction. Quoi ? ....
romans en italien. Titre ....
romans en français. Titre ....
livres d'histoire, politique, sciences. Quoi ?.....
....
autres. Quoi ?....................................

8.3. Dans un quotidien, qu'est-ce que tu lis habituellement?

je ne lis jamais
politique belge
politique italienne
politique internationale
faits divers
sport
bandes dessinées
feuilleton
autres (spécifier)

8.4. Quelle langue, en général, parles-tu dans la famille ?

	italien	français	dialecte	italien	dialecte belge
-avec ton père					
-avec ta mère					
- avec tes frères/soeurs					
-avec ton/ta fiancée					

8.5. Dans quelle langue <u>te parlent-ils</u>

	Italien	français	dialecte	italien	dialecte belge
-ton père					
-ta mère					
-tes frères et soeurs					
-ton(ta) fiancé(e)					

8.6. D'habitude en dehors de ta famille, parles-tu en italien ou en dialecte italien (par exemple: copains d'école, de travail, au café, avec le chef...)

Italien avec ....

....

Dialecte italien avec ....

....

8.7. Avec les amis qui connaissent ton dialecte italien, préfères-tu parler :

dialecte

en italien

en français

en wallon

autres (spécifier)...............................

8.8. Si tu devais parler à "Ciao amici" en quelle langue préférerais-tu parler ?

italien

dialecte italien

français

wallon

8.9. As-tu suivi des cours d'italien organisés par le Consulat ?

oui non je ne sais pas

si OUI, étaient-ce des cours

par correspondance de jour

8.10. Pendant combien d'années les as-tu suivis ?
.... années
A quoi ces cours t'ont-ils servis ? ....
....

8.11. Si tu dois écrire une lettre en italien ou en français à des parents, à des amis ou à quelqu'un d'autre (propriétaire...) normalement (donner une seule réponse).

	en italien	en français
tu écris toi-même		
tu te fais aider		
tu la fais écrire par quelqu'un		
tu n'écris jamais		

8.12. Dans les dancings où tu vas, en général :

je ne vais jamais au dancing
il y a une majorité de belges francophones
il y a une majorité de belges flamands
il y a une majorité d'immigrés
autres (spécifier)

9. VIE SOCIALE

9.1. Il y a des groupes qui font des activités différentes (loisirs, sports, formation, politique...). Participes-tu à quelques-uns de ces groupes ?

je ne participe à aucun groupe
je participe à un groupe de loisirs
" " " de sports
" " " de formation
" " " de politique
" " à un syndicat
" " à un club de jeunes
autres (spécifier)...............................

9.2. En Italie et en Belgique, il y a des partis ou des associations qui sont connus par des sigles. Peux-tu me dire si tu les connais et quelle est la significations de ces sigles. Ex. ONU= Organisation des Nations Unies
CEE= Communauté Economique Européenne (Marché Commun)

	Inconnu	connu	signification des sigles
C.S.C.			
F.G.T.B.			
P.C.I.			
M.O.C.			
P.S.B.			
M.S.I.			
A.C.L.I.			
P.S.C.			
F.I.L.E.F.			
U.C.M.L.B.			
D.C.			
AMADA			
P.C.B.			
C.G.I.L.			
J.O.C.			
L.R.T.			

9.3. Il existe en Belgique plusieurs associations, groupements, partis, etc. Tu devrais me dire comment tu participes à l'activité de ceux-ci. Si activement, parfois, peu ou jamais.

	activement	parfois	peu	jamais
-associations régionales italiennes (ex. trentini ou siciliani nel mondo)				
-parti communiste italien				
-démocratie chrétienne				
-A.C.L.I.				
-Mission catholique italienne				
-Association sportive				
-Mouvements de jeunes (scouts, patro)				
-C.S.C. (syndicat chrétien)				
-F.G.T.B. (syndicat socialiste)				
-Paroisse belge				
-J.O.C.				
-Maison, club de jeunes				
-D'autres groupements religieux (ex. témoins de Jéhova)				
-Autres (spécifier)				

9.4. Connais-tu les Conseils Consultatifs Communaux des Immigrés (CCCI) ?

non, je ne les connais pas

oui, j'ai vaguement entendu parler d'eux

oui, je suis au courant

oui, j'y participe activement (membre du CCCI ou collaborateur)

9.5. Qu'est-ce que tu en penses ? ....

....

9.6. Il existe plusieurs associations, groupements, partis etc. Tu devrais indiquer comment, à ton avis, <u>ton père</u> participe à l'activité de ceux-ci. Si activement, parfois, peu, jamais.

	activement	parfois	peu	jamais	je ne sais pas
-Associations régionales italiennes					
-Parti communiste italien					
-Démocratie chrétienne					
-A.C.L.I.					
-Mission catholique italienne					
-Associations sportives					
-C.S.C. (syndicat chrétien)					
-F.G.T.B. (syndicat socialiste)					
-Paroisse belge					
-d'autres groupements religieux (ex. témoins de Jéhova)					
-Autres (spécifier)					

9.7. D'après toi, qui s'occupe le plus des Italiens ?

les autorités belges

les autorités italiennes

autres (spécifier)..............................

9.8. Il y a plusieurs opinions à propos des élections et de la politique. Je vais te dire différents types d'opinions et tu devrais me dire si tu es plus ou moins d'accord avec celles-ci

	Entière-ment d'accord	Plutôt d'accord	Pas tout à fait d'accord	pas du tout d'accord	je ne sais pas
9.8.1. Il est inutile de voter parce que sont toujours les mêmes qui commandent					
9.8.2. Il est inutile de voter aux élections en Italie parce que nous ne connaissons pas la politique italienne					
9.8.3. Aux élections italiennes, les migrants devraient pouvoir voter en restant en Belgique (consulat, correspondance)					
9.8.4. Aux élections italiennes, il est bien que les émigrés rentrent en Italie pour voter					
9.8.5. Les migrants devraient pouvoir voter aux élections communales belges (élections pour le Conseil Communal)					
9.8.6. Les migrants devraient pouvoir voter aux élections communales et législatives belges (élection pour le Conseil Communal et le Parlement)					
9.8.7. Je ne m'intéresse pas à la politique italienne					
9.8.8. Je ne m'intéresse pas à la politique belge					
9.8.9. La politique est une chose qu'il faut laisser à ceux qui en sont capables					
9.8.10 La politique est un devoir pour tout citoyen					
9.8.11 Il est dangereux de faire de la politique					
9.8.12 Les immigrés ne doivent pas s'occuper de politique					

9.9. Si aujourd'hui tu devais voter, tu donnerais ton vote à :

un parti de droite

un parti libéral

un parti chrétien

un parti socialiste

un parti communiste

un parti révolutionnaire de gauche

autre (spécifier)..............................

9.10. Qu'es-tu ? (il faut donner une seule réponse)

belge

italien

belge et italien

ni belge ni italien

je ne sais pas du tout qui je suis

autres (spécifier)..............................

9.11. Qui es-tu ? (il faut donner une seule réponse)

ma façon de vivre et de penser est typiquement italienne

j'ai des habitudes et des façons de penser à la fois belges et italiennes

je me sens tout à fait intégré dans la société belge

autres (spécifier)..............................

9.12. Es-tu (il faut donner une seule réponse)

égal aux Belges

égal aux Belges, mais parfois traité comme un étranger

moins que les Belges mais plus que les autres étrangers

un immigré qui n'a pas sa place dans la société belge

autres (spécifier)..............................

9.13. Qui es-tu (seulement pour ceux qui travaillent) (Il faut donner une seule réponse).

un travailleur immigré

un travailleur comme les autres

un travailleur exploité

un travailleur immigré et exploité

autres (spécifier)................................

9.14. Qui es-tu (seulement pour les étudiants) (Il faut donner une seule réponse)

un étudiant immigré

un étudiant qui a plus de difficultés que les autres

un étudiant comme les autres

autres (spécifier)....................................

9.15. Est-ce que tu as pris ou prendras-tu la nationalité belge ?

oui, je l'ai prise à l'âge de .... ans

oui, je l'ai prise à l'âge de .... ans mais elle ne m'a pas servi

non, je ne l'ai pas prise et je ne la prendrai pas.

non, je ne l'ai pas encore prise mais je la prendrai

non, je ne l'ai pas encore prise et je ne sais pas encore ce que je ferai.

Pourquoi ? ....

....

9.16. Si tu es fiancé(e), ton (ta) fiancé(e) est :

italien(ne) de la même région d'Italie
italien(ne) d'une autre région que la mienne
Belge, d'origine italienne
Belge francophone
Belge néerlandophone
autres (spécifier).......................

9.17. Pour chacune de ces affirmations, pourrais-tu indiquer ton degré d'accord ?

	Entière-ment d'accord	Plutôt d'accord	Pas tout à fait d'accord	Pas du tout d'accord	Je ne sais pas
9.17.1. Je suis dans une situation meilleure que celle de mes parents quand ils ont émigré					
9.17.2. En Italie, il y a toujours eu des migrants. Il est impossible de changer					
9.17.3. Les capitalistes, les patrons et le gouvernement belges sont la cause de l'émigration					
9.17.4. Les capitalistes, les patrons et le gouvernement italiens sont la cause de l'émigration					
9.17.5. Actuellement, il n'y a plus de différence entre italiens et belges					
9.17.6. Dans la vie les enfants des migrants réussissent généralement comme les fils des Belges					
9.17.7. Les migrants feraient mieux de rester au pays					
9.17.8. Les migrants nord-africains feraient mieux de rester chez eux au lieu de venir prendre la place de ceux qui travaillent déjà en Belgique					

10 PROBLEMES PARTICULIERS (MARIAGE, RELIGION...)

10.1. Qu'est-ce que tu penses du divorce ?

contraire
favorable dans certains cas
favorable
je ne sais pas
autres (spécifier)

Si tu es "favorable dans certains cas", lesquels ?

....

10.2. Crois-tu que le nombre d'enfants doit être limité ?

oui
seulement dans certains cas
non
je ne sais pas
autres (spécifier)

Si "seulement dans certains cas", lesquels ?

....

10.3. D'après toi, quelle est la méthode la plus adéquate pour limiter le nombre d'enfants (donner une seule réponse)

pilule
préservatif
avortement
moyens mécaniques pour la femme
stérilisation de l'homme
stérilisation de la femme
faire attention
autres (spécifier)
je ne sais pas

10.4. Que penses-tu del'emploi de la pilule ?

je suis contre la limitation des naissances

je suis contre la pilule pour des raisons de santé

je suis contre la pilule pour des raisons de principes

je suis favorable, avec quelques doutes

je suis favorable en général

je ne sais pas répondre

autres (spécifier)..............................

10.5. Que penses-tu de l'avortement ? (donner une seule réponse)

contraire, parce que c'est un homicide

contraire, parce que c'est dangereux pour la la femme

favorable si les deux ne sont pas mariés

favorable si les possibilités économiques sont limitées

favorable en général

l'avortement est interdit par la loi

je ne sais pas

autres (spécifier)..............................

10.6. Que penses-tu du travail des femmes mariées hors de la maison ?

contraire

favorable en général

favorable dans certains cas

je ne sais pas

autres (spécifier)..............................

10.7. D'après toi, si <u>une fille</u> a des expériences sexuelles avant le mariage, c'est

certainement bien
probablement bien
certainement mal
probablement mal
je ne sais pas
indifférent
autre (spécifier)..............................

10.8. D'après toi, si un garçon a des expériences sexuelles avant le mariage, c'est

certainement bien
probablement bien
certainement mal
probablement mal
je ne sais pas
indifférent
autres (spécifier)

10.9. Voici quelques questions

	Entièrement d'accord	Plutôt d'accord	Pas tout à fait d'accord	Pas du tout d'accord	Je ne sais pas
10.9.1. Toutes les religions se valent plus ou moins si on les vit sincèrement					
10.9.2. C'est mieux d'être religieux parce que c'est important					
10.9.3. Aujourd'hui la religion est devenue un poids mort					
10.9.4. Les gens choississent la religion qui leur convient le mieux					

	Entièrement d'accord	Plutôt d'accord	Pas tout à fait d'accord	Pas du tout d'accord	Je ne sais pas
10.9.5. Etre religieux dépend de la formation qu'on a reçue					
10.9.6. Si on participe aux Témoins de Jéhova on trouve une vie meilleure qu'ailleurs					
10.9.7. La participation à la religion procure des amis et fait rencontrer des gens					
10.9.8. Entre les membres d'une religion, il y a entr' aide dans la vie (de famille, pour le travail, dans la société...)					
10.9.9. Sans la religion, la vie n'est rien					
10.9.10 Qu'il y ait religion ou pas, le monde va de la même façon					
10.9.11 Nous sommes arrivés à une époque où la religion n'est plus nécessaire					
10.9.12 On peut vivre la religion sincèrement sans tenir compte des règles imposées par les églises et les prêtres					
10.9.13 La religion est quelque chose d'important mais elle a été déformée par les prêtres					
10.9.14 La religion est imortante pour les enfants et les jeunes mais pas pour les adultes					
10.9.15 Les ouvriers et les travailleurs devraient se grouper pour vivre leur religion					
10.9.16 Un patron et un ouvrier sont religieux de façon différente					
10.9.17 Dieu existe					
10.9.18 Dieu est présent et il agit dans le monde					
10.9.19 Dieu est présent dans le monde à travers l'église					
10.9.20 Jésus-Christ a voulu surtout nous enseigner à lutter pour la libération des opprimés					

10.10 Est-ce que chez toi on fait une fête spéciale, avec un repas de fête et éventuellement des invités à l'une ou l'autre des fêtes suivantes ?

Noël Nouvelle Année Epiphanie Pâques

Toussaint Assomption (15 août) Carnaval

Rameaux Fêtes patronales (St Antoine...)

Anniversaires

Autres (spécifier)..

10.11 As-tu déjà été en visite ou en pélerinage à un sanctuaire comme par exemple à Beauraing, à Banneux, Lourdes, Pompei, Saint-Pierre etc. ?

non
oui avec ma famille
oui avec des amis
oui avec des gens de la paroisse

10.12. Si oui, où as-tu été ? ....

10.13. Si tu y as été, c'était
pour demander une grâce
pour dévotion, pour prier
pour faire un voyage ou pour tourisme
autres (spécifier)................................

10.14. Du point de vue de la religion, comment pourrais-tu te définir ?

je suis chrétien oui non je ne sais pas

je crois en Dieu ou un Etre supérieur
oui
non
je ne sais pas

je suis membre de l'Eglise Catholique
oui
non
je ne sais pas

10.15. Tes parents, s'ils n'ont pas d'empêchements, vont-ils à la messe

Ton père		Ta mère
	plus souvent que toi	
	plus ou moins comme toi	
	moins souvent que toi	
	jamais	

10.16. Tes parents vont-ils surtout à la messe célébrée en italien ou en français

Ton père		Ta mère
	préfère la messe italienne à la messe belge	
	c'est égal	
	Préfère la messe belge à la messe italienne	
	Ne va jamais à la messe	

10.17. Au cours des deux derniers mois, combien de fois es-tu allé(e) à la messe

	nombre de fois
En italien, pour adultes et jeunes	
En italien pour jeunes surtout	
En français pour adultes et jeunes	
En français pour jeunes surtout	
Jamais allé(e) à la messe	

10.18. Si tu es allé(e) à la messe, ces deux derniers mois, y-as-tu été ?

seul(e)
avec des copains ou copines italiens ?
avec des copains ou copines belges ?
avec tes parents (père, mère)
avec tes cousins ou cousines
avec oncles, tantes .....
autres (spécifier).............................

Critères pour le choix des interviewés

1. Age : entre les 15 et les 29 ans non accomplis

2. Etat civil : célibataire

3. Scolarisation : les interviewés doivent avoir fait toutes les écoles (primaires comprises) en Belgique. Ils peuvent donc être nés soit en Italie, soit en Belgique

4. Parents de l'interviewé : un au moins doit être né en Italie

5. Familles avec plusieurs enfants : on choisit un seul interviewé par famille. Comment ? Parmi ceux qui sont à la maison au moment de l'enquête, on choisit le premier par ordre alphabétique

6. Nationalité : on peut interviewer des personnes qui se sont naturalisées belges, pourvu qu'un des deux parents soit né en Italie.

I.I. ETUDES

T.I.I. Peux-tu me dire quelles années et combien de fois tu as doublé après l'école primaire (indiquer dans la case le nombre de fois que l'interviewé a doublé l'année)

oui, j'ai doublé l'année suivante

a) école professionnelle						
- degré inférieur	1	2	3	4	5	
- degré supérieur	1	2	3	4		
b) école technique						
- degré inférieur	1	2	3	4		
- degré supérieur	1	2	3	4		
c) humanités	6	5	4	3	2	1
d) enseignement rénové						
- accueil	1	2				
- observation	1	2				
- orientation	1	2				
- détermination	1	2				
e) enseignement supérieur non universitaire						
- type court (ex. infirmières, régents, assistants sociaux...)	1	2	3	4		
- type long (ex. ingénieurs techniciens, commercial)	1	2	3	4	5	
f) université	1	2	3	4	5	6

g) autre école (spécifier)..........................

non, je n'ai jamais doublé

T.I.2. Si tu as fait des études après les écoles primaires, peux-tu me dire quelle spécialisation (ex. coupe-couture, sténo-dactylo, infirmière... plomberie, carroserie, chimie...); quelle section (ex. latin-grec, science, économie...) et quelle faculté universitaire tu as faite ?

....

T.I.3. Suis-tu des cours grâce à l'utilisation des crédits d'heure ?

oui   non   je suis exclu par la loi

Pourquoi ? ....

T.I.4. Si tu as fréquenté des cours du jour après les écoles primaires, peux-tu me dire le nombre d'années que tu as suivi, si tu as obtenu un diplôme et le type de spécialisation ou de section que tu as suivi ?

	Nombre d'années ou mois fréquentés	diplôme ou brevet obtenus		spécialisation ou section
		oui	non	
Cours sous contrat d'apprentissage				
Cours ONEM				
Ecole professionnelle				
Ecole technique				
Enseignement rénové				
Humanités				
Enseignement supérieur non universitaire				
Université				
Autres (spécifier)				

T.I.5. Si tu as fréquenté des cours du soir (promotion sociale) après les écoles primaires, peux-tu me dire le nombre d'années ou mois fréquentés, si tu as obtenu un diplôme et le type de spécialisation suivi ?

	nombre d'années ou mois fréquentés	diplôme ou brevet obtenu		spécialisation ou section
		oui	non	
Cours sous contrat d'apprentissage				
Cours ONEM				
Ecole professionnelle				
Ecole technique				
Enseignement rénové				
Humanités				
Enseignement supérieur non universitaire				
Université				
Autres (spécifier)				

T.I.6. Suis-tu ou as- tu suivi des cours par correspondance ?

OUI NON

Si oui, lesquels ?..

I.2. TRAVAIL

T.2.I. Quel est le travail que tu fais et dans quel secteur travailles-tu ? (voir liste) (décris-le dans les détails)

travail actuel ....

secteur ....

T.2.2. Si tu ne travailles pas maintenant, quel a été ton dernier travail ? Et dans quel secteur travaillais-tu? (voir la liste)

Dernier travail :..............................

Secteur : ....

T.2.3. Depuis que tu travailles, combien de fois as-tu changé de travail ?

.... fois

jamais

T.2.4. Quels étaient les motifs principaux de tes changements?

....

....

T.2.5. Si tu te rappelles, peux-tu me dire les travaux que tu as fait depuis que tu as commencé à travailler jusqu'au dernier travail (exclu)?

TRAVAIL (cf. liste)	SECTEUR (cf. liste)
1.	
2.	
3.	
4.	
5.	
6.	
7.	
8.	

T.2.6. Que fait la firme où tu travailles (ou bien où tu as travaillé la dernière fois) ?

....

T.2.7. Depuis quelle année y travailles-tu ?...............

T.2.8. Où tu travailles, il y a (ouvriers et employés ensemble) ?

moins de 10

entre 10 et 50

entre 50 et 200

plus de 200

je suis seul(e)

je ne sais pas

T.2.8bis En quelle année et à quel mois as-tu commencé à travailler ?

année ...... mois ....

T.2.9. Comment as-tu trouvé ton travail (dernier) ?

le journal

l'ONEM

avec l'aide d'italiens bien placés (curés, chefs...)

avec l'aide de Belges bien placés (chefs d'usine...)

amis, parents, compatriotes

entreprise ou commerce de la famille

des affiches à la porte de l'usine

autres (spécifier)..............................

T.2.10 En général comment vas-tu au travail et combien de minutes te faut-il ?

	combien de minutes
seul en auto	
en auto avec des amis	
en train	
en moto	
en vélo	
à pied	
autres (spécifier)	
j'habite dans la maison où je travaille	

T.2.11 Travailles-tu à la chaîne ?

oui non

T.2.12 Quel est ton horaire de travail ?

T.2.13 Combien d'heures travailles-tu par semaine ? (sans heures supplémentaires)

T.2.14 Quels sont tes jours de repos ?

T.2.15 Fais-tu un travail intérimaire ? oui non

T.2.16 As-tu déjà envisagé de partir de la firme où tu travailles et d'aller travailler ailleurs ?

oui et je vais m'en aller. Pour quelles raisons ?
....

Non, je n'y ai jamais pensé.

T.2.17 Est-ce que ton travail actuel est

très stable. Pourquoi ?............................

assez stable. Pourquoi ?...........................

plutôt précaire. Pourquoi ?........................

très précaire. Pourquoi ? ....

je ne m'en préoccupe pas. Pourquoi ?...............

je ne sais pas. Pourquoi ?.........................

T.2.18 Quelles sont les possibilités de carrière dans ton travail ?

Pratiquement aucune
- parce que je suis étranger
- parce que je n'ai pas de diplôme
- parce que je suis une femme
- parce que je suis mal vu(e)
- parce que je ne suis pas bilingue (français-flamand)
- autres (spécifier)

Bonnes possibilités
- parce que j'ai un diplôme
- parce que je suis bien vu(e)
- parce que je suis Italien(ne)
- parce que je suis bilingue (français-flamand)
- autres (spécifier)............

je ne sais pas

T.2.19. As-tu fait quelque chose pour améliorer ta situation ?

je n'ai rien fait, ça ne m'intéresse pas

je n'ai rien fait, il n'y a rien à faire

j'ai parlé aux chefs ou au bureau du personnel

je fréquente (ou j'ai fréquenté) des cours du soir, des week-ends etc.

j'ai fait des demandes dans d'autres firmes

autres (spécifier)..............................

T.2.20. Est-ce que tu fais des heures supplémentaires ?

non, jamais

oui, régulièrement

oui, parfois

oui, mais très rarement.

T.2.21. Si tu fais des heures supplémentaires

c'est toi qui demandes de les faire

on te demande de les faire

on te le demande mais tu préfères ne pas les faire

autres (spécifier).....................

T.2.22. Normalement, dans ta firme, on déclare ou non les heures supplémentaires

oui   non   je ne sais pas

T.2.23 Combien gagnes-tu de l'heure ou par mois ? (brut)

FB............. par heure   FB............ par mois

T.2.24. Combien as-tu touché de congé payé en 1975 ?

FB........................

T.2.25. Si tu vis en famille, qu'est-ce que tu fais de la paye ?

donnes tout, sauf l'argent de poche

donnes une partie pour participer aux frais de la maison

ne donnes rien, tu gardes tout

autres (spécifier)........................

T.2.26. Si tu donnes de l'argent en famille, à qui le donnes-tu ?

....

T.2.27. Avec l'argent que tu gagnes, est-ce que tu préfères

épargner pour acheter une maison ou un terrain

épargner pour acheter (ou changer) une voiture faire des voyages....

épargner pour garder de l'argent en cas de besoin

acheter ce que tu as envie

autres (spécifier).........................

T.2.28. Dans ton entreprise travaillent comme ouvriers et employés

	ouvrier(e)s	employé(e)s
- plus de Belges que d'étrangers		
- plus d'étrangers que de Belges		
- autant de Belges que d'étrangers		
- je ne sais pas		

T.3. TRAVAIL DANS UNE ENTREPRISE FAMILIALE

T.3.1. Certains travaillent dans une activité de leur famille (dans un commerce, un café etc...)

C'est ton cas ?

- oui, avec mes parents
- oui, avec mes frères et soeurs
- oui, avec des cousin(e)s, oncles, tantes
- non
- autres (spécifier).............

T.3.2. Si oui, comment es-tu payé ?

- de façon fixe (par semaine ou mois)
- je demande ce qu'il me faut
- je ne reçois presque rien ou rien du tout
- autres (spécifier)............................

T.3.3. Si oui, es-tu inscrit à la mutuelle ?

oui | non | je ne sais pas

T.3.4. Si oui, fais-tu ou te font-ils les versements pour la sécurité sociale ?

oui | non | je ne sais pas

Ceux qui ont répondu OUI à la question T.3.1. ne doivent pas répondre aux questions suivantes

T.4. CHOMAGE, GREVES, SYNDICATS

T.4.1. Si tu as été en chômage en 1974 ou en 1975, peux-tu indiquer quand et pendant combien de temps tu l'as été et si le chômage était total ou partiel

	année	durée jours	chômage total	chômage partiel
a. chômage technique				
b. licencié après faillite				
c. licencié pour manque de travail				
d. après que tu t'es licencié				
e. autres (spécifier)				

T.4.2. Depuis que tu travailles, as-tu eu des accidents de travail assez graves c.a.d. suite auxquels tu as dû rester plus de 10 jours à la maison ?

oui non je ne sais pas

Si oui, combien de temps es-tu resté en maladie ?

....

quelle a été la cause de l'accident ?

....

depuis combien de temps travaillais-tu au poste où tu as eu l'accident ?

....

T.4.3. Depuis que tu travailles dans ton entreprise, y a-t-il eu des grèves ?

oui non je ne sais pas

si oui, as-tu participé ? oui non

T.4.4. Si oui, pourquoi a-t-elle eu lieu ? Quelles étaient les revendications ?

....

T.4.5. Est-ce que les immigrés ont participé à la grève :

plus activement que les Belges

comme les Belges

moins activement que les Belges

T.4.6. Voici quelques avis sur ton travail. Tu devrais dire chaque fois si tu es plus ou moins d'accord.

	Entièrement d'accord	Plutôt d'accord	Pas tout à fait d'accord	Pas du tout d'accord	je ne sais pas
mon travail devrait être plus varié					
je voudrais un travail qui utilise mieux mes compétences					
je voudrais un salaire plus élevé					
dans mon travail il faudrait des conditions meilleures d'hygiène et de sécurité					
dans mon travail il faudrait des cadences ou un rythme de travail moins rapides					
il faudrait des machines outils ou équipement meilleurs					
il faudrait plus de possibilités, d'initiatives					
je voudrais des camarades plus sympathiques					
je voudrais des chefs plus compétents					
je voudrais des chefs plus agréables					
je voudrais des camarades plus unis face aux chefs					
j'ai eu mon travail grâce à mon diplôme					
ce que j'ai appris à l'école ne me sert à rien pour mon travail					

T.4.7. Y a-t-il des syndicats dans ta firme ?

oui non je ne sais pas

T.4.8. Es-tu inscrit à un syndicat ?

oui non

Lequel ?................................

T.4.9. Voici quelques affirmations concernant les syndicats. Je vais te les lire. Peux-tu me dire si tu es d'accord, peu d'accord ou pas du tout d'accord.

	Entière-ment d'ac-cord	Plutôt d'accord	Pas tout à fait d'ac-cord	Je ne sais pas
a. Les syndicats s'occupent davantage d'obtenir des salaires plus élevés.				
b. Les syndicats se préoccupent surtout des intérêts des Belges et ne défendent pas assez les intérêts des immigrés				
c. Les syndicats sont souvent d'accord avec le patron et ne font pas beaucoup pour les ouvriers				
d. Les revendications des syndicats risquent de mettre en danger les entreprises				
e. Les syndicats sont les représentants des travailleurs et ils accomplissent bien leurs tâches				

T.4.10. Y-a-t-il un comité de base (différent des syndicats) dans ton entreprise ?

oui non je ne sais pas

T.4.11. Si tu es inscrit à un syndicat, pour quelles raison t'es-tu inscrit pour la première fois ?

....

T.4.12. En quoi consiste ton activité syndicale ?

je paye ma cotisation

je suis allé à des permanences syndicales hors du travail

je suis délégué syndical ou je fais partie d'une des commissions (Conseil d'entreprise-Comité de Sécurité et d'hygiène)

je voudrais devenir délégué syndical ou représentant au Conseil d'entreprise ou au comité de sécurité et d'hygiène mais ça ne m'a pas été possible

je me suis présenté au Conseil d'entreprise et au Comité de sécurité et d'hygiène lors des dernières élections mais je n'ai pas été élu

autres (spécifier)..........................

T.4.13. Y-a-t-il des cours de formation syndicale ?

oui   non   je ne sais pas

T.4.14. Y participes-tu ?

oui   parfois   non, jamais

T.4.15. En 1975 y a-t-il eu des réunions des syndicats, des assemblées pour des revendications, des grèves etc.

oui   non   je ne sais pas

As-tu participé ?

oui   parfois   non

Seulement pour

T.5. JEUNES CHOMEURS A LA RECHERCHE DU PREMIER TRAVAIL

T.5.1. Quand as-tu terminé tes études ? Année ....

T.5.2. Es-tu inscrit au chômage ?

oui non

T.5.3. Reçois-tu des allocations de chômage ?

oui non

Si OUI, depuis quand ? mois........... année ......

combien reçois-tu ? .... FB par mois

T.5.4. Est-ce que tu t'es déjà présenté dans des firmes ou tu as écrit pour avoir un travail ?

oui non

Si OUI - chez quelle firme ?

....

- pour quel type de travail

....

- quelle a été la réponse

....

T.5.5. Que penses-tu de ta situation ? ....

....

T.5.6. Que fais-tu pendant la journée ?...............

....

T.5.7. Penses-tu trouver prochainement un travail ?

oui non

Pourquoi ? ....

....

Critères pour le choix des interviewés

1. Age : entre les 15 et les 29 ans non accomplis

2. Etat civil : célibataire

3. Scolarisation : les interviewés doivent avoir fait toutes les écoles (primaires comprises) en Belgique. Ils peuvent donc être nés soit en Italie soit en Belgique

4. Parents de l'interviewé : un au moins doit être né en Italie

5. Famille avec plusieurs enfants : on choisit un seul interviewé par famille. Comment ? Parmi ceux qui sont à la maison au moment de l'enquête on choisit le premier par ordre alphabétique

6. Nationalité : on peut interviewer des personnes qui se sont naturalisées belges, pourvu qu'un des deux parents soit né en Italie.

ETUDIANT(E)

E.1. Si tu fréquentes l'enseignement rénové, quelle section et quelle année fréquentes-tu ?

	Enseign. général	Enseign. technique	Enseign. artistique	Enseign. professionnel (pratique)
1° année accueil				
2° année accueil				
1° " observation				
2° " observation				
1° " orientation				
2° " orientation				
1° " détermination				
2° " détermination				

E.2. Si tu ne fréquentes pas l'enseignement rénové, quel type d'école et quelle année fréquentes-tu ?

a. <u>école professionnelle</u>

- degré inférieur 1 2 3 4 5
- degré supérieur 1 2 3 4
- degré complémentaire 1 2 3

b. <u>école technique</u>

- degré inférieur 1 2 3 4
- degré supérieur 1 2 3 4

c. <u>humanités anciennes</u> (latines)

6 5 4 3 2 1

d. <u>humanités modernes</u>

6 5 4 3 2 1

e. <u>enseignement supérieur non universitaire</u>

- type court (ex. infirmières, régents, assistantes sociales...)

  1 2 3 4

- type long (ex. ingénieur technicien, commercial...)

  1 2 3 4 5

f. <u>Université</u> 1 2 3 4 5 6 7

g. autre école (spécifier)...................................

E.3. Peux-tu nous dire quelle section (ex. latin-grec, sciences, économie...) quelle spécialisation (ex. coupe et couture, sténo-dactylo, infirmière...) (plomberie, carrosserie, chimie...) ou quelle faculté universitaire suis-tu ?

....

E.4. Peux-tu me dire quelle année et combien de fois tu as doublé après l'école primaire (indiquer dans la case le nombre de fois que l'interviewé a doublé l'année)

oui j'ai doublé l'année suivante

a. <u>école professionnelle</u>

- degré inférieur	1	2	3	4	5	6
- degré supérieur	1	2	3	4		
- degré complém.	1	2	3			

b. <u>école technique</u>

- degré inférieur	1	2	3	4
- degré supérieur	1	2	3	4

c. <u>humanités anciennes (latines)</u>	6	5	4	3	2	1
d. humanités modernes	6	5	4	3	2	1

e. <u>enseignement rénové</u>

- accueil	1	2
- observation	1	2
- orientation	1	2
- détermination	1	2

f. <u>enseignement supérieur non universitaire</u>

- type court (ex. infirmières, régents, assistantes sociales)

  1 2 3 4

- type long (ex. ingénieur technicien , commercial...)

  1 2 3 4 5

g. <u>université</u> 1 2 3 4 5 6 7

h. autre école (spécifier)..............................

non, je n'ai jamais doublé

E.5. En dernière année des écoles primaires, après les tests d'orientation (PMS) t'a-t-on donné un avis sur le type d'école qui allait le mieux pour toi ? Vers quel type d'école as-tu été orienté ?

je n'ai pas reçu d'orientation

j'ai été orienté vers l'école professionnelle

j'ai été orienté vers l'école commerciale

j'ai été orienté vers l'école technique

j'ai été orienté vers les humanités anciennes (latines)

j'ai été orienté vers les humanités modernes

autres (spécifier)..........................

E.6. Quand tu auras fini les études que tu es en train de faire, penses-tu

continuer les études

suivre des cours du soir en travaillant

travailler

je ne sais pas encore

autres ....

E.7. As-tu reçu au cours de l'année 1974-1975 une bourse d'études, des prix scolaires ou des remboursements ?

oui non je ne sais pas

Si oui, quel a été le montant ....FB

E.8. Par qui cette aide a-t-elle été délivrée ?

consulat ou Etat italien

Etat, province ou commune belge

autres organisations italiennes

autres organisations belges

je ne sais pas

E.9. Dans certains pays, les étudiants sont en train de s'organiser en comités et contestent souvent l'école. Y-a-t-il quelque chose de semblable dans ton école ?

oui non je ne sais pas

E.10. Comment juges-tu l'attitude de ces étudiants ?

très bien et tout à fait d'accord

c'est bien pour d'autres pays mais pas pour la Belgique

je suis contre

ils font ça parce qu'ils ne veulent pas étudier

autres (spécifier)

je ne sais pas

E.11. Comment te procures-tu l'argent de poche ?

tu reçois une somme fixe

tu reçois de l'argent quand tu le demandes

tu travailles un peu pour te le procurer (au moins une partie)

autres (spécifier)

E.12. Si tu travailles, pour gagner un peu d'argent, quand travailles-tu ?

pendant le week-end

en faisant de petits travaux pendant la semaine

pendant les vacances de Noël ou de Pâques

en été

autres (spécifier)........................

E.13. Que fais-tu de cet argent ?

j'achète des vêtements, des chaussures etc.

je m'amuse

autres (spécifier)

E.14. Voici quelques opinions sur les études et l'école. Tu devrais me dire si tu es plus ou moins d'accord avec chacune de ces affirmations.

	Entièrement d'accord	Plutôt d'accord	Pas tout à fait d'accord	Pas du tout d'accord	Je ne sais pas
il faut étudier pour avoir une bonne place					
les jeunes Italiens ne se sentent plus italiens après qu'ils sont allés à l'école belge					
il faut étudier pour avoir une formation et une maturité					
l'école sert à dépasser les différences entre Belges et étrangers					
Il y a beaucoup d'enseignants qui n'aiment pas les enfants d'immigrés					
Si je trouvais un bon travail je quitterais l'école tout de suite					

BIBLIOGRAPHIE

- ATTI

= *Atti dell'inchiesta parlamentare sulla disoccupazione*, Roma, 1963.

- BAETENS BEARDSMORE, *Anomie*

= BAETENS BEARDSMORE H., *Anomie in Bicultural Education*, pp.9-23 in DE GREVE M. - ROSSEEL E. (eds), *Problèmes linguistiques des enfants de travailleurs migrants*, Bruxelles, 1977.

- BERNSTEIN, *Determinants*

= BERNSTEIN, B., *Some Sociological Determinants of Perception. An Inquiry into Sub-Cultural Differences* pp. 223-239 in FISHMAN J.A. (ed.), *Readings in the Sociology of Language*, Den Haag, 1970.

- BERRUTO, *Sociolinguistica*

= BERRUTO, G., *La Sociolinguistica*, Bologna, 1974.

- BERTHELIER, *Acculturation*

= BERTHELIER R., *Acculturation à tout prix ou compromis culturel ?*, pp. 79-86 in *Autrement*, 11, Paris, novembre, 1977.

- BLALOCK, *Statistica*

= BLALOCK H.M. Jr, *Statistica per la ricerca sociale*, Bologna, 1972.

- BLOOMFIELD, *Language*

= BLOOMFIELD L., *Language*, New-York, 1933, cité en traduction italienne libre in VICENTINI, *Cambiamenti*.

- CAZENEUVE, *Sociologie*

CAZENEUVE J. - VICTOROFF D. (dirs), *La Sociologie*, Paris, 1970.

- CECCHI, *Identificazione*

= CECCHI C., *L'identificazione etnica nella seconda e terza generazione*, pp. 212-252 in *Studi emigrazione, 9*, Roma, giguno 1967.

- CHILD, *Italian*

= CHILD, I.L., *Italian or American ? The Second Generation in Conflict*, New Haven, 1943

- CINANNI, *Emigrazione*

= CINANNI P., *Emigrazione ed imperialismo*, Roma, 1971.

- CORNER, *Sviluppo*

= CORNER P., *Sviluppo del capitale ed emigrazione in Europa : la Gran Bretagna*, Milano, 1978.

- CORTELAZZO, *Avviamento*

= CORTELAZZO M., *Avviamento critico allo studio della dialettologia italiana, I. Problemi e metodi*, Pisa, 1969.

- COVELLO, *Background*

= COVELLO M., *The Social Background of the Italo-American School Child*, Leiden, 1967.

- DASSETTO, *Ethique*

= DASSETTO F.-BASTENIER A., *Ethique, pratique religieuse et socialisation des fils italiens d'immigrés en Belgique*, pp. 125-143 in *Social Compass* I, Louvain-la-Neuve, 1979.

- DASSETTO, *Identità*

= DASSETTO F.-POZZO R., *L'identità nazionale dei figli di immigrati in Belgio. L'assimilazione non è per domani*, pp. 22-36 in *Europa, proposte sociali I*, Roma, gennaio-marzo 1979.

- DECOSTER, *Retard*

= DECOSTER S.-DERUME E., *Retard pédagogique et situation sociale dans la région du Centre et du Borinage*, Bruxelles, 1962.

- DE MAURO, *Lingue*

= DE MAURO T., *Lingue dialetti educazione linguistica*, pp. 43-61 in E.C.A.P.-C.G.I.L., *La lingua degli emigrati*, Firenze, 1977.

- DE MAURO, *Storia*

= DE MAURO T., *Storia linguistica dell'Italia unita*, Bari, 1972.

- DE MAURO, *Thamus*

= DE MAURO T., *Tra Thamus e Teuth. Uso scritto e parlato dei segni linguistici*, pp. 98-114, in DE MAURO T., *Senso e significato. Studi di semantica teorica e storica*, Bari, 1971.

- DE SAUSSURE, *Cours*

= DE SAUSSURE F., *Cours de linguistique générale*, Paris, 1976.

- DI FONZO, *Emigrée*

= DI FONZO T., *L'émigrée sicilienne et le français. Typologie des écarts de pronciation et de morpho-syntaxe*, 3 vol., Leuven, 1976.

- DITTMAR, *Manuale*

= DITTMAR N., *Manuale di sociolinguistica*, Bari, 1978.

- DITTMAR, *Premesse*

= DITTMAR N.-KLEIN W., *Premesse empiriche alla formazione dei lavoratori emigrati*, pp. 77-85 in E.C.A.P.-C.G.I.L., *La lingua degli emigrati*, Firenze, 1977.

- DUBOIS, *Dictionnaire*

= DUBOIS J.-GIACOMO M.-GESPIN L.-MARCELLESI C.-MARCELLESI J.B.-MEVEL J.P., *Dictionnaire de linguistique*, Paris, 1973.

- DUPRONT, *Acculturazione*

= DUPRONT A., *L'acculturazione. Per un nuovo rapporto tra ricerca storica e scienze umane*, Torino, 1971.

- EISENSTADT, *Absorption*

= EISENSTADT, S.N., *The Absorption of Immigrants*, London, 1954.

- FERRAROTI , *Trattato*

= FERRAROTI F., *Trattato di sociologia*, Torino, 1977.

- FISHER - YATES, *Tables*

= FISHER R.A.-YATES F., *Statistical Tables for Biological, Agricultural, and Medical Research*, Edinburgh, 1948.

- FISHMAN, *Situation*

= FISHMAN J.A., *La situation linguistique aux Etats-Unis*, pp. 1203-1211 in MARTINET A. (dir.), *Le langage*, Paris, 1973.

- FISHMAN, *Sociolinguistique*

  = FISHMAN J.A., *Sociolinguistique*, Bruxelles, 1971.

- FISHMAN-HOFMAN, *Mother Tongue*

  = FISHMAN J.A., *Mother tongue and Nativity in the American Population*, pp. 34-50 in FISHMAN J.A. (ed.), *Language Loyalty in the United States*, Den Haag, 1966.

- GELPI, *Sfida*

  = GELPI E., *Una sfida all'educazione permanente*, pp. 31-42 in E.C.A.P.-C.G.I.L., *La lingua degli emigrati*, Firenze, 1977.

- GRIMSHAW, *Social forces*

  = GRIMSHAW A.D., *Some Social Forces and Some Social Functions of Pidgin and Creole Languages*, pp. 427-445 in HYMES, D., *Pidginization and Creolization of Languages*, London, 1974.

- HAYDEN, *Dynamics*

  = HAYDEN R.G., *Some Community Dynamics of Language Maintenance*, pp. 190-205 in FISHMAN J.A. (ed.), *Language Loyalty in the United-States*, Den Haag, 1966.

- LAMBERT, *Attitudes*

  = LAMBERT W.E.-GILES H.-PICARD O., *Language Attitudes in a French-American Community*, pp.127-152 in *International Journal of the Sociology of Language 4*, Den Haag, 1975.

- LAROUSSE, *Petit Larousse*

  = LAROUSSE, *Dictionnaire encyclopédique pour tous - Petit Larousse*, Paris, 1961.

- MALLET, *Problemi*

  = MALLET W., *I problemi linguistici degli immigrati. Una inchiesta in due comuni del Limburgo*, Antwerpen, 1977.

- MARTENS, *Immigrés*

  = MARTENS A., *Les immigrés. Flux et reflux d'une main d'oeuvre d'appoint*, Bruxelles, 1976.

- MC. KLOSKEY, *Dimensions*

  = MC KLOSKEY N.-SCHAAR J.H., *Psychological Dimensions of Anomy*, pp. 14-40, in *American Sociological Review 30*, 1965.

- MONTVALON, *Aspirations*

  = DE MONTVALON R., *Les aspirations des jeunes travailleurs migrants en Europe occidentale*, Paris, 1976.

- NEGRINI, *Germania*

  = NEGRINI A., *Germania : seconda generazione nella RFA*, pp.20-29 in *Dossier Europa Emigrazione 1-2*, Basel, 1979.

- NIEDERER, *Problemi*

  = NIEDERER A., *Problemi della seconda generazione di emigrati*, pp. 101-106 in E.C.A.P.-C.G.I.L., *La lingua degli emigrati*, Firenze, 1977.

- PRATO, *Sviluppo*

  = PRATO L., *Sviluppo del capitale ed emigrazione in Europa : la Francia*, Milano, 1976.

- RENZI, *Lingua*

  = RENZI L.-CORTELAZZO M., *La lingua italiana oggi : un problema scolastico e sociale*, Bologna, 1977.

- ROBERT, *Grand Robert*

  = ROBERT P., *Dictionnaire alphabétique et analogique de la langue française*, 6 vol. + 1 suppl., Paris, 1966-1970.

- ROSATI, *Racines*

  = ROSATI M.R., *Les racines sociales de l'émigration italienne et l'approche individuelle des migrants dans le cadre de l'I.P.A.S. en Belgique*, Bruxelles, 1974.

- ROSE, *Colour*

= ROSE E.J.B., *Colour and Citizenship. A Report of British Race Relations*, London, 1969.

- ROSE, *Intégration*

= ROSE A., *L'intégration des immigrants dans une nation d'accueil*, p.10 in *Population et Famille 14*, Bruxelles, 1968.

- ROSSI-LANDI, *Problemi*

= ROSSI-LANDI F., *Problemi dell'alienazione linguistica*, pp.83-112 in AA.VV., *Linguaggi nella società e nella tecnica*, Milano, 1970.

- SABATINI, *Emigrazione*

= SABATINI F.-LOMBARDI SATRIANI L.M.-SIMONE R., *Emigrazione italiana lingua e procesi di acculturazione in Europa (considerazioni sullo status internazionale dell'italiano)* pp. 113-132 in AA.VV., *Italiano d'oggi. Lingua non letteraria e lingue speciali*, Trieste, 1974.

- SACHETTI, *Regioni*

= SACHETTI G.B., *Regioni e migrazioni - cio che le regioni non possono fare*, pp. 143-157 in *Studi emigrazione 22*, Roma, giugno 1971.

- SEAR, *Etude*

= SEAR D.J., *L'étude des problèmes psychologiques du bilinguisme*, Genève, 1928.

- SOBRERO, *Cambio*

= SOBRERO A., *Il cambio linguistico nell'acculturazione dell'immigrato: nuovi problemi di glottodidattica*, pp. 137-148 in AA.VV., *Bilinguismo e diglossia in Italia*, Pisa, s.d.

- STEWART, *Typologie*

= STEWART W.A., *Sociolinguistic Typology of Multinlingualism*, pp. 531-545 in FISHMAN J.A., (ed.) *Readings in the Sociology of Language*, Den Haag, 1970; repris in FISHMAN J.A., *Sociolinguistique*, Bruxelles, 1971, p.42.

- VICENTINI, *Cambiamenti*

= VICENTINI G., *Cambiamenti linguistici di una comunità italo-brasilana (dati di una ricerca sociolinguistica)*, pp. 333-350 in *Rassegna italiana di linguistica applicata 3*, Roma, 1973.

- WEINREICH, *Languages*

= WEINREICH U., *Languages in contact. Findings and Problems*, Den Haag, 1968.

OUVRAGES NON CITES

- AA.VV. = (sigle employé quand il y avait dix auteurs ou plus), *Des femmes immigrées parlent*, Paris, 1977.

- AA.VV *Dialogue des Cultures*, Bruxelles, J.E.B., 4/1978.

- AA.VV. *Emigrazione: cento anni 26 milioni*, Firenze, *Il ponte*, Novembre-dicembre 1974.

- AA.VV. *Gli esclusi. Oltre cinque milioni di emigrati all'estero*, Roma, 1974.

- AA.VV. *L'apprentissage du français par les travailleurs immigrés*, Paris, *Langue française 29*, février 1976.

- AA.VV. *Taalonderwijs aan migranten*, Amsterdam, *Toegepaste Taalwetenschap in Artikelen 2*, 1977.

- ABADAN N.-LAHALLE D.-MOROKVASIC M.-TABOADA-LEONETTI I.-TRIPIER M. *Les travailleurs immigrés*, Paris, *Sociologie du travail 3*, juillet-septembre 1972.

- AERTS M.-MARTENS A. *Gastarbeider, Lotgenoot en Langgenoot ?* Leuven, 1978.

- APPEL R.-HUBERS G.-MEIJER G. *Sociolinguistiek*, Utrecht, 1976.

- BANFI E.-COVERI L.-DEMETRIO D.-MARCATO G.-PARISI D. *Pedagogia del linguaggio adulto*, Milano, 1978.

- BANFI E.-DEMETRIO D. CONTI A. *Lingua/150 ore*, Bologna, 1977.

- BATON P. *Coéducation d'enfants belges et étrangers*, Bruxelles, 1968.

- BEAUMONT M. *Pour alphabétiser en milieu de travailleurs immigrés. A quel français initier ?*, Liège, s.d.

- BEN JELLOUN, T. *La plus haute des solitudes*, Paris, 1977.

- BRAECKMAN, C. *Les étrangers en Belgique*, Bruxelles, 1973.

- BRANDIS W.-HENDERSON D. *Social Class and Communication*, London, 1970.

- BROWN, J.W. *Les migrations et la classe ouvrière*, Amsterdam, 1926.

- CAMAIONI, L. (a cura) *Sviluppo del linguaggio e interazione sociale*, Bologna, 1978.

- CASTELNUOVO-FRIGESSI D. *Elvezia, il tuo governo. Operai italiani emigrati in Svizzera*, Torino, 1977.

- CINANNI P. *Emigrazione e unità operaia*, Milano, 1974.

- CIUFFOLETTI Z.-DEGL'INNOCENTI M. — *L'emigrazione nella storia d'Italia 1868-1975*, 2 vol., Firenze, 1978.

- CLEMENS R.-VOSSE-SMAL G.-MINON P. — *L'assimilation culturelle des immigrants en Belgique. Italiens et Polonais dans la région liégeoise*, Liège, 1953.

- CORTELAZZO M. — *Avvimaento critico allo studio della dialettologia italiana. III lineamenti di italiano popolare*, Pisa, 1972.

- DANNEQUIN C.-ENGELSON-HARDY M.-VIDAL-PLATONE F. — *Enfants de travailleurs, handicapés linguistiques ?* ,Bruxelles, s.d.

- DE MAURO T. — *La lingua italiana e i dialetti*, 11 vol., Firenze, 1969.

- DE MAURO T. — *Le parole e i fatti*, Roma, 1977.

- DE MAURO T.-LIBEROVICI S.-NATALI P.-SITI R. — *La cultura orale. Ricerche e proposte per la società e la scuola*, Bari, 1977.

- DU TOIT B.M.-SAFA H.I. (ed.) — *Migration and Urbanization*, Den Haag, 1975.

- FISHMAN J.A. (ed.) — *Advances in the Sociology of Language*, 2 vol., Den Haag, 1971-1972.

- GEORGE P. — *Les migrations internationales*, Paris, 1976.

- GIGLIOLI P.P. — (a cura) *Linguaggio e società*, Bologna, 1973.

- GILLI G.A. — *Come si fa ricerca*, Milano, 1972.

- HALL R.A. Jr. — *Pidgin and Creole languages*, Ithaca, 1969.

- HANROT B. — *Les sans-voix dans le pays de la liberté*, Paris, 1976.

- HARRISON G.-CALLARI GALLI M. *Né leggere né scrivere. La cultura analfabeta : quando l'istruzione diventa violenza e sopraffazione*, Milano, 1977.

- HAYTER T. *Gli aiuti dell'imperialismo*, Milano, 1972.

- ISTITUTO CENTRALE DI STATISTICA *Annuario statistico italiano*, Roma, 1975-1976-1977-1978.

- JAVEAU C. *L'enquête par questionnaire. Manuel à l'usage du praticien*, Bruxelles, 1978.

- KAMMERER P. *Sviluppo del capitale ed emigrazione in Europa : la Germania Federale*, Milano, 1976.

- LABOV W. *Le parler ordinaire*, 2 vol. Paris, 1978.

- LABOV W. *Sociolinguistique*, Paris, 1976.

- LAFONT R. *Le travail et la langue*, Paris, 1978.

- LENDERS J.-MAZELAND H. VAN NIEUWSTADT M. *Taal, arbeidersklasse, ongelijkheid* Amsterdam, 1978.

- LOMBARDI SATRIANI L.M. *Antropologia culturale e analisi della cultura subalterna*, Rimini, 1974.

- LUCASSEN J.-PENNINX R. VAN VELZEN L.- ZWINKELS A. *Trekarbeid. Van de Midellandse Zeegebieden naar West-Europa*, Nijmegen, 1974.

- MARCATO G. -URSINI F.- POLITI A. *Dialetto e italiano. Statuts socio-economico e percezione sociale del fenomeno linguistico*, Pisa, s.d.

- MERTENS C. - DE WAERSEGGER S. *Le Temps des Etrangers*, Bruxelles, 1971.
- PARMENTIER M. *Une politique pour les travailleurs immigrés en Wallonie*, Bruxelles, s.d.
- PASSOW A.H.-GOLBERG M. TANNENBAUM J. *L'educazione degli svantaggiati*, Milano, 1976.
- PENNINX R.-VAN VELZEN L. *Internationale arbeidsmigratie*, Nijmegen, 1977.
- PRIDE J.B. *The social Meaning of Language*, London, 1971.
- PRIDE J.B.-HOLMES J. (eds)*Sociolinguistics*, London, 1972.
- RIBEAUD M.C. *Les enfants des exclus*, Paris, 1976.
- RONSE E. *L'émigration saisonnière belge*, Gent, s.d.
- ROSSETTI PEPE G. *Le settecento parole. Cultura popolare e istruzione*, Milano, 1973.
- SANSONE G. (a cura) *Il bambino che viene dal Sud*, Milano, 1973.
- SUMPF J. (ed.) *Sociolinguistique*, Paris, *Langages* II, Septembre 1968.
- TREVES A. *Le migrazioni interne nell'Italia fascista*, Torino, 1976.
- VAN DEN BURG-PORTE D. *La tête de l'autre*, Paris, 1978.
- VANDERATH J. *I "Gastarbeiter" italiani nella Repubblica Federale di Germania*, Brescia, *Quaderni per la promozione del bilinguismo*,6, 1974.

- VAN OVERBEKE M. *Mécanismes de l'interférence linguistique*, Madrid, 1976.

- WINDISCH U. *Xénophobie ? Logique de la pensée populaire*, Lausanne, 1978.

- WIJVEKATE M.L. *Verklarende Statistiek*, Utrecht, 1976.

REVUES CONSULTEES

- *Dossier Europa Emigrazione*, Basel, ab 1976, (anno I), n°1
- *Inchiesta*, Bari, ab 1971, (anno 1), n°1
- *International Journal of the Sociology of Language*, Den Haag, ab n°4, 1975
- *Language in Society*, London, ab vol. 1, 1972.
- *La Strada*, Utrecht, ab. 1977, (anno 1), n°1
- *Lingua e stile*, Bologna, ab. 1966 (anno 1), n°1.
- *Lingua nostra* , Firenze, ab 1965, (anno XXIV) n°1
- *Migrations dans le monde*, Genève, ab 1972 (XXIe année), n°1.
- *Motief*, Utrecht, ab 1975 (Ie Jaargang), n°1.
- *Rassegna italiana di linguistica applicata*, Roma, ab 1969 (anno 1), n°1.
- *Rassegna italiana di sociologia*, Bologna, ab 1974, (anno XV), n°1
- *Riforma della scuola*, Roma, ab 1973 (anno XIX), n°1
- *Scuola e città*, Firenze, ab 1970 (anno XXI), n°1.
- *Servizio migranti*, Roma, ab 1972 (anno VII), n°1.
- *Studi emigrazione*, Roma, ab 1964 (anno I), n°1.

TABLE DES MATIERES

TROISIEME PARTIE : COMPORTEMENTS LINGUISTIQUES DE LA SECONDE GENERATION ITALIENNE IMMIGREE EN BELGIQUE FRANCOPHONE

BCILL 5 : *Language in Sociology*, **éd. VERDOODT A. et KJOLSETH R.**, 304 pp., 1976. Prix : 760,- FB.
From the 153 sociolinguistics papers presented at the 8th World Congres of Sociology, the editors selected 10 representative contributions about language and education, industrialization, ethnicity, politics, religion, and speech act theory.

BCILL 6 : **HANART M.**, *Les littératures dialectales de la Belgique romane : Guide bibliographique*, 96 pp., 1976 (2e tirage, corrigé de CD 12). Prix : 340,- FB.
En un moment où les littératures connexes suscitent un regain d'intérêt indéniable, ce livre rassemble une somme d'informations sur les productions littéraires wallonnes, mais aussi picardes et lorraines. Y sont également considérés des domaines annexes comme la linguistique dialectale et l'ethnographie.

BCILL 7 : *Hethitica II*, **éd. JUCQUOIS G. et LEBRUN R.**, avec la collaboration de DEVLAMMINCK B., II-159 pp., 1977, Prix : 480,- FB.
Cinq ans après *Hethitica I* publié à la Faculté de Philosophie et Lettres de l'Université de Louvain, quelques hittitologues belges et étrangers fournissent une dizaine de contributions dans les domaines de la linguistique anatolienne et des cultures qui s'y rattachent.

BCILL 8 : **JUCQUOIS G. et DEVLAMMINCK B.**, *Compléments aux dictionnaires étymologiques du grec*. Tome I : A-K, II-121 pp., 1977. Prix : 380,- FB.
Le *Dictionnaire étymologique de la langue grecque* du regretté CHANTRAINE P. est déjà devenu, avant la fin de sa parution, un classique indispensable pour les hellénistes. Il a fait l'objet de nombreux comptes rendus, dont il a semblé intéressant de regrouper l'essentiel en un volume. C'est le but que poursuivent ces *Compléments aux dictionnaires étymologiques du grec.*

BCILL 9 : **DEVLAMMINCK B. et JUCQUOIS G.**, *Compléments aux dictionnaires étymologiques du gothique*. Tome I : A-F, II-123 pp., 1977. Prix : 380,- FB.
Le principal dictionnaire étymologique du gothique, celui de Feist, date dans ses dernières éditions de près de 40 ans. En attendant une refonte de l'oeuvre qui incorporerait les données récentes, ces compléments donnent l'essentiel de la littérature publiée sur ce sujet.

BCILL 10 : **VERDOODT A.**, *Les problèmes des groupes linguistiques en Belgique : Introduction à la bibliographie et guide pour la recherche*, 235 pp., 1977 (réédition de CD 1). Prix : 590,- FB.
Un „trend-report" de 2.000 livres et articles relatifs aux problèmes socio-linguistiques belges. L'auteur, qui a obtenu l'aide de nombreux spécialistes, a notamment dépouillé les catalogues par matière des bibliothèques universitaires, les principales revues belges et les périodiques sociologiques et linguistiques de classe internationale.

BCILL 11 : **RAISON J. et POPE M.**, *Index transnuméré du linéaire A*, 333 pp., 1977. Prix : 840,- FB.
Cet ouvrage est la suite, antérieurement promise, de RAISON-POPE, Index du linéaire A, Rome 1971. A l'introduction près (et aux dessins des „mots"), il en reprend entièrement le contenu et constitue de ce fait une édition nouvelle, corrigée sur les originaux en 1974-76 et augmentée des textes récemment publiés d'Arkhanès, Knossos, La Canée, Zakro, etc., également autopsiés et rephotographiés par les auteurs.

BCILL 12 : **BAL W. et GERMAIN J.**, *Guide bibliographique de linguistique romane,* VI-267 pp., 1978. Prix : 685,- FB., ISBN 2-87077-097-9, 1982, ISBN 2-8017-0099-1.
Conçu principalement en fonction de l'enseignement, cet ouvrage, sélectif, non exhaustif, tâche d'être à jour pour les travaux importants jusqu'à la fin de 1977. La bibliographie de linguistique romane proprement dite s'y trouve complétée par un bref aperçu de bibliographie générale et par une introduction bibliographique à la linguistique générale.

BCILL 13 : **ALMEIDA I.**, *L'opérativité sémantique des récits-paraboles. Sémiotique narrative et textuelle. Herméneutique du discours religieux.* Préface de Jean LADRIERE, XIII-484 pp., 1978. Prix : 1.250,- FB.
Prenant comme champ d'application une analyse sémiotique fouillée des récits-paraboles de l'Evangile de Marc, ce volume débouche sur une réflexion herméneutique concernant le monde religieux de ces récits. Il se fonde sur une investigation épistémologique contrôlant les démarches suivies et situant la sémiotique au sein de la question générale du sens et de la compréhension.

BCILL 14 : *Etudes Minoennes I : le linéaire A,* éd. **Y. DUHOUX**, 191 pp., 1978. Prix : 480,- FB.
Trois questions relatives à l'une des plus anciennes écritures d'Europe sont traitées dans ce recueil ; évolution passée et état présent des recherches ; analyse linguistique de la langue du linéaire A ; lecture phonétique de toutes les séquences de signes éditées à ce jour.

BCILL 15 : *Hethitica III,* 165 pp., 1979. Prix : 490,- FB.
Ce volume rassemble quatre études consacrées à la titulature royale hittite, la femme dans la société hittite, l'onomastique lycienne et gréco-asianique, les rituels CTH 472 contre une impureté.

BCILL 16 : **GODIN P.**, *Aspecten van de woordvolgorde in het Nederlands. Een syntaktische, semantische en functionele benadering,* VI + 338 pp., 1980. Prix : 1.000,- FB., ISBN 2-87077-241-6.
In dit werk wordt de stelling verdedigd dat de woordvolgorde in het Nederlands beregeld wordt door drie hoofdfaktoren, nl. de syntaxis (in de engere betekenis van dat woord), de semantiek (in de zin van distributie van de dieptekasussen in de oppervlaktestruktuur) en het zgn. functionele zinsperspektief (d.i. de distributie van de constituenten naargelang van hun graad van communicatief dynamisme).

BCILL 17 : **BOHL S.**, *Ausdrucksmittel für ein Besitzverhältnis im Vedischen und Griechischen,* III + 108 pp., 1980. Prix : 360,- FB., ISBN 2-87077-170-3.
This study examines the linguistic means used for expressing possession in Vedic Indian and Homeric Greek. The comparison, based on a select corpus of texts, reveals that these languages use essentially inherited devices but with differing frequency ratios. In addition Greek has developed a verb „to have", the result of a different rhythm in cultural development.

BCILL 18 : **RAISON J. et POPE M.**, *Corpus transnuméré du linéaire A*, 350 pp., 1980. Prix : 1.100,- FB.
Cet ouvrage est, d'une part, la clé à l'Index transnuméré du linéaire A des mêmes auteurs, BCILL 11 : de l'autre, il ajoute aux recueils d'inscriptions déjà publiés de plusieurs côtés des compléments indispensables : descriptions, transnumérations, apparat critique, localisation précise et chronologie détaillée des textes, nouveautés diverses, etc.

BCILL 19 : **FRANCARD M.**, *Le parler de Tenneville. Introduction à l'étude linguistique des parlers wallo-lorrains*, 312 pp., 1981. Prix : 780,- FB., ISBN 2-87077-000-6.
Dialectologues, romanistes et linguistes tireront profit de cette étude qui leur fournit une riche documentation sur le domaine wallo-lorrain, un aperçu général de la segmentation dialectale en Wallonie, et de nouveaux matériaux pour l'étude du changement linguistique dans le domaine gallo-roman. Ce livre intéressera aussi tous ceux qui sont attachés au patrimoine culturel du Luxembourg belge en particulier, et de la Wallonie en général.

BCILL 20 : **DESCAMPS A. et al.**, *Genèse et structure d'un texte du Nouveau Testament. Etude interdisciplinaire du chapitre 11 de l'Evangile de Jean*, 292 pp., 1981. Prix : 895,- FB.
Comment se pose le problème de l'intégration des multiples approches d'un texte biblique ? Comment articuler les unes aux autres les perspectives développées par l'exégèse historicocritique et les approches structuralistes ? C'est à ces questions que tentent de répondre les auteurs à partir de l'étude du récit de la résurrection de Lazare.
Ce volume a paru simultanément dans la collection „Lectio divina" sous le n° 104, au Cerf à Paris, ISBN 2-204-01658-6.

BCILL 21 : *Hethitica IV*, 155 pp., 1981. Prix : 390,- FB., ISBN 2-87077-026.
Six contributions d'E. Laroche, F. Bader, H. Gonnet, R. Lebrun et P. Crepon sur : les noms des Hittites ; hitt. zinna- ; un geste du roi hittite lors des affaires agraires ; voeux de la reine à Istar de Lawazantiya ; pauvres et démunis dans la société hittite ; le thème du cerf dans l'iconographie anatolienne.

BCILL 22 : **J.-J. GAZIAUX**, *L'élevage des bovidés à Jauchelette en roman pays de Brabant. Etude dialectologique et ethnographique*, XVIII + 372 pp., 1 encart, 45 illustr., 1982. Prix : 1.170,- FB., ISBN 2-87077-137-1.
Tout en proposant une étude ethnographique particulièrement fouillée des divers aspects de l'élevage des bovidés, avec une grande sensibilité au facteur humain, cet ouvrage recueille le vocabulaire wallon des paysans d'un petit village de l'est du Brabant, contrée peu explorée jusqu'à présent sur le plan dialectal.

BCILL 23 : *Hethitica V*, 131 pp., 1983. Prix : 330,- FB., ISBN 2-87077-155-X.
Onze articles de H. Berman, M. Forlanini, H. Gonnet, R. Haase, E. Laroche, R. Lebrun, S. de Martino, L.M. Mascheroni, H. Nowicki, K. Shields.

BCILL 24 : **L. BEHEYDT**, *Kindertaalonderzoek. Een methodologisch handboek*, 252 pp., 1983. Prix : 620,- FB., ISBN 2-87077-171-1.
Dit werk begint met een overzicht van de trends in het kindertaalonderzoek. Er wordt vooral aandacht besteed aan de methodes die gebruikt worden om de taalontwikkeling te onderzoeken en te bestuderen. Het biedt een gedetailleerd analyserooster voor het onderzoek van de receptieve en de produktieve taalwaardigheid zowel door middel van tests als door middel van bandopnamen. Zowel onderzoek van de woordenschat als onderzoek van de grammatica komen uitvoerig aan bod.

BCILL 25 : **J.-P. SONNET**, *La parole consacrée. Théorie des actes de langage, linguistique de l'énonciation et parole de la foi*, VI - 197 pp., 1984. Prix : 520,- FB. ISBN 2-87077-239-4
D'où vient que la parole de la foi ait une telle force ?
Ce volume tente de répondre à cette question en décrivant la „parole consacrée", en cernant la puissance spirituelle et en définissant la relation qu'elle instaure entre l'homme qui la prononce et le Dieu dont il parle.

BCILL 26 : **A. MORPURGO DAVIES - Y. DUHOUX (ed.)**, *Linear B : A 1984 Survey. Proceedings of the Mycenaean Colloquium of the VIIIth Congress of the International Federation of the Societies of Classical Studies (Dublin, 27 August - 1st September 1984)*, 310 pp., 1985. Price : 850 FB., ISBN 2-87077-289-0.
Six papers by well known Mycenaean specialists examine the results of Linear B studies more than 30 years after the decipherment of the script. Writing, language, religion and economy are all considered with constant reference to the Greek evidence of the First Millennium B.C. Two additional articles introduce a discussion of archaeological data which bear on the study of Mycenaean religion.

BCILL 27 : *Hethitica VI*, 204 pp., 1985. Prix : 550 FB. ISBN 2-87077-290-4.
Dix articles de J. Boley, M. Forlanini, H. Gonnet, E. Laroche, R. Lebrun, E. Neu, M. Paroussis, M. Poetto, W.R. Schmalstieg, P. Swiggers.

BCILL 28 : **R. DASCOTTE**, *Trois suppléments au dictionnaire du wallon du Centre*, 359 pp., 1 encart, 1985. Prix : 950 FB. ISBN 2-87077-303-X.
Ce travail comprend 5.200 termes qui apportent un complément substantiel au *Dictionnaire du wallon du Centre* (8.100 termes).
Il est le fruit de 25 ans d'enquête sur le terrain et du dépouillement de nombreux travaux dont la plupart sont inédits, tels des mémoires universitaires.
Nul doute que ces *Trois suppléments au dictionnaire du wallon du Centre* intéresseront le spécialiste et l'amateur.

BCILL 29 : **B. HENRY**, *Les enfants d'immigrés italiens en Belgique francophone. Seconde génération et comportement linguistique*, 360 pp., 1985. Prix : 950 FB. ISBN 2-87077-306-4.
L'ouvrage se veut un constat de la situation linguistique de la seconde génération immigrée italienne en Belgique francophone en 1976.
Il est basé sur une étude statistique du comportement linguistique de 333 jeunes issus de milieux immigrés socio-économiques modestes.
De chiffres préoccupants qui parlent et qui donnent à réfléchir...

– **SÉRIE PÉDAGOGIQUE DE L'INSTITUT DE LINGUISTIQUE DE LOUVAIN (SPILL).**

SPILL 1 : **JUCQUOIS G.**, avec la collaboration de **LEUSE J.**, *Conventions pour la présentation d'un texte scientifique*, 1978, 54 pp. (épuisé).

SPILL 2 : **JUCQUOIS G.**, *Projet pour un traité de linguistique différentielle*, 1978, 67 pp. Prix : 170,- FB.
Exposé succinct destiné à de régulières mises à jour de l'ensemble des projets et des travaux en cours dans une perspective différentielle au sein de l'Institut de Linguistique de Louvain.

SPILL 3 : **JUCQUOIS G.**, *Additions 1978 au „Projet pour un traité de linguistique différentielle"*, 1978, 25 pp. Prix : 70,- FB.

SPILL 4 : **JUCQUOIS G.**, *Paradigmes du vieux-slave*, 1979, 33 pp. Prix : 100,- FB.
En vue de faciliter l'étude élémentaire de la grammaire du vieux-slave et de permettre aux étudiants d'en identifier rapidement les formes, ce volume regroupe l'ensemble des paradigmes de cette langue liturgique.

SPILL 5 : **BAL W. - GERMAIN J.**, *Guide de linguistique*, 1979, 108 pp. Prix : 275,- FB.
Destiné à tous ceux qui désirent s'initier à la linguistique moderne, ce guide joint à un exposé des notions fondamentales et des connexions interdisciplinaires de cette science une substantielle documentation bibliographique sélective, à jour, classée systématiquement et dont la consultation est encore facilitée par un index détaillé.

SPILL 6 : **JUCQUOIS G. - LEUSE J.**, *Ouvrages encyclopédiques et terminologiques en sciences humaines*, 1980, 66 pp. Prix : 165,- FB.
Brochure destinée à permettre une première orientation dans le domaine des diverses sciences de l'homme. Trois sortes de travaux y sont signalés : ouvrages de terminologie, ouvrages d'introduction, et ouvrages de type encyclopédique.

SPILL 7 : **DONNET D.**, *Paradigmes et résumé de grammaire sanskrite*, 64 pp., 1980. Prix : 160,- FB.
Dans cette brochure, qui sert de support à un cours d'initiation, sont envisagés : les règles du sandhi externe et interne, les paradigmes nominaux et verbaux, les principes et les classifications de la composition nominale.

SPILL 8-9 : **DEROY L.**, *Padaśas. Manuel pour commencer l'étude du sanskrit même sans maître*, 2 vol., 203 + 160 pp., 2e éd., 1984. Prix : 1.090,- FB.,
ISBN 2-87077-274-2.
Méthode progressive apte à donner une connaissance élémentaire et passive du sanskrit (en transcription). Chaque leçon de grammaire est illustrée par des textes simples (proverbes, maximes et contes). Le second volume contient un copieux lexique, une traduction des textes (pour contrôle) et les éléments pour étudier, éventuellement, à la fin, l'écriture nâgarî.

SPILL 10 : *Langage ordinaire et philosophie chez le second WITTGENSTEIN. Séminaire de philosophie du langage 1979-1980,* **édité** par MALHERBE J.F., 139 pp., 1980. Prix : 350,- FB. ISBN 2-87077-014-6.
Si, comme le soutenait Wittgenstein, **la signification c'est l'usage**, c'est en étudiant l'usage d'un certain nombre de termes clés de la langue du philosophe que l'on pourra, par-delà le découpage de sa pensée en aphorismes, tenter une synthèse de quelques thèmes majeurs des **investigations philosophiques.**

SPILL 11 : **PIERRET J.M.,** *Phonétique du français. Notions de phonétique générale et phonétique du français,* V - 245 pp. + 4 pp. hors texte, 1981. Prix : 550,- FB. ISBN 2-87077-018-9.
Ouvrage d'initiation aux principaux problèmes de la phonétique générale et de la phonétique du français. Il étudie, en outre, dans une section de phonétique historique, l'évolution des sons, du latin au français moderne.

SPILL 12 : **Y. DUHOUX,** *Introduction aux dialectes grecs anciens. Problèmes et méthodes. Recueil de textes traduits,* 111 pp., 1983. Prix : 280,- FB. ISBN 2-87077-177-0
Ce petit livre est destiné aux étudiants, professeurs de grec et lecteurs cultivés désireux de s'initier à la dialectologie grecque ancienne : description des parlers ; classification dialectale ; reconstitution de la préhistoire du grec. Quatorze cartes et tableaux illustrent l'exposé, qui est complété par une bibliographie succincte. La deuxième partie de l'ouvrage rassemble soixante-huit courtes inscriptions dialectales traduites et accompagnées de leur bibliographie.

SPILL 13 : **G. JUCQUOIS,** *Le travail de fin d'études. Buts, méthode, présentation,* 82 pp., 1984. Prix : 230,-FB. ISBN 2-87077-224-6.
Les étudiants se posent souvent la question des buts du travail de fin d'études : quel est le rôle de ce travail dans leur formation, comment rassembler les informations nécessaires, comment les traiter, comment les présenter ? Voilà quelques unes des grandes questions auxquelles on tente de répondre.